ミネルヴァ日本評伝選

低く暮らし、高く想ふ

岩波茂雄

十重田裕一著

ミネルヴァ書房

刊行の趣意

「学問は歴史に極まり候ことに候」とは、先哲荻生徂徠のことばである。歴史のなかにこそ人間の智恵は宿されている。人間の愚かさもそこにはあらわだ。この歴史を探り、歴史に学んでこそ、人間はようやくみずからの正体を知り、いくらかは賢くなることができる。新しい勇気を得て未来に向かうことができる。徂徠はそう言いたかったのだろう。

「ミネルヴァ日本評伝選」は、私たちの直接の先人について、この人間知を学びなおそうという試みである。日本列島の過去に生きた人々の言行を、深く、くわしく探って、そこに現代への批判を聴きとろうとする試みである。日本人ばかりではない。列島の歴史にかかわった多くの異国の人々の声にも耳を傾けよう。

先人たちの書き残した文章をそのひだにまで立ち入って読み、彼らの旅した跡をたどりなおし、彼らのなしとげた事業を広い文脈のなかで注意深く観察しなおす――そのとき、はじめて先人たちはいまの私たちのかたわらによみがえってくる。彼らのなまの声で歴史の智恵を、また人間であることのよろこびと苦しみを、私たちに伝えてくれもするだろう。

この「評伝選」のつらなりのなかから、列島の歴史はおのずからその複雑さと奥ゆきの深さをもって浮かび上がってくるはずだ。これを読むとき、私たちのなかに新たな自信と勇気が湧いてきて、その矜持と勇気をもって「グローバリゼーション」の世紀に立ち向かってゆくことができる――そのような「ミネルヴァ日本評伝選」にしたいと、私たちは願っている。

平成十五年（二〇〇三）九月

上横手雅敬
芳賀　徹

岩波茂雄（1901年２月10日撮影）

岩波茂雄生家

第一高等学校東寮の友人たちと
（中列左から２人目が岩波茂雄）

信州風樹文庫

惜櫟荘

一ツ橋移転直後の岩波書店（左手前より２つ目）

現在の岩波書店

はしがき

岩波茂雄は、いかなる理想のもとに、どのような書物や雑誌を世に送り出したのだろうか。茂雄の書き遺した文章を読み、彼が生前に岩波書店から刊行した出版物をできるだけ多く手に取りながら、一人の誠実な出版人と百年前に創業された出版社の軌跡に重ねつつ辿ることが本書の目的である。

従って、茂雄の書いた文章を、限られた紙幅の中で、少しでも多く引用することにつとめた。それは、『茂雄遺文抄』（岩波書店、一九五二年）などの一部の書物を除けば、茂雄の文章を読むことが容易ではないからであり、また、多くの書物を世に送り出すにあたって、黒子に徹した彼の「声」を甦らせてみたかったからである。

茂雄の文章を読み進めていくと、彼が著者と読者をつなぐ「文化の配達人」であろうとし、それを矜持としていたことがわかってくる。また、茂雄の遺文からは、戦争嫌いの平和主義者で、リベラリストにしてナショナリストの姿が浮かび上がってくる。民衆の立場から国の将来を慮って社会的に行動する一方で、権威に囚われることなく、個人の意思を尊重する自由主義の立場が、茂雄の中では、大きく矛盾することなく同居していた。それは、茂雄が幕末・維新の時代に在野で活躍した志士に強い憧れを抱いて信州から上京し、後に大正リベラリズムの潮流をつくりだしていく仲間と交流を重ねたことと深くかかわっていた。茂雄は、高等学校在学中に遭遇した藤村操《ふじむらみさお》の死の衝撃から内向し、「自己を内観する煩悶時代」(「回想二題」『茂雄遺文抄』)を経て、大学卒業後、女学校の教師を五年つとめ、大正時代になってまもなく、岩波書店を創業することになる。

茂雄が出版人として活動していた大正時代から昭和前期は、出版の文化や産業が大きく変化を遂げていく時期であった。彼が岩波書店を創業した大正時代には、他にも新興の出版社が現れたが、大震災・大恐慌・戦争・占領など、多くの困難に見舞われる中で、事業を継続できたのは必ずしも多くはなかった。茂雄は、政治・思想の信条にかかわりなく、優れた書物を世に送り出す信念を持っていた。それは、一九四一年(昭和十六)の戦時下に書いたとされる、彼の以下の言葉にうかがえる。

小生は一冊の雑誌一冊の図書を出版するにも未だ曾て学術の為め、社会の為めを思はざる事なく「吉田松陰全集」を出す心持ちとマルクスの資本論を出すことゝに於て出版者としての小生の態度に於ては一貫せる操守のもとに出づる事に御座候(「『原理日本』蓑田胸喜あて」『茂雄遺文抄』)。

岩波書店の刊行物については、書店創業の年である一九一三年(大正二)から、彼が病没する一九四六年(昭和二十一)までを中心にたどっている。また、本書では、取り上げた岩波書店刊行の書物の価格をつとめて記した。そこには、創業当時から定価販売にこだわった茂雄の理念が表れており、時代の推移とともに刊行物の価格がどのように変化をしたかを記録したかったからでもある。

本書の副題は、茂雄が好んでいた格言の一つ、「低く暮らし、高く想ふ」からとった。これは、ウィリアム・ワーズワースの詩の一節（"Plain living and high thinking."）を典拠としている。質素な生活に徹しながらも、高い知性を志向しようとするこの言葉は、茂雄の人生の教訓であるが、そこには同時に、岩波書店の出版社としての理念が表れている。百年前に、広く民衆に文化を伝えることを志した出版人の軌跡をたどることで、大きく変容していく現在の私たちを取り巻くメディア状況を再考したいと思ったことも、この書物を書くに至った動機の一つである。

岩波茂雄——低く暮らし、高く想ふ　目次

目次

図版一覧

山本実彦（改造社所蔵）……137
岩波文庫創刊（『写真でみる岩波書店80年』）……141上
岩波文庫創刊時の物価（週刊朝日編『値段史年表』朝日新聞社、一九八八年）……141下
新聞広告「読者に謝す」（『読売新聞』一九二七年八月五日）……145
『芥川龍之介全集』（『写真でみる岩波書店80年』）……152
一ツ橋の旧東京商科大学校舎に移転した編集部（『写真でみる岩波書店80年』）……160
小泉信三（慶應義塾福澤研究センター所蔵）……166
岩波全書（『写真でみる岩波書店80年』）……182
『国語』刊行時の広告（『東京朝日新聞』一九三五年一月十七日）……185
天野貞祐（国立国会図書館所蔵）……201
岩波新書創刊（『写真でみる岩波書店80年』）……210
社長室の「五箇条の御誓文」（『写真でみる岩波書店80年』）……215
発禁にされた津田左右吉の著書（『写真でみる岩波書店80年』）……221
惜櫟荘（『写真でみる岩波書店80年』）……231
回顧三十年感謝晩餐会での挨拶（『写真でみる岩波書店80年』）……235
遺失物の広告（『東京朝日新聞』一九三九年十一月二十八日）……244
GHQ／SCAPに検閲された『世界』（メリーランド大学ゴードン・W・プランゲ文庫）……256
貴族院議員当選（『写真でみる岩波書店80年』）……262
晩年の岩波茂雄（『アサヒグラフ』一九四五年十二月五日）……264

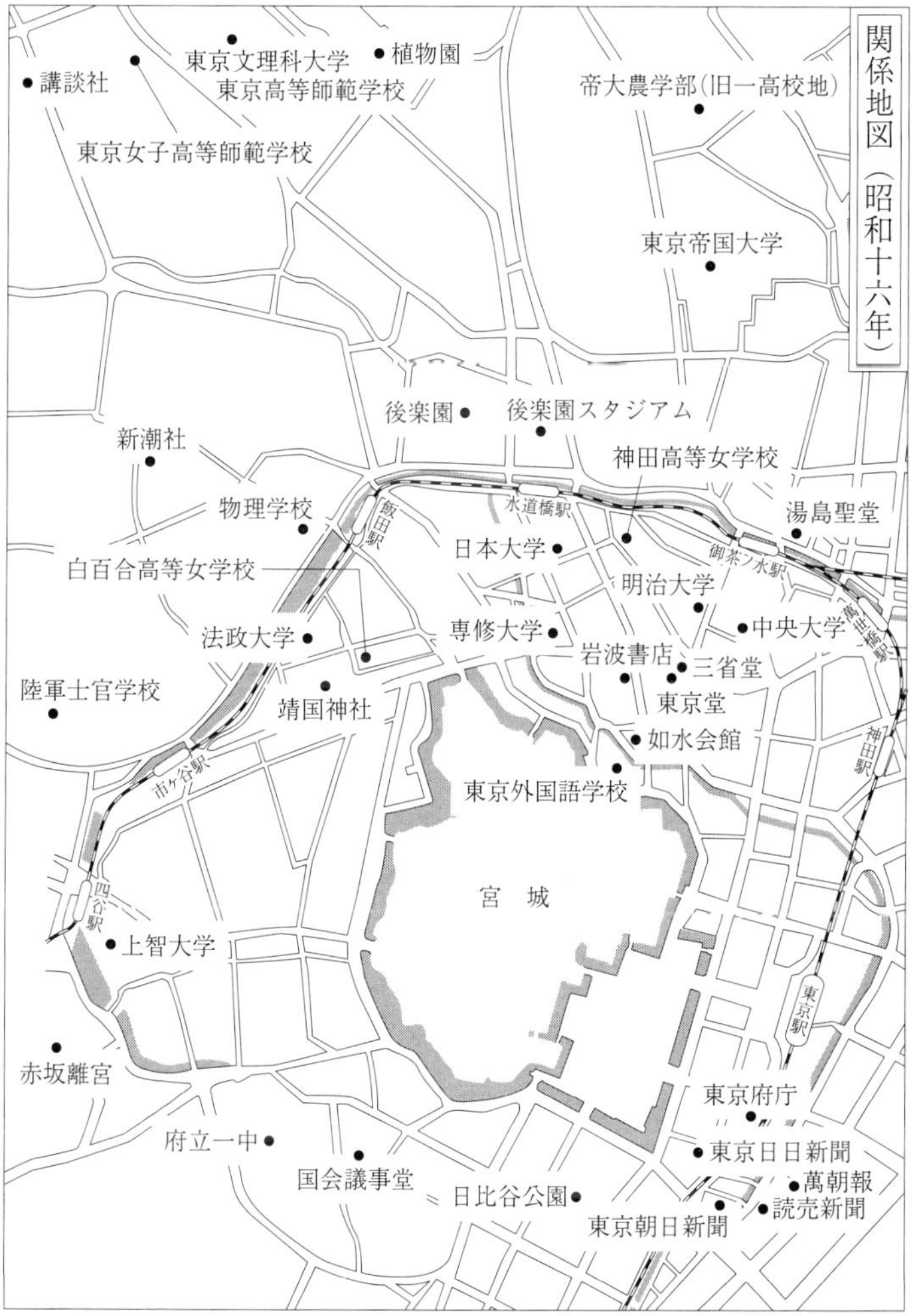
関係地図（昭和十六年）
講談社
東京文理科大学
東京高等師範学校
植物園
帝大農学部（旧一高校地）
東京女子高等師範学校
東京帝国大学
後楽園
後楽園スタジアム
新潮社
神田高等女学校
水道橋駅
湯島聖堂
物理学校
飯田駅
日本大学
御茶ノ水駅
白百合高等女学校
明治大学
萬世橋駅
法政大学
専修大学
中央大学
岩波書店
三省堂
陸軍士官学校
靖国神社
東京堂
如水会館
市ケ谷駅
神田駅
東京外国語学校
宮　城
四谷駅
上智大学
東京駅
赤坂離宮
東京府庁
府立一中
国会議事堂
東京日日新聞
萬朝報
日比谷公園
読売新聞
東京朝日新聞

学校系統図（明治三十三年）

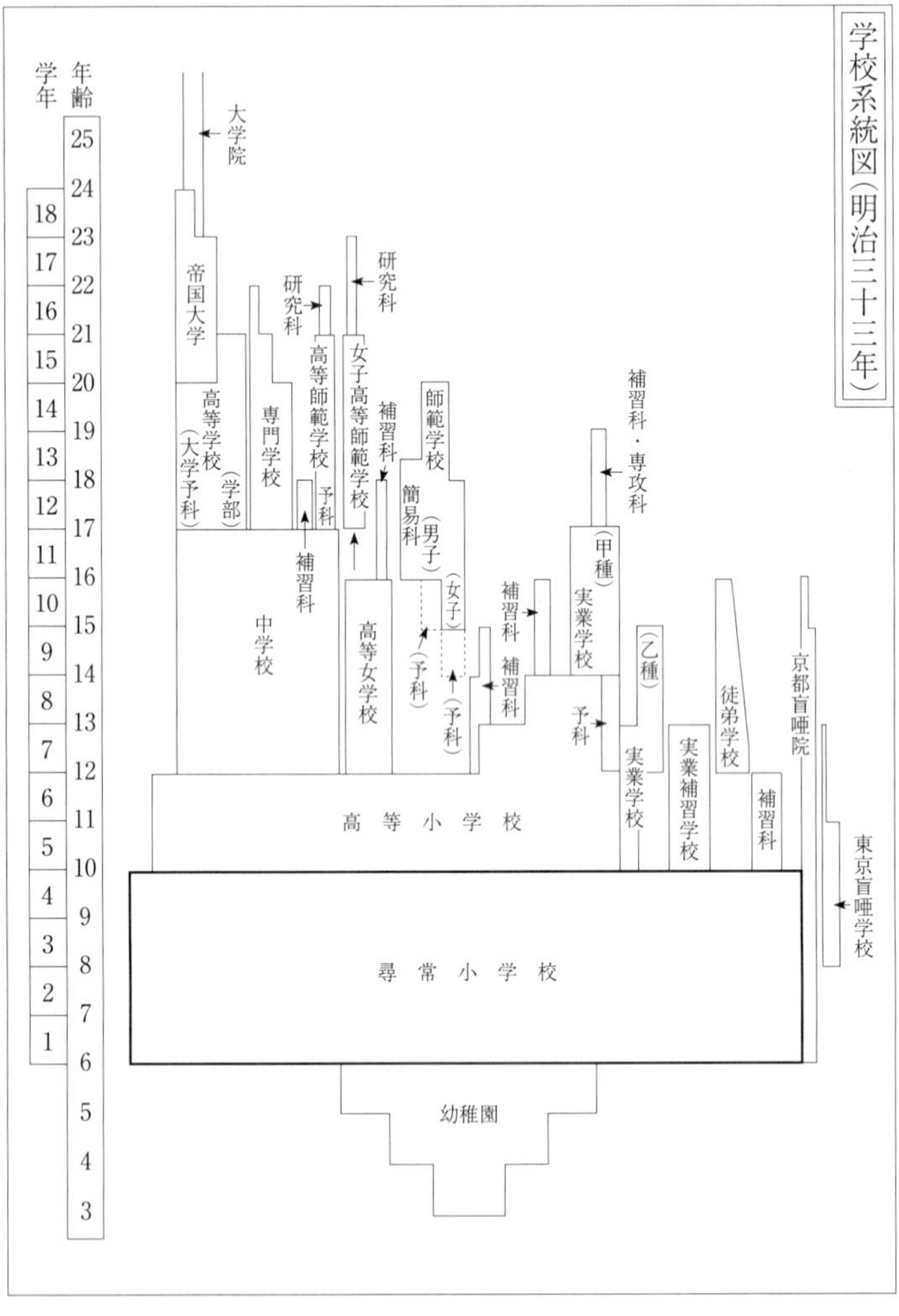

（出所） 文部科学省

凡例

一、本文中の引用は、和文については「 」、欧文については原則として" "でそれぞれ括った。ただし、長めの引用については、括らずに前後一行空け、一字下げとした。引用文の漢字や変体仮名は、原則として現行の字体に改め、仮名遣い・送り仮名は底本のままとした。明らかな誤植・脱字等と判断されるものについては訂正した。また、算用数字は、必要に応じて漢数字に改めた。

二、単行本の書名、新聞・雑誌名は『 』（欧文はイタリック）、その他のテクストのタイトルは「 」（" "）で表記した。岩波書店刊の書誌情報については、原則として『岩波書店八十年』に基づき、初版刊行時のものを示した。

三、年号は西暦を用い、必要に応じて（ ）内に元号を補った。

第一章　百年前の出版社の理想

1　明治時代の上京青年

故郷での生い立ち

岩波茂雄《いわなみしげお》は、一八八一年（明治十四）八月二十七日、長野県諏訪郡中洲村中金子（現在の諏訪市中洲）で、父・義質、母・うたの長男として生まれた。

茂雄の父は一八五八年（安政五）、母は一八六二年（文久二）の生まれである。実家は農家であり、比較的裕福な経済状況にあった。茂雄は両親のことについて、後年、『新興婦人』（一九四〇年二月）に寄稿した「誠実を教へた母」（『茂雄遺文抄』岩波書店、一九五二年）の中で以下のように回想している。

私の生家は信州の中洲村で、年貢米が百俵ほどとれる、まあ田舎では中以上の家でした。父は体が弱かつたので百姓仕事はせず、役場の助役をつとめてゐましたが、私が十六歳の時亡くなりました。（中略）母は学問はありませんでしたが、大へん活動的な人でした。男勝りの気性で、村のいざこざ等一人で世話をやいたり、愛国婦人会の支部創設に骨折つたり、よく村のために尽しました。また、正しいことは何処までも押し通して行く誠実な人間でした。（中略）母はまた親切で、情深く涙もろい面を持つてゐました。貧しい人達の面倒をよくみてやり、小作の人達にも大へんやさしくしてゐました。

茂雄はとりわけ母親の影響を受けている。人の面倒をよく見、誠実で情け深いところなど、茂雄の人柄の評価は、彼自身がここで母について記したものとほとんど重なっている。茂雄は母親を理想の人物とし、彼女に自身を重ねていたことがうかがえる。

父・義質

母・うた

諏訪郡立実科中学校全校生徒
（前列右から４人目が岩波茂雄，1898年）

茂雄は、一八八七年（明治二十）四月、中洲村下金子の尋常小学校に入学した。一八八六年（明治十九）四月に、師範学校令・第一次小学校令・第一次中学校令が公布され、その後の学校制度の基盤が形作られる。義務教育が制定されたばかりの時期に、茂雄は小学校に入学したことになる。一八九一年（明治二十四）四月、尋常小学校卒業後、中洲村神宮寺の高等小学校に茂雄は進学する。勤勉で成績優秀、俊敏な生徒であったという。

日清戦争のさなか一八九五年（明治二十八）四月、茂雄は創立したばかりの諏訪郡立実科中学校に進学した。この実科中学校は、一九〇一年（明治三十四）に諏訪中学校となり、その後、第二次世界大戦後の一九四八年（昭和二十三）には、学制改革にともない、諏訪清陵高等学校となった。

一八九六年（明治二十九）一月、父の義質が死去する。十代半ばで父を失い、茂雄はしばらくの間、深い悲しみから立ち直ることができなかった。茂雄は父の死去について、一九四二年（昭和十七）十一月三日に開催された岩波書店の「回顧三十年感謝晩餐会の挨拶」（『図書』第七年八十三号、一九四二年十二月、『茂雄遺文抄』）の中で、次のように語っていた。

私は信州の農家に生まれ、極めて野育ちのまゝ、腕白な少年として成長致しましたが、漸くもの心のついた十六の歳に父を亡ひ、この時初めて人生の悲みを経験し、半年位は茫然として為すところを知りませんでした。一日、「身を立て、道を行い、名を後世に揚げ、以て父母を顕はすは孝の終なり。」といふ孝経の句に接し、子供心にも孝養の道の未だ残されてゐることを知りまして、取返しのつかぬといふ気持ちからはやつと救はれました。そこで大いに発奮したと見えまして、本来ならば学業を罷めて家業に従事すべきものを、特に母の許しを得て、前年入学した郷里の実科中学の通学をそのまゝ続けさせて貰ふことになりました。

父の死後、茂雄は家督を相続し戸主になった。本来であれば、家督を継いだことで家業に専念しなければならないところであったが、この文章に見られるように、母の許可を得て、学校には継続して通うことができた。

一八九七年（明治三十）末、村の伊勢講総代として、一人で伊勢詣の旅に出る。伊勢神宮参拝の後、翌年正月にかけて京都などを旅行。その間、同郷の佐久間象山《さくましょうざん》の墓と、鹿児島の西郷南洲《さいごうなんしゅう》（隆盛）

の墓にそれぞれ詣でている。国の行く末を思い、志半ばにして非業の死を遂げた象山と隆盛の墓参をしているところに、国士としての茂雄の性質の萌芽を見る気がする。この時のことについては、後年、岩波書店の社員たちにたびたび語ったそうである。

佐久間象山や西郷隆盛の墓参を敢行したところに、茂雄の幕末維新期の英雄崇拝が表れている。彼は吉田松陰《よしだしょういん》も尊敬しており、後に岩波書店から山口県教育会編『吉田松陰全集』全十巻（一九三四〜三六年、各三円――初版刊行時の定価、以下同様）を刊行している。その「内容見本」には、茂雄の名前で「吉田松陰全集刊行に際して」が掲載されたが、その中には次のように記されていた。

> 吉田松陰先生は少年時代より私の最も憧憬し来つた偉人である。蘇峰著『吉田松陰』を愛読して、其の末尾に、維新の事業半ば廃れて更に第二の維新を要するの時となりぬ、これを背負ひて立つものは誰ぞ、といふ意味の一句に至つて血湧き肉躍るを覚えた。

ここには、信州から上京してすぐに、世田谷の松陰神社に詣でたことも記されている。なお、「回顧三十年感謝晩餐会の挨拶」（『茂雄遺文抄』）でも、「吉田松陰伝に感激して、暗記するほど読み耽つたり、維新の志士を夢中になつて追慕した」と述べていた。

伊勢詣の旅行中に、第一高等学校生、木山熊次郎《きやまくまじろう》と知り合う。憧れの高等学校生との邂逅によって、茂雄の第一高等学校進学への思いはより一層強くなった。

第一高等学校は、現在の東京大学教養学部の前身に相当し、日本の高等教育のエリート校として知られる。一八七四年（明治七）、東京英語学校として神田一ツ橋に開設、一八七七年（明治十）に東京大学予備門と改称され、その後、一八八六年（明治十九）に第一高等中学校となり、一八八九年（明治二十二）に本郷向ヶ陵に新校舎が建設された。一八九四年（明治二十七）には第一高等学校に改称となり、三年の修学期間は帝国大学の予科として位置づけられた。

茂雄が旅先で出会った木山熊次郎は、東京帝国大学を卒業後、『社会主義運動史』（忠文舎、一九〇八年）、『国勢と教育』（博文館、一九〇九年）などを著している。また、没後には、『木山熊次郎遺稿』（内外教育評論社、一九一三年）が刊行されている。木山は、茂雄の日本中学校・第一高等学校・東京帝国大学選科への進学など人生の転機に相談相手となった。そして茂雄は、木山熊次郎が三十二歳で没するまで、親交を重ねることになるのである。

上京、そして
東京での受験勉強

伊勢・京都・鹿児島などへの旅から戻った翌年の春、茂雄は東京遊学を期して、日本中学校（現在の日本学園）の校長・杉浦重剛《すぎうらじゅうごう》に「請願書」を書く。一八五五年（安政二）生まれの杉浦は、儒学を学んだ後に、大学南校（東京大学の前身の一つ）で英学を専攻し、約四年間の英国留学で化学を学んだ、著名な国粋主義の思想家であり、教育者であった。杉浦は昭和天皇に倫理学を講じたことでも知られ、日本中学校で多くの人々を育成した。

茂雄の「請願書」（「杉浦重剛先生に奉る書」『茂雄遺文抄』）には、「先生願ハクハ余ノ愚鈍ヲステ給ハズ不幸ナル可憐児ガ至誠ナル心ヲ哀ミ我ヲシテ書生タラシメヨ　先生許可セラルルヤ否ヤ」と、杉浦の書生となることを強く望む内容が墨書で認められていた。結果的には、書生ではなく、日本中学校に編入することになったが、茂雄の念願どおり、東京の杉浦のもとで勉強ができることになった。茂雄は後年、「回顧三十年」（『茂雄遺文抄』）で、「人格をもつて教育し、規則などを顧みず、すべて自由放任主義」の杉浦の教育に憧れて、急に上京したくなったことを回想している。

日本中学への編入の許可を受けた茂雄は、一八九九年（明治三十二）三月、故郷の諏訪実科中学を卒業し、上京することになる。茂雄が諏訪実科中学校に入学したのは一八九五年（明治二十八）、東京の日本中学校に編入したのが一八九九年（明治三十二）であり、小学校・高等小学校の卒業生たちの中学校進学が際立って増加した時期とほぼ対応していた。中学進学熱が高まっていく時代を背景に、上京することになったのである。

杉浦重剛

こうした中学校進学希望者の増加について、天野郁夫《あまのいくお》は『学歴の社会史——教育と日本の近代』（新潮社、一九九二年）の中で次のように述べている。

中学校への進学希望者の数がめだってふえはじめたのは、明治二五年頃である。明治一九年に、森有礼文相が、税金で維持する中学校を一府県一校に限るという政策をうち出して、中学校の整備・充実をはかろうとしたため、明治一八年に一万五〇〇〇人いた中学生の数は、一九年には一旦一万人まで減少したが、明治二五年に一万六〇〇〇人に回復したあと、二八年三万人、三一年六万一〇〇〇人と三年毎に倍増し、三七年にはついに一〇万人を突破した。一八年間で一〇倍というのだから「激増」である。当然のことながら、中学校数もふえて明治一九年の五六校が、三七年には二六七校になった。ついでにいえば、人口一万人比でみた中学生数は、同じ期間に五・三人から四二・四人にふえている。こちらの方も八倍である。いかに急速に「中学校熱」が広がっていったかがわかる。

茂雄が編入した日本中学校は、一八八五年（明治十八）、神田錦町に創設された東京英語学校の前身であった。東京大学予備門進学の目的の人々が集う予備校として、杉浦重剛によって設立された。その後、一八九一年（明治二十四）の中学校令により、私立の尋常中学校に改組され、日本中学校となった。校舎は火災焼失し、一八九二年（明治二十五）に東京市麹町区の江戸城半蔵門近くに移転、茂雄が通学したのはこの場所になる。

当時、日本中学の生徒の中には、第一高等学校への進学を希望する者が少なくなかった。日本中学は、画家の横山大観《よこやまたいかん》、作家の永井荷風《ながいかふう》、評論家の長谷川如是閑《はせがわにょぜかん》らが通った学校としても知られる。国家的な統制が整備され、近代的な産業化が急速に進行する状況下にあって、増加する中学生たちは厳しい競争にさらされていたが、茂雄も例外ではなかった。茂雄はかねてからの念願を果たすべく、高等学校進学のための受験勉強に専心することになる。

第一高等学校受験と内村鑑三との邂逅

一九〇〇年（明治三十三）、茂雄は第一高等学校を受験するが、不合格に終わる。この年に日本中学校を卒業した茂雄は、夏を信州で過ごした。その折にキリスト教思想家で文学者でもある内村鑑三《うちむらかんぞう》の講演会に行き、以降、交流が続くことになる。茂雄の追想と内村の年譜を重ね合わせてみると、一九〇〇年（明治三十三）七月二十五日から八月三日にかけて女子独立学校で開催された夏期講談会に参加、その後、年末に静岡県の伊東で催された講演会で知り合っている。第一高等学校を二年落第し除名となった翌年の一九〇五年（明治三十八）には、日曜に開催された内村の聖書講義に参加し、若き日の茂雄は鑑三に傾倒していったのである。

内村はこの時期、活動の転換期にあった。一八九八年（明治三十一）に『萬《よろず》朝報《ちょうほう》』の記者を辞して、『東京独立雑誌』を創刊した。しかし、この雑誌も一九〇〇年（明治三十三）に廃刊となり、内村は、キリスト教伝道のための講演会を開催しはじめる。この年の十月には、内村はライフワークとなる『聖書之研究』を創刊していた。そのような時期に、茂雄は内村に出会っていたのである。

茂雄は内村と出会った時のことを、鈴《すず》木《き》俊郎《としろう》編『内村鑑三先生——追想集』（岩波書店、一九三四年）に寄稿した回想「内村先生」（『茂雄遺文抄』に再録）の中で、次のように記している。

私は中学を終つた明治三十三年の夏を郷国信州の小諸の伊《い》藤《とう》長七《ちょうしち》氏の寓居で過した事があつたが、内村先生の講演があるといふので小諸から上田まで出かけて行つて聴衆の一人となつた。何の話をされたか覚えてゐないが、先生の謦咳に接したのはこの時が始めてであつたと思ふ。それから

内村鑑三

> その年の暮伊豆の伊東に静養して居つた時に先生が来られ、温泉旅館山田屋で講演をされたのを聴きに行つた事がある。その時は深い感動を受けたとみえ、教育上に関する事柄で今なお記憶に残つてゐるものがある。

茂雄の「回想」にある「教育上に関する事柄」の内容は、ここでは明らかにされてはいない。しかしこの時、内村から受けた感化は、茂雄が数年後に教職に就くことと関連するのは想像できる。また、茂雄の戦争嫌いは、内村の反戦の思想と呼応するように見える。一九〇四年（明治三十七）からはじまる日露戦争の前夜に、黒岩涙香《くろいわるいこう》の新聞『萬朝報』が非戦・反戦から主戦に転じた際に、内村は幸徳秋水《こうとくしゅうすい》らとともに退社した。そして二人は、創刊した『平民新聞』を舞台に反戦活動を続けた。茂雄の内村への傾倒ぶりは、書店の創業後すぐに、彼が主宰する『聖書之研究』の販売に力を入れていたことにもうかがえる。後年のことではあるが、岩波書店は、畔上賢造《あぜかみけんぞう》・塚本虎二《つかもととらじ》・三谷隆正《みたにたかまさ》・斎藤宗次郎《さいとうそうじろう》・鈴木俊郎による編集で、『内村鑑三全集』全二十巻（一九三二〜三三年、各二円）を刊行している。茂雄は尊敬する人物の全集を岩波書店から出版することが多かったが、『内村鑑三全集』もその一つであった。

一九〇一年（明治三十四）、茂雄は再度の第一高等学校受験を試みるが、その直前に合否発表の不安な思いを、伊勢詣の旅以来親交が続いていた木山熊次郎に伝えていた。木山が帰省中の倉敷から茂雄に送った葉書から、その様子がうかがえる。試験直前には、木山は「沈着と勇気とを以て平然として試験に応ぜられんこと希望致耳《いたすのみ》に御座候」(一九〇一年七月一日付)と、茂雄を励ましている。また、試験結果の出る直前には、「君よ落胆するを止めたまへ、由《よ》し落第が真なりとて　君よ落胆失望して何の得がある　希《こいねがわ》くは自己を信じて此般の事に対する悠々乎たらんことを　況んや未だ及落の事判定せざるに於ておや、余は兄の事成れるを祈りて止まず」(一九〇一年七月十二日消印)と悲観する茂雄をたしなめ、成功を念じる葉書を書き送っていた。これらの書簡からは、茂雄がいかに木山を信頼し、胸襟を開いて交流していたかがうかがえる。

二度目の受験の結果は合格で、茂雄は一年の浪人を経た後、念願の第一高等学校への入学が許可されたのである。

2　第一高等学校の文化圏

第一高等学校の受験と進学

一九〇一年(明治三十四)九月に第一高等学校に入学したが、入学時の同級生に、鳩山秀夫《はとやまひでお》・阿部次郎《あべじろう》・上野直昭《うえのなおあき》・石原謙《いしはらけん》・荻原藤吉《おぎわらとうきち》(井泉水《せいせんすい》)らがおり、彼らとは生涯にわたって親交を結ぶことになる。

鳩山秀夫は東京帝国大学を優秀な成績で卒業し、母校の教授となった民法学者で、一九一六年(大正五)に岩波書店から『日本債権法総論』(一円八十銭)を刊行した。これは岩波書店刊行の最初の法

第一高等学校西寮の友人たちと

（前列左から荻原井泉水，大滝熊一郎。中列左から阿部次郎，清原徳治郎，岩波茂雄。後列左から渡辺得男，工藤壮平。1903年1月）

律関係の書籍であり、多数の読者を得た。その後大学の職を辞して、弁護士・衆議院議員となった。父は法律家で政治家の鳩山和夫《はとやまかずお》で、兄は第二次世界大戦後に内閣総理大臣となった鳩山一郎《はとやまいちろう》である。

阿部次郎は美学者・哲学者である。夏目漱石《なつめそうせき》に師事し、一九一四年（大正三）に刊行の『三太郎の日記』が当時の学生たちの愛読書となった。人格主義を唱えた阿部は、東北帝国大学教授をつとめ、退官後、一九四七年（昭和二十二）に帝国学士院会員となった。

上野直昭は美学者で、京城帝国大学・九州帝国大学の教授をつとめ、東京美術学校校長・東京国立博物館館長・愛知県立芸術大学学長などを歴任した。一九四六年（昭和二十一）に帝国学士院会員、一九五九年（昭和三十四）に文化功労者となった。

石原謙はキリスト教学者で、東北帝国大学教授・東京女子大学学長などをつとめた。一九六二年（昭和三十七）に文化功労者となり、一九七三年（昭和四十八）に文化勲章を受章している。兄は物理学者の石原純《いしはらじゅん》である。

荻原井泉水は新傾向俳句の提唱者として、多くの作品を著した俳人として知られ、一九六五年（昭和四十）には日本学術院会員となっている。

茂雄の同級生となった友人たちはいずれも、後年、各分野で活躍した人物ばかりであった。こうした友人たちは、茂雄とその後も交流を続け、岩波書店の大切な書き手となっていく。第一高等学校での人的交流と、そこで培った教養主義が茂雄に大きな影響を与え、後に設立される岩波書店の基盤を形作ることになる。

茂雄の学生生活については、「回想二題」（『橄欖樹』第三百五十号、一九三五年二月、『茂雄遺文抄』）にその一面がうかがえる。彼が入寮した第一高等学校の寮の様子と、そこでの友人たちとの交流が生き生きと回想されている。

　忘れがたいのは向ヶ丘に屹立してゐた東西の旧自治寮である。それは今現にある新寮のやうな衛生的な事務的な明朗な建物ではなかつた。しかし私はこの旧寮の建物を心から好きであつた。城郭の如くがつちりして居り、またぶつきらぼうに出来て居り、あくまで高く、急傾斜を以て天をつくその姿は尖鋭であり、雄大であり、壮厳であつた。これを仰ぐ者にある一種の迫力と威力と魅力とを感ぜしめた。散歩などをした時、不忍池をへだてゝ上野で見る夕空に黒くそびゆる旧寮はなんとも云へぬ厳粛そのものであつた。また点火されたる光景も壮観であつた。この旧寮が陰鬱であつても非衛生であつても私の趣味は問題なしに新寮よりも旧寮をえらんだのである。おもふに新寮から敏腕なる事務家が生れるかも知れない。しかしドイツの深い森林が偉大なる哲人を生んだといふ論法を以てすれば、国難を背負つて立つやうな傑物は新寮でなく旧寮から生れるであらう。私には旧寮はそんな風に思へたのである。

茂雄が、質実剛健な向ヶ丘の旧寮を、とても気に入っていたことがうかがえる。この旧寮に対する茂雄の印象は、「城郭」に見立てられ、「雄大」かつ「壮厳」とする表現から明確となる。そこに、「迫力」「威力」「魅力」を感じ、さらに「心から好きであつた」という直接的な表現には、この建物に対する彼の気持ちが表れている。茂雄は入学後、第一高等学校のボート部に入部し、練習に励み活躍する一方で、この寮で仲間たちと充実した生活を送ることになる。

一九四三年（昭和十八）、茂雄は第一高等学校の寮に招かれた際の講演で（「一校寮より招待されし席上での演説」『茂雄遺文抄』）、寮での思い出を次のように披露している。

„Du kannst, denn du sollst."

といふ言葉を覚えてゐます。私は語学は特別不得手で、独逸語で覚えてゐるのは恐らくこれだけだと思ひます、この言葉の深い意味とか或ひは哲学上、学問上の意味は私は知りませんが、極めて常識的な意味に解釈して「ゾルレン」は「ケンネン」である。即ち平たく申し上げれば「当然為す可きことは為し能ふ」といふ様に私は解釈してゐるのであります。この言葉は荻原井泉水君の寄宿舎のランプの蔽ひに書いてあつた言葉で、今日まで覚えてゐるのでありますが、私の四十年来の経験から考へまして、為す可きと思つたことは必ず可能に成つたのであります。

友人のランプの蔽いに書かれてあった言葉を、長年の間、ここまで鮮烈に記憶していたのは他でもない。茂雄は第一高等学校の寮で毎日のように目にした、カントの道徳精神を表す „Du kannst, denn du sollst" を、後に敬愛するラファエル・フォン・ケーベルに揮毫してもらい、身近に飾って大切にしていたからである。

念願の第一高等学校に入学し、友人たちと寮で充実した生活を送っていたが、茂雄は次第に内省的になっていった。そして、一年半ほどして起こったある事件を契機に、その傾向はより強くなっていく。それは、次節で述べる、同じ第一高等学校生の投身自殺に起因している。

藤村操の投身自殺の波紋

一九〇三年（明治三十六）五月二十二日、第一高等学校で一学年下の藤村操《ふじむらみさお》が「巌頭之感」を滝の付近のミズナラの木に刻んで、日光華厳の滝で投身自殺した。藤村の遺書「巌頭之感」は、次のような文面であった（「思ひ出の野尻湖」『茂雄遺文抄』）。

悠々たる哉天壌、遼々たる哉古今、五尺の小軀を以て此大をはからむとす。ホレーショの哲学竟に

藤村操

何等のオーソリチーを価するものぞ。万有の真相は唯一言にして悉す曰く「不可解」。我この恨を懐いて煩悶終に死を決するに至る。既に巌頭に立つに及んで胸中何等の不安あるなし。初めて知る大なる悲観は大なる楽観に一致するを。

エリート青年が人生に「煩悶」して自殺したこの事件は、同時代の若者たちに大きな影響を与えた。青年たちを中心に、人生の意味を問い、懊悩する人々が増加すると同時に自殺者が相次ぎ、社会現象となっていく。魚住影雄《うおずみかげお》（折盧《せつろ》）は友人の死を悲しみ、「藤村操君の死を悼みて」（『新人』第四巻七号、一九〇三年七月）で「君をして時代の煩悶を代表せしめし明治の日本は思想の過渡期に当りて実に高貴なる犠牲を求めぬ」と記した。この一年後、魚住は第一高等学校『校友会雑誌』に「自殺論」を寄稿、人間にとっては国是国策よりも自我が重要であると説いて話題となった。

第一高等学校で藤村を教えたことのある、漱石にも少なからぬ衝撃を与えたことは、一九〇四年（明治三十七）二月八日に寺田寅彦《てらだとらひこ》に宛てた葉書の文面からうかがえる。以下がその全文である。

水底の感　　藤村操女子

水の底、水の底。住まば水の底。深き契り、深く沈めて、永く住まん、君と我。
黒髪の、長き乱れ、藻屑もつれて、ゆるく漾ふ。夢ならぬ夢の命か。暗からぬ暗きあたり。うれし水底。清き吾等に、譏り遠く憂透らず。有耶無耶の心ゆらぎて、愛の影ほの見ゆ。

二月八日

葉書には、「水底の感」という標題の新体詩が、「藤村操女子」と藤村を女性に見立てて書かれ、最後に「二月八日」の日付が記されているのみである。葉書にはこれ以外の文章は書かれておらず、この新体詩のみ投げ出された格好になっている。これは、同名の女性に仮託して、藤村操の魂を鎮めようとする、彼の遺書に対する相聞のようにも読める。

また、漱石は後年、『鶉籠』（春陽堂、一九〇七年）に収録された『草枕』（一九〇六年）の中で、主人公の画家に次のように語らせ、藤村の死の意味を解釈している。

昔し巌頭の吟を遺して、五十丈の飛瀑を直下して急湍に赴いた青年がある。余の視る所にては、彼の青年は美の一字の為めに、捨つべからざる命を捨てたるものと思ふ。死其物は洵に壮烈である。只其死を促がすの動機に至つては解し難い。去れども死其物の壮烈をだに体し得ざるものが、如何にして藤村子の所作を嗤ひ得べき。

『草枕』だけでなく、『文学論』（大倉書店、一九〇七年）にも言及が見られ、藤村の死は、漱石の意識にも深く刻印されていたことがうかがえる。

茂雄も藤村の投身自殺に大変な衝撃を受け、学業に身が入らなくなり、進級も覚束なくなった。親友の安倍能成《あべよししげ》は『岩波茂雄伝』（岩波書店、一九五七年、新版二〇一三年）の中で、茂雄が藤村の死を契機に、「狂するばかりの煩悶児」に急変したと回想している。この書物の中で「一番無遠慮な友人」と安倍自ら記しているように、『岩波茂雄伝』は、生涯にわたって茂雄の近くにいた友人でなければ書けない評伝である。

茂雄は七月中旬から約四十日間、野尻湖の孤島に籠り、内省的な生活を送ることになる。藤井淑禎《ふじいひでただ》は『不如帰《ほととぎす》の時代――水底の漱石と青年たち』（名古屋大学出版会、一九九〇年）の中で、茂雄が自身の野尻湖行きを、藤村の華厳の滝行きになぞらえているように見えることを指摘している。藤村が日光の華厳の滝で死に赴いたのに対し、茂雄は、野尻湖において死と向き合いつつも、再生の道を辿ることになる。

茂雄は当時のことを、後年、「思ひ出の野尻湖」（『政界往来』第十巻八号、一九三九年八月、『茂雄遺文抄』）の中で次のように回想している。

とふ人もおもひたへたる山里の寂しさなくば住みうからまし　西行

明治三十六年の夏、私は信濃の国の北奥野尻湖上、人の住まぬ孤島に唯一人閑寂な生活を楽しんだことがある。その頃は憂国の志士を以て任ずる書生が「乃公出でずんば蒼生をいかんせん」といつたやうな、慷慨悲憤の時代の後をうけて人生とは何ぞや、我は何処より来りて何処へ行く、といふやうなことを問題とする内観的煩悶時代でもあつた。立身出世、功名富貴が如き言葉は男子として口にするを恥ぢ、永遠の生命をつかみ人生の根本義に徹するためには死も厭はずといふ時代であつた。現にこの年の五月二十一日は同学の藤村操君は「巌頭之感」を残して華厳の滝に十八歳の若き命を断つてゐる。（中略）（私は――引用者注）常に人生問題になやんでゐたところから他の者から自殺でもしかねまじく思はれてゐた。華厳之感は今でも忘れないが当時これを読んで涕泣したこと幾度であつたか知れない。事実藤村君は先駆者としてその華厳の最後は我々の憬れの目標であつた。華厳之感は今でも忘れないが当時これを読んで涕泣したこと幾度であつたか知れない。友達が私の居を悲鳴窟と呼んだのもその時である。死以外に安住の世界がないと知りながらも自殺しないのは真面目さが足りないからである、勇気が足りないからである、「神は愛なり」といふ、人間に自殺の特権が与へられてゐることがその証拠であるとまで厭世的な考へ方をしたものである。かかる感傷的な気分にかられたるが故に山色清浄なる境域に静思を求めたのであった。

茂雄が自身の苦悩の時期を、「悲憤慷慨の時代」から「内観的煩悶の時代」へと整理して語っている点が興味深い。茂雄の尊敬する三宅雪嶺《みやけせつれい》の、『想痕』（至誠堂、一九一五年）に収録された時文「慷慨衰へて煩悶興る」が想起されてくるからである。哲学者で評論家の雪嶺は、明治の前半期に流行していた「悲憤慷慨」から「煩悶」への時代の推移と、社会の不正義や不正に対して歎き、憤り、政治的・社会的な行動に及ぶ壮士から、内省し煩悶する青年へと変容する若者の変化を的確に読み取っている。藤村操の死に遭遇した茂雄は、まさしく、この変化の中心に身を置いていたといえるだろう。茂雄の後年の活動からは、彼が「悲憤慷慨」と「内観的煩悶」の両方の性質を帯びていたように見えてくる。

野尻湖での滞在時に、茂雄は木山熊次郎に手紙を送っており、その返信（一九〇三年七月二十六日消印）が遺されている。そこには、「啻《ただ》一言云はん　我は切なる同情を足下に呈すと　而して君が健全なる基礎を得たまはんことを祈ると」と、思い煩う茂雄のことを慮る文章が書き記されている。

茂雄は「回想二題」（『茂雄遺文抄』）の中でも、この時期のことを「自己を内観する煩悶時代」であり、「悠久なる天地にこの生をたくする意義を求めて苦しむ時代であった」と記し、藤村のことを「その勇敢なる先駆者であり、まじめなる犠牲者」としていた。また、藤村の遺書について、「今日に至るまで一字一句も忘れない」と書き記しており、その衝撃が深く心に刻み込まれたことがうかがえる。「人生とは何ぞや」と問うこの文章からは、茂雄が愛読した文学者、北村透谷《きたむらとうこく》が想起されてくる。「人生に相渉るとは何の謂ぞ」（『文学界』第二号、一八九三年二月）などの評論を精力的に発表した透谷もまた、人生について苦悩し、一八九四年（明治二十七）に二十代半ばで自殺した若者であった。

落第し、安倍能成と同級に

藤村操の死を契機に、茂雄は内省的な生活を送り、一九〇三年（明治三十六）秋の試験を放棄して落第する。第一高等学校ではこの年、他にも多くの落第生が出た。その結果、茂雄は一級下の安倍能成と同級となる。

安倍は、哲学者・教育者・政治家としても活躍した、茂雄の親友である。一八八三年（明治十六）

生まれの安倍は、第一高等学校に進学した。同窓生に藤村操がおり、後年、その妹と結婚した。落第した茂雄と同級となって以来、生涯にわたって二人の親交は続いた。その後、安倍は東京帝国大学の哲学科に進学した。第一高等学校の時から敬愛していた漱石のもとに、東京帝国大学の一年生の時に訪問し、以来、小宮豊隆《こみやとよたか》・森田草平《もりたそうへい》・阿部次郎・鈴木三重吉《すずきみえきち》らとともに、漱石門下の中心人物となる。

大学卒業後、安倍は定職に就くまで時間を要している。日露戦争後のこの時期、高等教育機関で教育を受けながらも、官吏や会社員などの定職に就くことなく、家族や親族らの経済力を頼みにしながら文化的な生活を送る、「高等遊民」が話題となっていた。その代表例としてあげられるのが、夏目漱石の小説『それから』（春陽堂、一九〇九年）の主人公、長井代助であった。帝国大学でも文科学生の就職は厳しくなっており、茂雄の友人の安倍能成も、正規の勤め先を得るまで、「高等遊民」としての生活を送ることになる。ただし、経済的に苦労をした安倍の場合、親の経済力を頼みにする「高等遊民」とは趣を異にしていた。

安倍能成

安倍は後に、法政大学教授・京城帝国大学教授・第一高等学校校長をつとめ、戦後、貴族院議員となり、文部大臣を歴任、教育制度改革に尽力した。また、一九四六年（昭和二十一）から亡くなる一九六六年（昭和四十一）まで学習院院長をつとめている。岩波書店の創業以来、自著を出版すると同時に、編集・企画に協力し、経営にも深くかかわった。安倍は「哲学叢書」の一冊『西洋近世哲学史』（一九一七年、一円二十銭）、『カントの実践哲学』（一九二四年、一円五十銭）などを、岩波書店から出版している。安倍は藤村の死に遭遇した時のことを後年回想し、『我が生ひ立ち』（岩波書店、一九六六年）の中で、「私はその頃自殺しないでのめのめと生きて居るのは、自分が不真面目だからといふ、迫つた気持に追はれて居た」と書いている。安倍も藤村の死による衝撃で、学業に手がつかなくなり、落第することになる。安倍は『岩波茂雄伝』などを通じて、親友の茂雄の功績を後世に伝えるうえでも大きく貢献している。

茂雄は一九〇四年（明治三十七）の夏に至るまでの約一年間、学校にはほとんど行かず、試験を放棄したために二年続けて落第し、第一高等学校を除名された。失意の中で、南米に渡航することを真剣に考えるが、母の説得などにより諦めることになる。「回顧三十年」（『茂雄遺文抄』）に「米国に渡航する手続きまでしたが当時移民問題で渡航がやかましく、東京府庁へ呼び出されて不許可となつてこの企図も目的をとげなかつた」とあるように、茂雄が渡航を断念したのには、移民保護法の公布が影響していた。

一八九六年（明治二十九）に移民保護法が公布され、「移民」を「労働ニ従事スルノ目的ヲ以テ外国ニ渡航スル者及其ノ家族ニシテ之ト同行シ又ハ其ノ所在地ニ渡航スル者ヲ謂フ」と法的に規定されたのである。そのため、移民として海外に行く自由度が制限された。渡航を断念したことで、東京帝国大学哲学科選科への進学に、茂雄の気持ちは傾くことになる。そして、この年の八月に上京した彼は、進学を期して、獨逸学協会学校（現在の獨協学園）と正則英語学校（現在の正則学園）に通うことになるのである。

茂雄が進路について悩み、模索と彷徨を重ねていたこの時期、日本はロシアに宣戦を布告し（一九〇四年二月）、日露戦争の直中にあった。

東京帝国大学進学と結婚、そして母の死

一九〇五年（明治三十八年）、茂雄の人生に転機が訪れる。後に妻となる女性との出会いと、東京帝国大学哲学科選科への入学である。同年七月、茂雄は赤石ヨシ方に下宿する。小林勇《こばやしいさむ》は『惜櫟荘主人――一つの岩波茂雄伝』（岩波書店、一九六三年）の中で、ヨシが茂雄について語った印象を次のように紹介している。

袴はインキだらけのわかめのやうなボロボロのものをはいて居り、みにくい人であり汚らしい恰好をしてゐましたが、実に立派な人だ、誠実な心の綺麗な人だと思つてをりました。祖母は昔の人でありましたから、もう岩波さんは実に立派な人だ、偉大な人物だといつも口癖のやうに言つてをり、きつと将来は偉い人になるよ、と言ひ言ひしてゐました。男の友達にも女の友達にも又老人にも誰彼の差別をつけず実に岩波は親切な人でありました。

ヨシが茂雄について述べる「誠実」で「親切」な人柄からは、彼の母・うたのことが想起されてくる。茂雄は前掲「誠実を教へた母」（『茂雄遺文抄』）の中で、母親のことを「正しいことは何処までも押し通して行く誠実な人間」で、「親切で、情深く涙もろい面を持つてゐました」と述べていた。茂

赤石ヨシと結婚

雄は、母親のこうした性情を受け継いでいたように見える。

一九〇五年（明治三十八）九月、茂雄は東京帝国大学哲学科選科に入学する。帝国大学はこの時、東京（一八七七年）と京都（一八九七年）の二つであったが、その後、東北（一九〇七年）、九州（一九一一年）、北海道（一九一八年）、京城（一九二四年）、台北（一九二八年）、大阪（一九三一年）、名古屋（一九三九年）に相次いで設置されることになる（括弧内はいずれも設置年）。一九〇六年（明治三十九）の春、茂雄は前年に出会った赤石ヨシと婚約、翌一九〇七年（明治四十）三月に結婚した。

大学卒業目前の一九〇八年（明治四十一）六月、最愛の母うたが死去する。茂雄の母への思いは、後年、「誠実を教へた母」（『茂雄遺文抄』）に綴られている。「私は三十年余を経た今日でも、この母のことは涙なしには思ひ出すことは出来ません」と母親を追慕する文章では、父の死後、家業を継がずに、学業のための上京を許してくれたこと、藤村操の自殺から人生に煩悶し、高等学校を辞めて「深い絶望と自殺病」に陥った時も救済してくれたことへの感謝が記されている。また、母のうたが、活動的で、貧しい人々にも優しく、誠実な人間であったことを茂雄は回想しているが、そうした母の影響は、彼の人生観に大きく影響を与えていたのである。

購入したロダンのトルソーと芸術・文化への憧れ

茂雄の新婚当時のことはあまり伝えられてはいないが、小林勇が茂雄の親友から聞いたという逸話がある。小林は後年、「岩波茂雄の芸術」（『図書』第百二号、一九五八年三月）で次のように回想している。

> 岩波茂雄は優れた芸術を愛した人である。その眼がどういう機会に開きはじめたのか、自から話さなかったし、私たちにもわからない。このごろ上野直昭先生から、つぎのような話をうかがった。「岩波の結婚当時のこと、或る日絵を見せるから来いというので、いって見た。岩波が大事そうに箱から出したのは雑誌の口絵などの写真版であった。ミレーやコローのもの、それから誰やらのマリア像があった。煙草を吸ったら、やめろといった。灰で絵がよごれるのが困る、という意味と、マリア像をみながら不謹慎だということであろう。岩波はそのころ讃美歌を歌ったりしていた。」
>
> 岩波は若いときトルストイの影響を大変にうけたといっていたが、美術への憧憬は多分上野先生の話のように、そのころ印刷物などによって植えつけられたものかと思われる。ミレーの絵は大変好きであったし、その絵の文学的意味にも惚れて後年「種蒔き」を店のマークにしたのだと思う。戦争で焼けた小石川の家には岩波が若いころ愛していた感傷的な絵が残っていた。

茂雄が妻のヨシと結婚したのが一九〇七年（明治四十）三月であることから、この逸話はそれ以降のものだろうか。ここには正確な年代は記されていないため、どの雑誌であったかは明らかとはならない。しかし、ミレー・コローの複製の絵ということであれば、一九一〇年（明治四十三）四月創刊の雑誌『白樺』に掲載されたものなどが想起されるだろう。

二人は新婚当時、本郷弥生町に住み、茂雄は生計のために、木山熊次郎が一九〇七年（明治四十）に創刊した雑誌『内外教育論』の編集の協力をしていた。一年後の一九〇八年（明治四十一）四月に、茂雄はヨシとともに大久保百人町に転居し、同年七月に東京帝国大学哲学科選科を卒業している。

茂雄の新婚時代の逸話に見られた芸術への憧れは、後年、彼が新聞に寄稿した文章にもうかがえる。ドガとロダンの彫刻については、『東京朝日新聞』一九二五年（大正十四）九月二十六日付朝刊の「一点一評」欄に寄稿した、「ドガのトルソー」という随筆の中で、茂雄は次のように記している。

仏展ドガの女のトルソーに心をひかれました。之は私の特殊なる趣味かも知れません。一昨年の仏展ではロダンの男のトルソーを見て非常に興奮し其大さを倍以上のものとして人に語つた程でした。そして煩悶の末身分を顧みず手に入れましたが、今尚朝夕座右に親んで無限の慰めを得、其時の決心を喜んで居ります。此度のドガは到底それ程の感激は得られません。之を見るにつけてロダンの女のトルソーに対し未だ見ぬ恋とも云ふべきあこがれを禁ずる事が出来ません。

芸術への深い関心の垣間見えるこの随筆の中で、表題にあるドガのトルソーのことよりも、ロダンのそれへの愛着が止みがたく、そして「煩悶」の末、これを手に入れたことが語られている。茂雄が関東大震災の時に南神保町の店舗から唯一持って逃げたものが、このロダンのトルソーであった。そのことを、安倍能成は「岩波と私」（『世界』第六号、一九四六年六月）の中で、「大正十二年の大地震で店が焼けた時、岩波は小石川の住宅へ避難して来たが、手に持つて居たのは日頃座右から離さなかつたロダンのトルソー一つであつた」と回想している。茂雄がこのトルソーにいかに魂を奪われたかについては、「『心境の変化』」（『文藝春秋』第十巻四号、一九三二年四月、『茂雄遺文抄』）の中で、次のように述べていることからもうかがえる。

今から一昔程前のことだ。上野に仏蘭西美術展覧会が開かれてロダンの作品が多数陳列されたことがあつた。私はこれを見に行つて初めて有名なロダンの多くの作品に接する機会を得たが、特に私の心を惹いたのは奥の室の隅にあつた曾て写真でも見た事のない男のトルソーであつた。私は前に立つてじつと見つめて飽くことを知らなかつた。又側面から背面から見れば見る程感心するばかりであつた。これは私には力の塊の様に思へた。又人間の作つたものでなく宇宙の一角がとんで来てこゝで固つた様にさへ感じられた。私は会場を出る際にも再びこゝへ戻つて暫く立尽してゐた。全く此の作品は私の魂を奪つたのである。

ロダンのトルソーとの出会いの衝撃については他でも何度も語られており、茂雄がこの芸術にいかに強い愛着を持っていたかがうかがえる。

茂雄の芸術への関心は、美術だけではなかった。茂雄は創業まもない時期に、音楽関係の書籍の刊行も手掛けている。一九一五年（大正四）には、田辺尚雄『通俗　西洋音楽講話』（一円二十銭）が出版された。翌一九一六年（大正五）には、田村寛貞編『リッヒァルト・ワーグナー』（三円八十銭）が刊行され、これを嚆矢とする「音楽叢書」全五冊が、田村と上野直昭の協力のもとに発刊されていた。芸術や文化への強い愛情を持ちながらも、自分はそれを表現することなく、伝える立場に徹していくことになる。後に、茂雄は自らを「文化の配達人」と規定することになるゆえんである。

女学校の教員になる

茂雄は、一九〇八年（明治四十一）七月に東京帝国大学哲学科選科を卒業、翌一九〇九年（明治四十二）三月に神田高等女学校（現在の神田女学園）の教員となった。

神田高等女学校は一八九〇年（明治二十三）に開校し、竹澤里《たけざわさと》が初代の校長をつとめた。東京女子高等師範学校（現在のお茶の水女子大学）を卒業した竹澤は、女子教育の重要性を感じて女学校を設立、初代校長となった人物である。竹澤は、茂雄の親友の阿部次郎の義母にあたる。この女学校には、竹澤の娘の阿部恒《あべつね》も教員として勤務し、親子二代で学校の運営に貢献した。学校創設時の母娘の苦難については、大平千枝子《おおひらちえこ》『父　阿部次郎』（東北大学出版会、一九九九年）に収録された回想「祖母竹澤里と母恒」に詳しい。

神田高等女学校勤務時代の岩波茂雄（左端）

この女学校は、茂雄が勤務開始直後の一九〇九年（明治四十二）四月、高等女学校として認可された。校名もそれまでの神田共立女学校から、神田高等女学校と改称された。茂雄がつとめていた時期は、神田橋校舎の時代であった。

神田女学園の学校史の中には、茂雄がどのような教師であったかについての証言がある。茂雄の薫陶を受けた卒業生たちは、神田女学園創立90周年記念出版編集委員会編『竹水の流れ——神田女学園の九十年』（神田女学園、一九八〇年）の中で、彼のことを次のように回想していた。

竹沢校長の下で教頭をつとめていたのは、のちの岩波書店経営者、岩波茂雄だった。名物教師として、いまも卒業生の語り草になっている。

奥原さんの同級生、元参議院議員、北大名

誉教授有馬英二氏夫人波留美（はるみ）さんは「岩波先生は詩や漢文がお好きで、教科書以外のものを刷っては、生徒にくばり勉強をしたものでした。生徒よりむしろ先生のほうが熱心だったといえましょうか」といっている。岩波の熱心な教師ぶりを物語るエピソードにこんな話がある。

五年生に論語を教えようとしたとき、ふりあてる時間がなかった。放課後に時間をとったのでは、生徒の帰りがおそくなってしまう。そこで始業前の一時間をこの授業時間にした。冬の寒空でも一時間早く出勤する岩波の姿に、生徒も真剣にならざるをえなかった。「おはよう」というあいさつのイキがまっ白だったことをおぼえている卒業生はまだたくさんいる。

卒業生の回想からは、茂雄は独自の教材を作成し、所定の時間外の授業を行うなど、熱心な教師であったことがうかがえる。教師生活は約四年であったが、辞めるに至った理由を、茂雄は「教師より市民に」（『読書世界』第四巻三号、一九一四年六月）の中で述べている。茂雄の教育の理想と現実の間に隔たりがあり、また、立ちはだかる学校の制度が理想の実現を阻んでいることを、辞めた第一の理由にあげている。このことと関連して、教育の現場が「事務的、職業的」であるため、「感謝の心」が持ちにくくなっていることを、もう一つの理由にあげている。

茂雄は、神田高等女学校を辞めるとともに、小石川区上富坂町にあった、一九〇二年（明治三十五）創設の東京女子体操音楽学校（現在の東京女子体育大学）も一九一三年（大正二）七月に退職し、書店を起業することになる。彼はこの時、数え年で三十三歳であった。

3　岩波書店の創業とデモクラシーの時代

教員から書店主へ

神田高等女学校での約四年の勤務を経て教職を辞した後、茂雄は、一九一三年（大正二）八月に神田南神保町で古書店を開業、その後まもなくして、新刊の出版にも着手する。同年七月二十二日に大久保百人町の住居から神田南神保町十六番地の店舗に移り、八月五日に岩波書店は創業された。岩波書店の創業は、明治から大正に改元された翌年のことであったが、大正時代には、一九一九年（大正八）に改造社、一九二三年（大正十二）に文藝春秋社など、その後大きな成長を遂げていく有力な出版社の起業が相次いだ。

茂雄が一市民として出版社を創業し、その礎を築いていこうとする大正期は、「大正デモクラシーの時代」に対応していた。その時期については諸説あるが、茂雄が岩波書店を創業し、その基盤が形作られるこの時期には、民主主義・自由主義の風潮が政治・社会・文化に浸透していった。人文科学系を重視する岩波書店は、そうした風潮を背景に出発したのであった。

当時、東京帝国大学を卒業し、教職に就いた者がこれを辞して、古書店を開業することは異例のことであった。茂雄が古書店をはじめる際に相談したのが、新宿の中村屋を経営する同郷の相馬《そうま》愛蔵《あいぞう》である。茂雄は、愛蔵に相談した時のことを、「回顧三十年感謝晩餐会の挨拶」（『茂雄遺文抄』）の中で次のように述べている。

新宿中村屋の相馬さんは早稲田の学園を出られて、商売を御始めになつた方であり、同郷の先輩でもありますので、その御意見を伺つたところ、何商売にせよ、素人でも充分やつてゆける、と御自分の体験を話して下さいました。

愛蔵は、新宿中村屋の創業者であり、茂雄と同様に内村鑑三を敬愛していた。商いにおいては、良質な商品を廉価で販売することを旨としたが、この点で茂雄と相通じるところがある。インド独立運動の革命家、ラース・ビハーリー・ボースをかくまった縁で、中村屋がインド式のカレーを売り出すことになった。愛蔵の妻は、同じ実業家で社会事業家でもあった、相馬黒光《そうまこっこう》である。

茂雄の起業を、『東京朝日新聞』は一九一三年（大正二）九月十二日付朝刊の記事「東人西人」で次のように報道していた。

△神田高等女学校の教頭で有ツた岩波茂雄君が、一ヶ月ばかり前に突然辞職して、神保町に古本屋を開業した△其の看板の「岩波書店」の四字を夏目漱石君に依頼して揮毫を得た△然るに其の四字の中で書と云ふ字は立派に出来たが、店と云ふ字が如何にもマヅい△或る人之を解して曰く、漱石君は平生店と云ふ字が非常に嫌ひだから、此の字を書くのはイヤで有ツた為だらう。

茂雄は創業時に、親友の安倍能成を介して、敬愛する漱石に「岩波書店」の看板の字を書いてもらった。また茂雄は、八月五日に書店を開業したことを知友に知らせるために、次のような「開店案内」(『茂雄遺文抄』)を送っている。

開店案内

粛啓　秋風涼冷之候益御清祥奉賀候陳ば野生儀感激なき生活の繋縛を脱し且つは人の子を賊ふ不安と苦痛とより免れん為教職を辞し兼てより希ひし独立自営の境涯を一市民たる生活に求めて左記の処に書店開業仕り新刊図書雑誌及古本の売買を営業といたし候

就ては従来買主として受けし多くの苦き経験に鑑み飽まで誠実真摯なる態度を以て出来る限り大方の御便宜を計り独立市民として善良なる生活を完うしたき希望に候不敏の身貧弱の資を以て険難の世路を辿り荊棘を開いて新なる天地に自己の領域を開拓せんとするには定めて遭逢すべき多くの困難可有之事と存候野生が新生活に於ける微少なる理想を実現する為御同情御助力願はれ候はば幸之に過ぎず候

敬白

大正二年九月

東京市神田区南神保町十六番地(電車停留所前)

岩波茂雄

(電話　本局　四二五四)

（振替　東京弐六弐四〇）

二伸　此方に御出向の事も有之候はゞ御立寄下され度奉願上候

桃李云はざるも下自ら蹊をなす。

低く暮し高く想ふ。

天上辰星の輝くあり、我衷に道念の蟠るあり。

此地尚美し人たる事亦一の喜なり。

正しき者に患難《なやみ》多し。

正しかる事は永久に正しからざるべからず。

正義は最後の勝利者なり。

「開店案内」の後に、茂雄は日頃から愛誦する七つの格言を付している（「回顧三十年感謝晩餐会の挨拶」『茂雄遺文抄』）。ここからは、質素な生活を旨とし、高い理想を掲げ、正義感の強い性格がうかがえる。茂雄が書店開業にあたって書いた岩波書店の「開店案内」で、「独立自営の境涯を一市民たる生活に求めて」、「誠実真摯なる態度を以て」、書店主となったと記している。茂雄は一市民として仕事をし、生活することを繰り返し述べたが、そこには東京帝国大学の講師を辞して新聞社に入社し、小説家となった漱石の感化がうかがえよう。この「誠実真摯」の具体的な実践の一つに、後述する正札販売があった。

店員は、茂雄のことを先生と呼んでいたという。これは、女学校の教員をしていたことに端を発していた。この呼称が習わしとなっていたことは、一九二〇年（大正九）に入店した小林勇の『惜櫟荘主人――一つの岩波茂雄伝』などの回想からもうかがえる。教育にも熱心であった茂雄は、終業後の店で「夜学」と称して、店員たちに、教師から国語や英語などを学ぶ機会を与えていた。また、夏の海水浴や秋の一泊旅行などが恒例となっており、茂雄は家族的な雰囲気の書店づくりを目指していたのである。（「コラム1」参照）

正札販売という理想

あらかじめ定価をつけて商品を販売する正札販売は、岩波書店の創業時の重要な理念であった。茂雄が古書店主に転身した時代には、正札販売は一般的ではなかった。当時、古本の販売にあたっては、古着の場合と同様に定価がなく、値切ることがごく普通であった。茂雄は、「回顧三十年」（『茂雄遺文抄』）で、「当時古着屋、古本屋と云へば掛引商業の最たるものとされてゐた。当時云ひ値の半分以下に値切る位の事は稀らしい事ではなかつた」と回想していたが、そのような状況にあって、彼は正札販売を行おうとしたのである。

茂雄は、古書を少しでも高い価格で仕入れ、つとめて廉価で販売する方針を貫こうとする。良書を見極め、適正な市場価格を決定、それを定価とし販売しようとした。それは、彼の学識に裏打ちされており、書物の価値を鑑定する目利きのなせる業であった。この茂雄の実践を契機に、出版社ではその後次第に、正札販売へと移行していくことになる。

茂雄の定価販売の徹底ぶりについては、次に引用する、務台理作《むたいりさく》「岩波茂雄氏と哲学書の出版」

(『務台理作著作集』第九巻、こぶし書房、二〇〇二年)の回想が参考となる。務台は、京都帝国大学で西《にし》田幾多郎《だきたろう》に師事し、台北帝国大学、東京文理科大学(後の東京教育大学)、慶應義塾大学の教授、東京文理科大学学長、桐朋学園の初代理事長・校長をそれぞれつとめた哲学者である。一九二一年(大正十)に西田の『善の研究』が岩波書店から再版された際に、校正をしたのが務台であった。

大正二年の秋であったと思う。何かの古本を探しに神田に出たところ、神保町交差点の近くに見なれない金看板を出している古本屋がある。岩波書店と大書してある。のぞいて見ると、小さいながらよく整頓された古書棚の本には、横帯に大きく定価がしるしてあり、柱には「正札販売厳行」とあった。その時に買ったか、再度目あたりに買ったかおぼえていないが、とにかく岩波書店から最初に買った古本は、英国の何とかという人の書いた『オイケンの哲学』という英書であった。当時の神田の古本店は柳原の古着屋と同様に、一円という定価はたいてい八十銭ぐらいに値切ったものだ。しかし岩波の正札を一文も引かないという営業は、たいへん珍しく大きな好感をひいたものであった。

これは古本屋としての岩波の思い出である。新書出版の岩波書店が、私に印象されたのは大正四年になってだと思う。その年に私も投稿者のひとりであった短歌雑誌『アララギ』が、岩波書店発行になったからである。島木赤彦《しまきあかひこ》の『切火』が同店委託販売になったのもそのころであった。『哲学雑誌』もたしか同様になった。

ここには、若き日の務台の日に映じた、開店間もない岩波書店の様子が記されている。また、彼が書店で最初に購入した古書のことが具体的に記されていて興味深い。

茂雄の行った正札販売が、創業の一九一三年（大正二）から行われていたことを考えると、先駆的であったといえるだろう。出発期の岩波書店の書籍の奥付には、「本店の出版物はすべて定価販売御実行被下度候」と記されていた。

明治後期から大正前期にかけては、出版社・取次・書店という近代出版流通システムが整備されていく出版企業確立の時代であった。一九一四年（大正三）、東京堂主導により、版元と取次を結ぶ「東京雑誌組合」（一九一八年には「東京雑誌協会」と改称）、取次と小売を結ぶ「東京雑誌販売業組合」の創設が契機となり、一九一九年（大正八）には定価販売が実施され、販売制度が買切制から返品自由制、委託制へと変わり、取次主導のカルテルが定着することになる。また、東京古書籍商組合は、一九一六年（大正五）に結成の素地がつくられ、一九二〇年（大正九）には第一回総会が開催され、結成の運びとなる。このように、茂雄が起業してまもなく、新刊書籍・雑誌流通のインフラに加えて、古書流通のインフラが整備されていったのである。

鷗外を叱る茂雄

岩波書店の出発期における、正札販売をめぐる逸話は他にもある。作家の尾崎《おざき》一雄《かずお》は、『日本近代文学館　館報』創刊号（一九七一年五月十五日）に掲載された「古本・震災・戦災」（日本近代文学館編『本の置き場所――作家のエッセイ1』小学館、一九九七年）の中で、自身の体験と森鷗外《もりおうがい》の逸話を紹介している。この回想からは、開店当初の岩波書店と茂雄の様子をうかがうことができる。

　岩波書店では、棚の本すべてに正札をつけて居り、正札販売を宣言していた。このことは私も知らぬわけではなかったが、半分は癖で、「これ、十銭マケて貰えませんか」と言った。すると帳場に坐って本を読んでいたいかつい親爺が、銀ぶち眼鏡の上側からギョロリとにらんで、「正札がついているでしょう」と言った。怖かった。恥かしくもあった。私は「すみません」とあやまって、正札通りの金を出した。

　岩波茂雄は、本を紙につつみながら、

「かけ値というのは悪い習慣だから……」と不機嫌な顔でつぶやくように言った。私は逃げ出すように店を出た。

　小林氏（＊小林勇――筆者補）によると、森鷗外も値切って、岩波茂雄から大いに怒られたそうである。何でも「あなたまでが――」というような怒った手紙を鷗外に出し、恐縮した鷗外が、詫びた上に正札の値でその本を買ったという。これは有名な話らしいが、私は知らなかった。

　尾崎が「神田をうろつき出した頃」がいつ頃かは、ここには明確に示されていないが、同じ逸話が彼のエッセイ集『あの日この日　上』（講談社、一九七五年）の中で紹介され、そこでは、「大正七年か八年の頃」とある。尾崎はこの書物の中で、茂雄のことを「銀ぶちの眼鏡をかけたいかつい親爺」と描写し、店内に「当店では正札販売をする。若し同じ本で当店のより安いのがあつたら教へてくれ、そこ迄は勉強する」といった内容の口上が貼られてあったことを回想している。尾崎は一九一八年（大正七）に上京し、神田三崎町、飯田町に居住し、神田の古本屋をまわるのを日課にしていたが、一九二〇年（大正九）春に早稲田に移ってからも、頻繁に神田古書店街に通うことになる。

鷗外のことを叱ったこの逸話は、茂雄の頑固一徹で、権威ある人物に対しても原則を通していく性格を伝えている。しかし、茂雄は鷗外への尊敬から、後年、全集を出版する。岩波書店は鷗外の全集を、今日まで三度手掛けている。茂雄の生前に刊行されたのは、第一回目にあたる『鷗外全集』全三十五巻（一九三六～三九年）であり、その内訳は著作篇二十二巻、翻訳篇十三巻である。編輯者となったのは、木下杢太郎《きのしたもくたろう》・小島政二郎《こじままさじろう》・斎藤茂吉《さいとうもきち》・佐藤春夫《さとうはるお》・平野萬里《ひらのばんり》・森於菟《もりおと》であった。

最初の単行本の刊行と広告

一九一四年（大正三）刊行の『こゝろ』（一円五十銭）は、岩波書店の最初の単行本として位置づけられ、その後も、しばしばそのように語られてきた。茂雄自身も創業三十年の記念晩餐会のスピーチ「回顧三十年感謝晩餐会の挨拶」（『茂雄遺文抄』）において、「大正三年夏目先生の「こゝろ」を処女出版として、出版の方面にも力を致すやうになりました」と語っていた。また、岩波書店の社史『岩波書店八十年』（岩波書店、一九九六年）の中でも、「夏目漱石《こゝろ》刊――著者の自費出版の形で発行されたが、岩波書店の活動としては、これが処女出版とみなされる」とある。一般的に自費出版は、著者が自分で費用を出して書物などを刊行するものであり、商業的な採算が見込めないことが多い反面、内容・形式ともに自由に創作できる利点がある。しかし、既に職業作家となっていた漱石の自費出版の場合は、創業まもない岩波書店を経済的に支援しながら、自由な本づくりを目的とするものであったように見える。

このように、『こゝろ』は、岩波書店が出版事業をはじめるにあたって、最初に刊行された単行本とされているのだが、厳密にはそうではない。『こゝろ』刊行の前年の一九一三年（大正二）に蘆野敬《あしのけい》三郎《ざぶろう》『宇宙之進化』（二円）が出版されていたからである。これに続いて、二冊目の単行本は、一九一四年（大正三）五月に刊行された内田正《うちだただし》『儒家理想学認識論』（三十五銭）であった。『宇宙之進化』と『儒家理想学認識論』が刊行されていたにもかかわらず、漱石の『こゝろ』が岩波書店から出版された最初の書物とされ、記憶されてきたのである。

蘆野敬三郎は、狩野亨吉《かのうこうきち》の同級生で、東京帝国大学理学部を卒業後、海軍大学校で長年にわたり教授をつとめた人物である。『宇宙之進化』の奥付には、以下のような情報が記載されている。

大正二年十一月廿八日印刷
大正二年十二月一日発行
定価　金弐円
著作者　蘆野敬三郎
発行者　岩波茂雄
東京市神田区南神保町十六番地

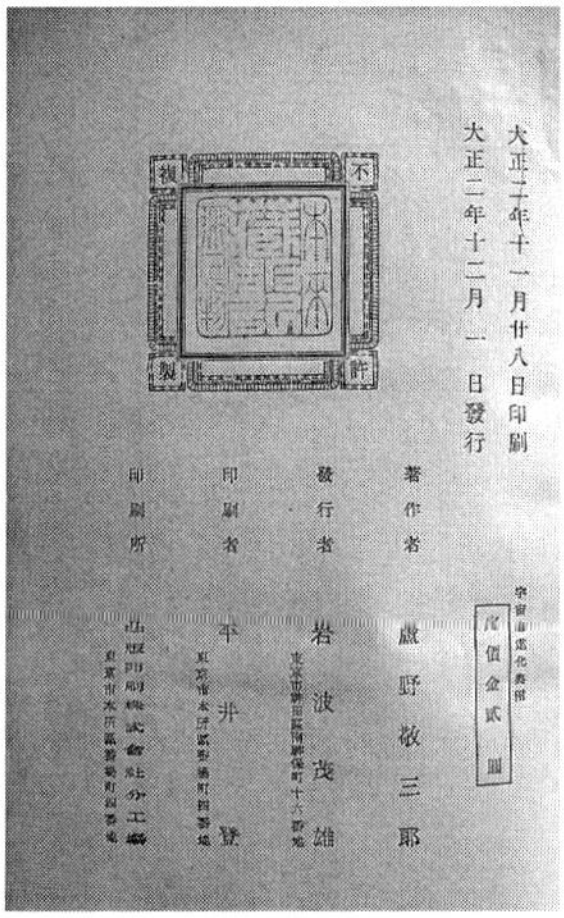
大正二年十一月廿八日印刷
大正二年十二月一日發行

宇宙之進化奥附
定價金貳圓

著作者　嵐野敬三郎
發行者　岩波茂雄
東京市神田區南神保町十六番地
印刷者　平井登
印刷所　出版印刷株式會社分工場

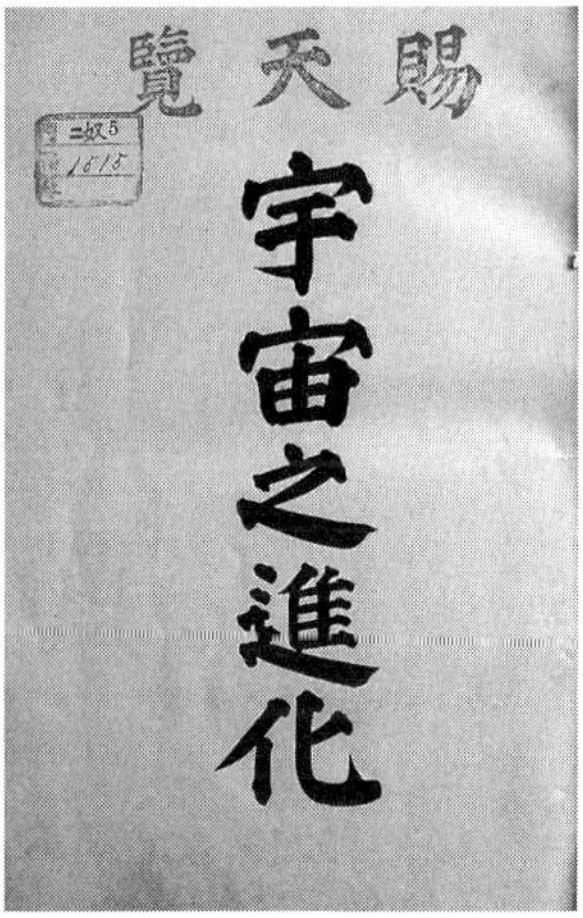

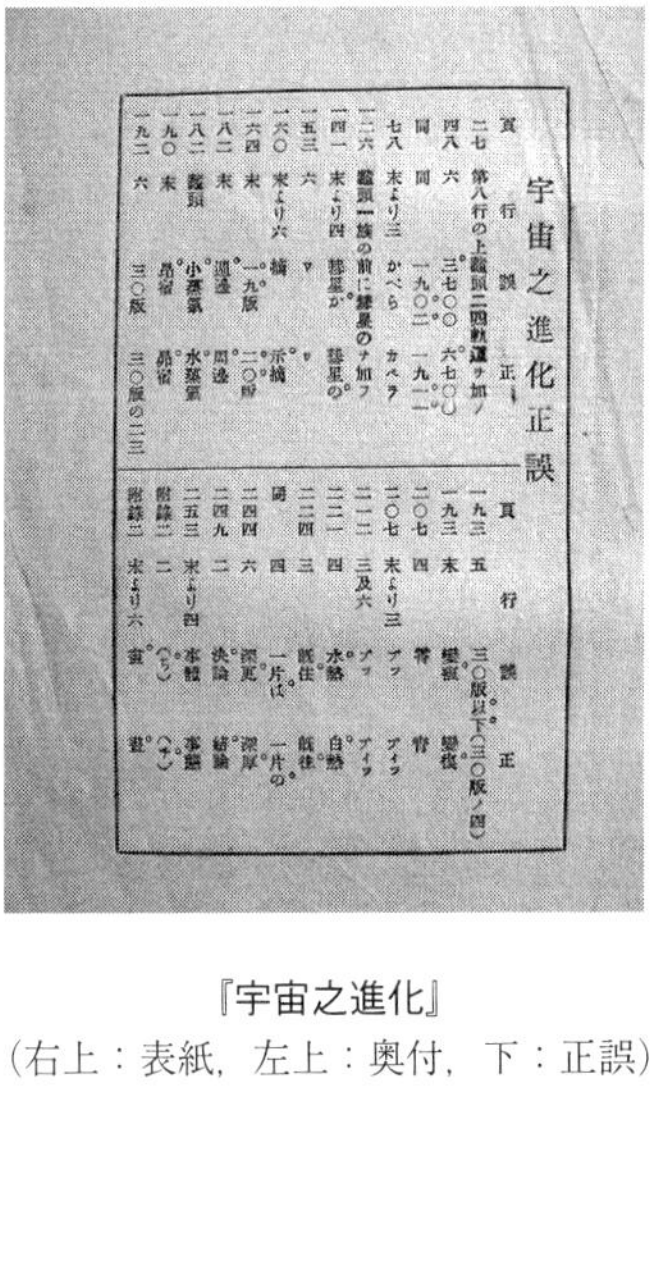
宇宙之進化正誤

頁	行	誤	正
二七	第八行の上欄頭二四軌道ヲ加フ		
四八	六	三七〇〇	六七〇〇
同	同	一九〇二	一九一二
七八	末より三	かべら	カペラ
一二六	欄頭一線の前に彗星のヲ加フ		
一四一	末より四	彗星が	彗星の
一五三	六	▽	▽
一六〇	末より六	楕	示楕
一六四	末	一九版	二〇版
一八二	末	週邊	周邊
一八二	欄頭	小蒸氣	水蒸氣
一九〇	末	昴宿	昴宿
一九二	六	三〇版	三〇版の二三
一九三	五	三〇版以下	(三〇版ノ四)
一九三	末	變根	變根
二〇七	四	骨	背
二〇七	末より三	アブ	アイブ
二一二	三及六	アフ	アイフ
二二一	四	水熱	白熱
二二四	三	既住	既往
同	四	一片は	一片の
二四四	六	深更	深厚
二四九	二	決論	結論
二五三	末より四	本體	本題
附録二	二	(ち)	(十)
附録三	末より六	畫	晝

『宇宙之進化』
（右上：表紙，左上：奥付，下：正誤）

印刷者　平井登
印刷所　凸版印刷株式会社分工場
　　　　東京市本所区番場町四番地
　　　　東京市本所区番場町四番地

また、最初の単行本で不慣れであったためか、『宇宙之進化』にはＢ６判の「宇宙之進化正誤」（図版）が挟み込まれている。しかし、これはより正確な出版を期した、茂雄の誠実さの表れともとれる。『宇宙之進化』の広告については、『東京朝日新聞』一九一三年（大正二）十二月十二日付朝刊に、次のような文章とともに掲載されている。

著者は帝大星学第一回の出身にして爾来在官廿五年欧米の学府を歴訪し帰来其の薀蓄を傾けて斯学普及の為先づ本篇を公にす。天界の新事相より太陽系の生成星辰界の発育機関に至る最近学説を網羅し幽遠なる哲理に出入す。本書を繙く時は直に塵寰を超脱して宇宙の大生命に接触するの想あらむ。

このように、茂雄は創業まもないこの時期から、新聞広告を活用していた。『宇宙之進化』の広告以前にも、岩波書店が発売所となった、不老閣書房・尚文堂書店刊行の高島平三郎《たかしまへいざぶろう》『心理と人生』の広告が、『東京朝日新聞』一九一三年（大正二）十一月四日付朝刊に掲載されていた。他にも、雑誌『我等』『哲学雑誌』の広告を新聞に掲載しており、出発期には、刊行する書籍や雑誌の特色を文章で示す広告を掲載している。一九二〇年代の「円本」ブームの時期には、茂雄は過度な広告について批判することになるが、創業時から公共性のある新聞広告を活用していたのである。

茂雄は新聞だけでなく、雑誌にも広告を出していたが、読売新聞読書会を発行所とする『読書世界』第四巻三号（一九一四年六月）に掲載された古書の「売価目録」はその一例である。ここからは、創業まもない時期に、茂雄が実際に販売していた書物の種類や、販売する書物の新本と古書の定価を明示する販売方法をとっていたことなどがわかって興味深い。

『アララギ』と『哲学雑誌』の売捌所を引き受けて

岩波書店創業時には、茂雄は親交のある知友のかかわる雑誌を支援するべく、売捌所を引き受けていた。これは、その後の出版社としての特色や刊行物の内容とも少なからずかかわっている。前掲の務台理作「岩波茂雄と哲学書の出版」の回想にも言及があるように、岩波書店は開店後間もない一九一四年（大正三）に、『アララギ』と『哲学雑誌』の売捌所に加わり、翌一九一五年（大正四）には『哲学雑誌』の発売所となっていた。

『哲学雑誌』は一八八七年（明治二十）に創刊された、東京帝国大学哲学科の学術雑誌である。『哲学雑誌』については、一九一四年（大正三）一月より売捌所となり、昭和時代に入って、一九二八年（昭和三）十月より発行所となった。当時の会員名簿には、茂雄の名前も記載されている。

一方、『アララギ』は、正岡子規《まさおかしき》を信奉し写実的な作風を好む、伊藤左千夫《いとうさちお》ら歌人によって、一九

○八年（明治四十一）に創刊された根岸短歌会の短歌結社誌であった。この雑誌に集まった歌人たちは、アララギ派と称された。『アララギ』については、第七巻五号（一九一四年六月）より岩波書店が売捌所に加わることになる。この号の奥付と、斎藤茂吉筆の編集後記に、そのことが明記されている。そして、翌年の第八巻三号（一九一五年三月）より発売所となる。茂吉は「岩波茂雄氏」（『斎藤茂吉全集　第七巻』岩波書店、一九七五年）の中で、『アララギ』の発売所を引き受けてくれた感謝を次のように述べていた。

○アララギとの関係は、島木赤彦君が同郷出身の関係から出発したのであるが、アララギの発売所になつてくれられたことは、アララギ発行に安定を与へたその根柢をなして居る。
○赤彦歿後も依然としてその好意にかはりはなかつた。「赤彦全集」が岩波から出してもらつたのみならず、アララギ関係の歌集、その他が岩波さんの御好意によつたことは、もはや世間周知のことである。
（中略）
○岩波さんとアララギとの関係は、嘗て「アララギ二十五年記念号」にも略記いたしましたが、私等は永遠にその厚意に対して忘却してはならないと存じて居ります。

第一高等学校で一年下の茂吉をはじめ、島木赤彦・中村憲吉《なかむらけんきち》・平福百穂《ひらふくひゃくすい》・古泉千樫《こいずみちかし》らアララギ同人との信頼関係から、岩波書店は売捌所に加わり、その後、発売所を引き受けることになった。岩波書店と『アララギ』とのかかわりができるきっかけをつくったのは、茂吉の文章の中で名前のあがっている歌人の島木赤彦（久保田俊彦《くぼたとしひこ》）である。島木は、長野尋常師範学校を卒業し、信州で教員として勤めながら歌作を続けた。一九〇三年（明治三十六）に『比牟呂』を創刊、伊藤左千夫門下で、明治から大正期に活躍した。大正期に入って、『アララギ』を編集、写実的な歌風の歌を詠んだ。岩波書店から、『歌集　氷魚』（一九二〇年、二円五十銭）、『歌道小見』（一九二四年、一円五十銭）、『万葉集の鑑賞及び其批評』（一九二五年、二円）、『アララギ年刊歌集』（編著、一九二五年、一円五十銭）、『柿蔭集』（一九二六年、二円）が、「アララギ叢書」として上梓されている。没後には、『島木赤彦全集』全八巻（一九二九～三〇年）が刊行された。

もっとも、創業時の岩波書店の経営は厳しく、茂雄は師と仰ぐ漱石のもとに行き、経済的援助を受けていた。そのことについては、夏目鏡子《なつめきょうこ》述、松岡譲《まつおかゆずる》筆録『漱石の思ひ出』（岩波書店、一九二九年、一円）の中に言及がある。『漱石の思ひ出』は、妻の鏡子が漱石の思い出を語り、漱石門下で娘婿の松岡譲が筆記したとされるものである。この著作は、雑誌『改造』に連載され、その後加筆・修正を加えて、改造社から一九二八年（昭和三）十一月に、翌年には岩波書店からそれぞれ出版された。この書物の中で、鏡子は茂雄について次のように回想している。

岩波さんが書店の商売をお始めになつたのが此《こ》の頃《ころ》であつたでありませう、近頃《ちかごろ》でこそ岩波書店も押しも押されもせぬ堂々たる天下の大出版社でありますが、この創業当時は、さう申し上げては失礼ですが、まあ〳〵微々たるものでした。それで時々お金の融通を私どものところへ頼みにいらつしやいました。（中略）時々大口の註文などにお金がいると、よく私どものところへいらして、事情を打ちあけて融通をつけていらつしやいました。

『漱石の思ひ出』は、岩波文庫創刊後に出版されたものであり、その時には茂雄は「天下の大出版社」であった。しかし、その十余年前の時点では新興の出版社であり、経済的な基盤ができていなかったことを伝える逸話である。書店が軌道に乗るまでには、数年後の「哲学叢書」の成功を待たねばならない。

茂雄は、創業まもない、経済的に厳しい時期に、『アララギ』と『哲学雑誌』の売捌所に加わり、その後『哲学雑誌』の発売所を引き受けており、学生時代からの友誼を大切にしていたことがうかがえる。また、第一高等学校や東京帝国大学、あるいは同郷の友人たちの多くは、後年、岩波書店から自著を刊行することになる。茂雄はそうした友人たちとの信頼関係をもとに、本格的な出版活動を展開していくことになるのである。

コラム1　岩波書店の店員旅行

茂雄は、岩波書店の創業時から家族的な経営を志していたが、それは恒例の店員旅行にもうかがえる。『岩波書店八十年』の一九一六年（大正五）八月五日には、「毎年夏の創業日には海水浴にゆき、秋には一泊の旅行を共にするのが例であった」とある。夏の恒例の海水浴をはじめた大正時代前期には、避暑旅行者が増えたが、そうした状況下で岩波書店の店員旅行ははじまっている。茂雄が没するまでの店員旅行の記録をこの社史から抽出すると、以下の通りとなる。

一九一六年（大正五）　八月　鎌倉に海水浴（漱石が亡くなる年）
一九二二年（大正十一）　十月　富士五湖へ旅行
一九二八年（昭和三）　十一月　塩原温泉

創業20周年記念の店員旅行
（熱海ホテルにて，1934年５月。当時の店員数101人）

一九三〇年（昭和五）　十一月　日光
一九三一年（昭和六）　十月　富士五湖
一九三二年（昭和七）　十月　香取・鹿島水郷
一九三四年（昭和九）　五月　箱根・熱海
一九三六年（昭和十一）十一月　熱海・箱根

ここからは、茂雄が初夏から秋にかけて、東京から遠くはない行楽地を、店員旅行の地に選んでいたことがわかる。

図版に掲げた店員旅行の写真からは、茂雄が家族的な社風を大切にしていたことが伝わってくる。そうした社風は、在職した店員一人ひとりの名前を『岩波書店八十年』に記録しているところにもうかがえる。

また、この社史をはじめ、自社の歴史を記録した著書を発行している点も、岩波書店の特色の一つである。

コラム2　教育熱心な父親像

茂雄が教育熱心な父であったことは、周囲の人々の証言からうかがえる。興味深いことに、書店の創業から四年後の新聞に、茂雄の娘たちに対する教育の在り方が報道されていた。『読売新聞』一九一七年（大正六）九月七日付朝刊に掲載の「よみうり婦人附録」欄の「坊ちゃん嬢さん――お母様の好きな百合の花がお名前」がそれである。

店は何分、こんな繁華なところにあるので、空気や光線の通りもわるいし、電車や荷車の音が、一日絶えませんから子供を育てるには、とても適さないと思ひ、家内と子供ら三人とは、麹町の静かな方面に、別に一家をもたせ、そこから学校へ通はしてゐます。

最も長女だけは、仏英和女学校の小学部の寄宿舎に入れてありますが、あの学校の先方は、大層よく万事に注意をして下さいますから、安心してゐます。

かう、仰るのは、神田区神保町の岩波書店主岩波茂雄氏で、氏はもと神田高等女学校で教鞭を執つてゐられただけ、育児については、細かい意見を持つてゐられます。

女子教育に約四年携わった茂雄は、娘の教育にも熱心であった。それが伝わってくる、興味深い談話である。「子供ら三人」とは、一九一一年（明治四十四）生まれの次女・小百合と、一九一四年（大正三）生まれの三女・美登利、一九一六年（大正五）生まれの長男・雄一郎の三人である。長男が生まれたこの年に、茂雄の妻と三人の子供たちは麹町区富士見町の家に移り住んだのである。岩波書店のある南神保町からは、徒歩で二、十分程度の場所である。この自宅からは、一九〇八年（明治四十一）生まれの長女・百合が寄宿舎に入っていたという仏英和女学校（現在の白百合女学園）も近い場所にある。

なお、茂雄は「よみうり婦人附録」に、以前にも登場していた。『読売新聞』一九一五年（大正四）六月十五日付朝刊に掲載された「試験間近の女学生――古本屋あさりする女学生の数が増す」というタイトルの記事である。茂雄はこの時、女学校の教師を辞めて、まだ二年であった。この記事の中で、茂雄は書店主の立場から、以下のような考えを述べている。「なるほど此頃はいつもに比し婦人の客種が増して来たやうです。けれども男子に比較すると迚《と》てもお話にならず、十分の一に達するか達せぬかです」。ここから語りはじめられる茂雄の談話には、やや偏見があるように見えるが、新聞記事からは、古書を購入する女学生が徐々に増えてきたことがうかがえる。

第二章　出版社の創業と夏目漱石『こゝろ』の出版

1　起源の『こゝろ』と夏目漱石

書物としての『こゝろ』

茂雄は創業当初から、夏目漱石の書物を刊行したいと考えていた。その念願がかない、漱石自ら装丁を手がけ自費出版した『こゝろ』が、一九一四年（大正三）九月に岩波書店から一円五十銭で出版された。この自費出版の内実については、安倍能成『岩波茂雄伝』によれば、「双方の契約で最初の費用は一切夏目側で持ち、岩波はこれを償却してゆき、それがすんでから、半期半期に利益を計算してそれを折半」する、実質的には「漱石との共同出版」であった。

創業以来、岩波書店が手掛けた単行本では、『こゝろ』は一九一三年（大正二）十二月刊の蘆野敬三郎『宇宙之進化』、一九一四年（大正三）五月刊の内田正『儒家理想学認識論』に次いで三冊目になる。

『こゝろ』

三冊目であるにもかかわらず、茂雄も岩波書店も『こゝろ』を書店の起源を象徴する著作と位置づけたのは、漱石に対する敬愛の念によるものであり、創業時に看板の題字を揮毫していることから、当然の行為であったのかもしれない。

漱石は『こゝろ』の「序文」で、この書物の成立について述べた後に、校正に尽力した茂雄への謝辞を記している。この書物では、背表紙に「こゝろ」と、表紙に「心」とそれぞれ銘打たれている（図版）。『こゝろ』の「序文」の全文は、次のとおりである。

『心』は大正三年四月から八月にわたつて東京大阪両朝日へ同時に掲載された小説である。
当時の予告には数種の短篇を合してそれに『心』といふ標題を冠らせる積だと読者に断わつたのであるが、其短篇の第一に当る『先生の遺書』を書き込んで行くうちに、予想通り早く片が付かない事を発見したので、とう〳〵その一篇丈を単行本に纏めて公けにする方針に模様がへをした。
然し此『先生の遺書』も自から独立したやうな又関係の深いやうな三個の姉妹篇から組み立てら

れてゐる以上、私はそれを『先生と私』、『両親と私』、『先生と遺書』とに区別して、全体に『心』といふ見出しを付けても差支ないやうに思つたので、題は元の儘にして置いた。たゞ中身を上中下に仕切つた丈が、新聞に出た時との相違である。

装幀の事は今迄専門家にばかり依頼してゐたのだが、今度はふとした動機から自分で遣つて見る気になつて、箱、表紙、見返し、扉及び奥附の模様及び題字、朱印、検印ともに、悉く自分で考案して自分で描いた。

木版の刻は伊上凡骨氏を煩はした。夫から校正には岩波茂雄君の手を借りた。両君の好意を感謝する。

大正三年九月　　　　夏目漱石

この「序文」からは、漱石自身が、意のままに書物全体を創り込んでいたことがうかがえる。事実、漱石は念を入れて、『こゝろ』を製作していた。周の石鼓文の拓本からとった模様があしらわれている書物の表紙の地をはじめ、細部にわたって書物の造りに拘泥していることは、漱石が茂雄に宛てた書簡から明らかとなる。この時期の漱石の書簡からは、彼が『こゝろ』の装幀の一つひとつにどのようにこだわりながら、一冊の書物に仕上げていこうとしていたかがわかって興味深い。

漱石は一九一四年（大正三）八月九日付の橋口貢《はしぐちみつぐ》宛書簡の中で、『こゝろ』の装幀に関して次のように記している。「偖御恵贈の拓本は頗る珍らしく拝見しましたあれは古いのではないでせうが面白い字で愉快です、私は今度の小説の箱表紙見返し扉一切合切自分の考案で自分で手を下してやりました其内の表紙にあれを応用致しました」。貢は熊本の第五高等学校時代の漱石の教え子であり、弟には、漱石の著作の装幀を多数手がけた五葉《ごよう》がいる。貢から送られてきた「拓本」をもとに、漱石がデザインを考えたことがうかがえる。

その二週間後、漱石は一九一四年（大正三）八月二十四日付の茂雄宛書簡の中で、次のように指示をしていた。「啓昨日は失礼其節一寸御話申上候見返しの裏へつける判は別紙のやうなものに取極め申候故不取敢入御覧候可然御取計被下候はば幸甚　草々」。「別紙のやうなもの」とは、この書簡の裏見返しにあるラテン語による朱印であり、その内容は以下の通りである。"ars longa, vita brevis."（芸術は長し、人生は短し）。この一週間後、漱石は一九一四年（大正三）八月三十一日付の茂雄宛書簡の中で、次のように指示していた。「奥づけ両三枚書いて見たうち一番よささうなものを御目にかけ申候此中に著者発行所印刷所の名を朱字で細かく配置する訳に相成候が「猫」の奥づけを覧ると大体の見当相つき申候」。さらに約一週間後、漱石は茂雄宛一九一四年（大正三）九月六日付の書簡の中で、「青肉にて押す検印を書いて見たれどうまく行きません」と、七日付の書簡の中で、「昨夜御送の序文中必要の文句丈加へましたからよろしく願ひます」と書かれていた。

『こゝろ』の奥付の次頁から三頁にわたって「夏目漱石先生著作」の広告が掲載されている。ここには、岩波書店の『こゝろ』に加え、大倉書店・服部書店・春陽堂・実業之日本社から既刊の漱石の著作が掲げられており、その末尾には、「上記諸作は弊店小売部に於て御購読の御便宜取計らひ申候」と、岩波書店を通じて購入可能であることが記されている。

茂雄は『こゝろ』に続いて、未完の『明暗』（一九一七年）に至るまで漱石の著作を出版している。一九一五年（大正四）三月には『硝子戸の中』を六十銭で、同年十月には『道草』を一円五十銭で、一九一七年（大正六）一月には『明暗』を二円五十銭で、それぞれ刊行している。『東京朝日新聞』『大阪朝日新聞』に連載途中で中絶となった『明暗』は、一九一六年（大正五）十二月九日の漱石の死去から一ヶ月半後に上梓された。『硝子戸の中』は漱石自身による装丁で、『道草』『明暗』の扉は津《つ》田青楓《だせいふう》のデザインであった。

漱石の茂雄への援助

漱石は、創業まもない岩波書店を物心ともに支えていた。漱石は、茂雄の精神的支柱になっていたばかりでなく、経済的な支援も与えていた。そうした茂雄への支援については、漱石の家族の回想集にその様子が記されている。茂雄が『こゝろ』を刊行するにあたっては、漱石に金銭の融通をしたこと、理想的な書籍の追求をするあまり、漱石から小言をもらったことなどの逸話が、漱石の家族によって語られている。

既に述べたように、漱石の妻、夏目鏡子は前掲の『漱石の思ひ出』の中で、茂雄が「時々お金の融通を私どものところへ頼みにいらつしやいました」、「時々大口の註文などにお金がいると、よく私どものところへいらして、事情を打ちあけて融通をつけていらつしやいました」と語っている。また、漱石の次男の夏目伸六《なつめしんろく》も同様の回想をしている。茂雄が漱石に『こゝろ』の自費出版を持ちかけた際に、「では先生、ついでに、出版する費用を貸して下さい」と語ったという逸話が、『父・漱石とその周辺』（芳賀書店、一九六七年）の中に記されているのである。

さらに、鏡子は『漱石の思ひ出』の中で、『こゝろ』刊行時の頃のことを、次のように回想している。

…大正三年の夏だつたと覚えて居りますが、「心」を出版するについて、方々の前々から関係のある書店からも出してくれるやうにといふ申し出もあつたのですが、岩波でも出して欲しいといふことになり、とゞそれでは自費出版をしようといふことで、岩波から出すことになりました。ところがこれ迄《まで》は一切出版の事は出版者がやつてくれたのですが、今度は一切合財《いっさいがっさい》面倒なことは岩波へまかせるとは言つても、まだ創業当時の素人であり、一々相談をしてやらなければならないので、中々《なかなか》手数がかゝる様子でした。そこへ持つて来て岩波さんが理想家で、何でもかんでも一番いゝものを使つてひどく立派なものを作らうとする。いゝものはいゝもので結構には違ひないが、それなら それで定価は高くなつて、結局売れなければ結局損をしなければならないといふ破目になるので、そこで夏目が、君のやうに何もかもいゝものづくめでやらうとしちや引き合はない。表紙がよければ紙を落《おと》すとか、用紙がよければ箱張りをもう少し険約《けんやく》するとか、何とかそんな風に工面して、いゝ具合に本といふものは作るのだ。元手ばかりかけても、これが売り物だといふことを少しも考へなくては、結局皆目儲《かいもくまう》けがなくなつて了《しま》ふぢやないかと小言を申します。ところが岩波さんの方では、いくら小言を言はれたつて、何でもかんでも綺麗な本を作りたい一方なんだから、顔見る度《たび》に小言です。

経済を度外視して、立派な書物を製作しようとする茂雄に対し、漱石がそれをたしなめ、現実的な提案をする。編集者と執筆者との関係が反転した両者のやり取りからは、茂雄と漱石の情熱が伝わってくる。実際に上梓された『こゝろ』からは、茂雄の「綺麗な本を作りたい」という理想を押し通しただろうことがうかがえる。ここで紹介した逸話は、いずれも漱石の遺族の回想によるものであるが、創業まもない時期の茂雄が金銭の工面に苦労したことは想像に難くない。

茂雄は、経済を度外視してまで「綺麗な本」にこだわることを、漱石から戒められていた。しかし、茂雄は『こゝろ』以外にも、創業期から贅を尽くした書物を出版している。たとえば、一九一八年（大正七）に刊行した歌川広重『広重画　保永堂板東海道五十三次』と正岡子規『仰臥漫録』の複製版が、そうした豪華本であった。『東海道五十三次』は、画家で漱石『吾輩は猫である』（大倉書店・服部書店、一九〇五〜〇七年）の装幀を担当した橋口五葉《はしぐちごよう》が監修し、木版刷六十枚を翌年まで十二回に分けて、各巻二円五十銭で刊行している。完結した一九一九年（大正八）四月には、六十枚まとめて上製で出版、この時の定価は三十八円であった。一方、漱石の親友であった子規の『仰臥漫録』は、表紙・挿絵などを含め、原典をそのまま複製したもので、定価十二円で販売された。五葉と子規はともに、漱石と縁の深い人物であった。

魚住折蘆の「朝日文芸欄」への寄稿と遺稿の刊行

『こゝろ』を刊行した一九一四年（大正三）、茂雄は他に二冊の単行本を刊行している。一冊は内田正『儒家理想学認識論』であり、もう一冊は『こゝろ』刊行から三ヶ月後の十二月に非売品として出版された、魚住影雄著・安倍能成編『折蘆遺稿』である。魚住折蘆（本名・影雄）は、一八八三年（明治十六）一月に兵庫県に生まれ、第一高等学校、東京帝国大学の哲学科・独文科で学び、一九一〇年（明治四十三）十二月に若くして没している。安倍能成をはじめとする折蘆の友人たちが彼の遺文をまとめ、茂雄の協力を得て刊行したものであった。

折蘆は、煩悶や神経衰弱が流行した時代に第一高等学校に籍を置き、同級生だった藤村操の死から一年後に、第一高等学校『校友会雑誌』第百三十七号（一九〇四年五月）に「自殺論」を寄稿していた。冒頭に「亡友藤村操君の一週年に当りて此稿を草し得たるはわが深く悦ぶところなり」と書き起こされた、友人の死と真摯に対峙した思索の軌跡である。

若くして亡くなったため、折蘆は寡作であったが、『東京朝日新聞』の「文芸欄」にたびたび寄稿していた。漱石の主宰していた「朝日文芸欄」は一九〇九年（明治四十二）から約二年間続き、その間、森田草平・安倍能成・阿部次郎・小宮豊隆らを中心とする、友人や門下生らが寄稿した。ここに掲載された、四人の主要な論考を中心に合著『影の声』（春陽堂、一九一一年）が刊行された。折蘆は「朝日文芸欄」の主要な書き手であった。

折蘆が「朝日文芸欄」に発表したのは、「自然主義は窮せしや」（『東京朝日新聞』一九一〇年六月三、四日付)、「自己主張の思想としての自然主義」(『東京朝日新聞』一九一〇年八月二十二、二十三日付)など、明治時代日本の自然主義文学に関する重要な評論であった。石川啄木の有名な評論「時代閉塞の現状」(一九一〇年八月)は、折蘆の「自己主張の思想としての自然主義」を読んで執筆されたものであった。

編者の安倍能成は『折蘆遺稿』の「序」で、「彼れの終生の問題は如何に生くべきかにあつた」と述べ、「凡例」の冒頭では次のように記している。

　魚住が亡くなつて間もなく、友達が相謀つて遺稿を出すことに決し、知人の間から金を集めた。其後故人の文章を集めて見て居る内に、手紙等の中にも採録したいものが頗る沢山あるのに、集まつた金額だけではそれが出来ぬのと、今一つは魚住の一生を最も記念するに足るこの遺稿を、知人ばかりの間でなく、世の心ある人にも頒ちたいといふ希望と、この二つの理由から近頃書店を始めた友人岩波に相談して、寄附金を岩波の方へ提供して全体で五百部印刷してもらひ、希望の方に頒けてもらふことにした。序文の中にも言つて置いたが、こんな大冊を拵へることの出来たのは全く岩波が引受けてくれたからである。

九百頁を超える大部の『折蘆遺稿』は、安倍の他に、折蘆の友人たち、伊藤《いとう》吉之助《きちのすけ》・小山《おやま》鞆絵《ともえ》・久《く》保《ぼ》勉《まさる》・亀井《かめい》高孝《たかよし》・宮本《みやもと》和吉《わきち》の編纂協力のもとに刊行された。また、一九〇一年(明治三十四)から十年にわたる書簡が、魚住影雄著『折蘆書簡集』（岩波書店、一九七七年）には纏められている。折蘆は二十七年十一ヶ月の生涯であったが、友人や家族に書き送った書簡は多く、それ自体が明治時代後期における知的青年の思索の軌跡となっている。折蘆の死を悼んだ友人の安倍は、『東京朝日新聞』一九一一年（明治四十四）一月二十七日付の「文芸欄」に寄稿した「魚住を悼む」の中で、「魚住の短い生涯は今の一部の日本の青年の真面目な煩悶や苦闘を代表した者といつてもよい位である」と書いた。なお、竹内洋《たけうちよう》『学歴貴族の栄光と挫折』（中央公論新社、一九九九年）が、折蘆に光を当てながら、この時期の第一高等学校の特色を鮮やかに浮かび上がらせている。

明治時代後期から大正時代前期には、折蘆だけでなく、若くして亡くなった前途有為の青年の遺稿集が少なからず見られる。『折蘆遺稿』の他にも、この時期に岩波書店から、中勘助《なかかんすけ》・安倍能成編『山田又吉遺稿』（一九一六年）が非買品として刊行されている。

古書店からの出発

茂雄は念願が叶い、漱石の著作を刊行したとはいえ、一九一四年（大正三）の時点で、岩波書店から出版された新刊書は『宇宙之進化』『儒家理想学認識論』『こゝろ』『折蘆遺稿』のわずか四冊であり、まだ古書が書店の主力事業であった。

この年の十一月、茂雄は台湾総督府図書館の創立のため、館長の太田為三郎《おおたためさぶろう》から一万円分の書籍の注文を受けている。これに感激した茂雄は、神保町の古書店街で図書館に配架する価値のある書物のほとんどを買い集め、台湾総督府図書館に納入した。太田は『帝国地名辞典』の上・下巻及び索引（三省堂書店、一九一二年）を著していたが、後に『日本随筆索引』（一九二六年、六円五十銭）、『続日本随筆索引』（一九三二年、六円五十銭）を編集し、岩波書店から刊行することになる。

創業まもない頃のことでもあり、茂雄は台湾総督府図書館からの多額の購入を大いに喜んだ。その時の感激を、後年、前掲「回顧三十年感謝晩餐会の挨拶」（『茂雄遺文抄』）の中で、茂雄は次のように回顧していた。

当時店の一日の売り上げが十円か二十円でなかつたかと思ひますが、全く何の縁故もなかつた人が、私に対しこれ程の信頼を寄せられたことに就いては、私も非常に感激して、できる限りの御便宜を計り、先方でも本はこれ程安く買へるかと驚いたやうなこともあります。

ここには、創業まもない時期に、信頼を寄せ仕事を与えてくれた人への、素直な感謝の念が表れている。相手に損失を与えることなく、双方がともに満足するような経営方法を、茂雄は創業当時からとっていた。なお、一九一四年（大正三）には、台湾総督府図書館以外にも、山口図書館、日比谷図書館へも本の納入をしており、岩波書店では、この年に大口の受注が相次いだ。

開業時の岩波書店の事業の中心が古書であったことは、新聞に掲載された広告からもうかがえる。岩波書店の「新古本通信販売」「古本買入」の広告は、この時期の新聞に掲載されている。創業の一九一三年（大正二）から一九一七年（大正六）頃までは、古書に関する広告が新聞にしばしば見られたが、その後、目に見えて少なくなっていく。一九一七年（大正六）から翌一九一八年（大正七）に新刊の出版点数が多くなっていることから、出版社としての仕事が軌道に乗り、忙しくなったことで、徐々に新刊の出版の方に力を傾注するようになったことと呼応している。

実際に、一九一七年（大正六）には、一月、夏目漱石『明暗』刊行、五月、雑誌『思潮』創刊、六月、倉田《くらた》百三《ひゃくぞう》『出家とその弟子』刊行、十月、西田幾多郎『自覚に於ける直観と反省』刊行、そして、十二月には『漱石全集』刊行開始と、岩波書店の歴史に刻まれる企画と出版物の刊行が相次ぎ、いずれも新聞に広告が掲載されている。この時期になると、創業以来、新聞紙上にたびたび掲載していた古書店の売買に関する広告はほとんど見られなくなり、新刊本の広告が取って代わることになる。

それと呼応するように、新本の定価販売が書籍商組合の規定となり、一九一九年（大正八）十二月から実施されるようになった。「来る十二月一日より本組合員出版の図書は総て定価を以て販売仕候」という東京書籍商組合の広告が、『東京朝日新聞』一九一九年（大正八）十一月十五日付朝刊、『読売新聞』同年十一月十八日付朝刊にそれぞれ掲載されている。一九一三年（大正二年）の創業当時からの茂雄の念願が、六年後には現実のものとなったのである。

2 「内容見本」から見た『漱石全集』

『漱石全集』の刊行とその狙い

岩波書店の重要な企画の一つとなる全集のうちで、茂雄が最初に手がけたのは『漱石全集』であった。『漱石全集』では、断簡零墨までを収集し、原典を参照し

『漱石全集』

た厳密な本文校訂を施すことを目指す編集方針をとっていた。以後、『漱石全集』は岩波書店から多数刊行される全集の嚆矢となる。

一九一七年（大正六）、茂雄は「漱石全集刊行会」を岩波書店内に置き、自ら代表者となる。そして、狩野亨吉・大塚《おおつか》保治《やすじ》・中村是公《なかむらこれきみ》を編集顧問に迎え、以下の編者に協力を仰ぐことになる。寺田寅彦・松根《まつね》東洋城《とうようじょう》・森田草平・鈴木三重吉・小宮豊隆・野上《のがみ》豊一《とよいち》郎《ろう》・阿部次郎・安倍能成。これら「漱石山房」のメンバーのうち、実際の編集には小宮があたり、校正は森田が中心となった。ただし、第十一巻以後、森田から小宮へ校正の担当が変更となった。森田・小宮の他に、顧問・編者に名前が出てはいないが、内田栄造《うちだえいぞう》（百閒《ひゃっけん》）・林原耕三《はやしばらこうぞう》・石原健三《いしはらけんぞう》が校正に携わっている。茂雄が全集の購読者のことを考え催促しても、尊敬する漱石先生の全集の校正は厳密にするという理由から、五校、六校になっても終えることがなかったという。

一九一七年（大正六）十一月に、各巻三円、予約申込数約四千で刊行開始となり、一九一九年（大正八）十一月に完結した。全集は好評であったことから、翌月には『漱石全集』の第二次の刊行開始となり、予約申込数約六千五百を数えた。矢口進也《やぐちしんや》『漱石全集物語』（青英舎、一九八五年）によれば、一九一七年（大正六）刊行開始の版は、最終的に約五千七百部発売されたという。

第一次『漱石全集』の「内容見本」からは、この全集の特色がうかがえる。茂雄は「内容見本」を利用した広告を好んだが、『漱石全集』について述べる前に、この媒体の特徴について触れておきたい。

『出版事典』（出版ニュース社、一九七一年）には、「内容見本」について、以下のような説明がなされている。「単なる新刊予告や新刊案内と異なり、特定出版物について詳細に記載し、刊行者のことば、著者または編者のことばや肖像、推薦文、内容紹介、組み方の見本、実物の写真、特価を設けるときはその期間、読者の購読方法などを掲げるものであるから、組み方、レイアウト、写真の使用に工夫を要し、用紙も上質紙やアート紙を用いる例が見られる」。また、谷沢永一《たにざわえいいち》は『書誌学的思考　日本近代文学研叢』（和泉書院、一九九六年）に収録の文章「明治期の内容見本　出版人の創意と迫力」の中で、内容見本の価値を、「出版文化史の、実情に即して具体的にモノを言う好資料」「広告史および風俗史の有力な証言」「推薦文の発掘」の三点に整理し、研究における重要性を的確に指摘していた。

文学全集の広告の役割を果たす「内容見本」には、その全集の特色と出版社の販売戦略が集約的に表れている。文学全集の「内容見本」は、全集を売るために製作された広告であると同時に、それ自体が一つの出版文化の一面を形作る。そして、「内容見本」の表象空間には、その全集が刊行される時代の歴史的・文化的状況が象徴的に映し出され、そこには文学の受容史の一側面を垣間見ることができるのである。そのような「内容見本」から明らかになる、『漱石全集』の特色をたどっていくことにしたい。

第一次『漱石全集』全十二巻（後に第十三巻と別冊を追加）の「内容見本」（一九一七年）の「漱石全集発刊に就て」では、次のように全集刊行の狙いが記されている。

明治の末葉より大正の初頭に亙つての漱石先生の創作的活動は実に一世の驚異であつた。豊富なる蘊蓄と深邃なる情熱とを蓄へて発せざること多年、齢不惑に近づき初めて創作の筆を取り、その長逝に至るまで僅に十余年の間に続々幾多の雄篇大作を出して、世人をして応接に遑あらざらしめたる壮観は、恐らく世界文壇にも多く其比を見ざる所である。先生は実に文人にして学者を兼ね、鋭利なる神経と共に深刻なる思索の所有者であり、沈静なる観照の底に熾烈なる道徳的宗教的要求を潜め、心理の観察者にして自然の描写者たり、頭脳文章兼具し得たる哲人的文豪であつた。殊に先生が和漢学の深き素養の上に、西洋文学の真実なる味会を重ねたことは、我等をして切に先生以前固より先生なく、先生以後亦先生あらざるを思はしめる。東洋思想と西洋思想との生きたる融合は独り先生の作品に求め得べく、此意味に於て先生の文学は唯一無二の位置を日本と世界との文壇に要求し得るべき者である。先生は実に我国が未だ嘗て有せざりし国民的作家にして又世界的作家である。先生が多大の期待を我等に貽して余に早く去られた今、漱石全集は実に出でざるを得ずして出でんとするものである。此全集は実に明治大正の文運を記念する一大金字塔である。之を量に於

て質に於て我国最初にして唯一の全集なりといふとも、誰か誣言とする者があらう。（傍点・圏点は省略した）

この「内容見本」には、漱石が「国民的作家」であるばかりではなく、「世界的作家」であることも同時に強調されていた。「内容見本」の表紙には「世界的文豪」という表現が刻まれている。一方、「漱石全集発刊に就て」では、「先生の文学は唯一無二の位置を日本と世界との文壇に要求し得べき者である」、「先生は実に我国が未だ嘗て有せざりし国民的作家にして又世界的作家である」と、漱石は「国民的作家」であると同時に、「世界的作家」として顕彰されていたのである。

岩波書店は『漱石全集』以降、「国民的」あるいは「世界的」な日本国内外の文学者、哲学者の全集・著作数の刊行に乗り出していく。関東大震災を経て、『ストリントベルク全集』全十巻（一九二四〜二七年、二円〜二円八十銭）、カント生誕二百年記念『カント著作集』全十八巻（一九二六〜三九年、二円〜五円八十銭）などの刊行が相次ぎ、全集は岩波書店の重要な企画の一つとなっていく。

『漱石全集』の流通圏

「内容見本」に表れた「世界的」という標語は、全集刊行に際しての理念を示すにとどまることなく、海外をも視野に入れた全集の流通圏をも示している。そもそも、書店創業の翌年の一九一四年（大正三）十一月、台湾総督府図書館（太田為三郎館長）から、設立に際して書籍一万円の受注があったことから、国際的なビジネスの経験は早くからあったといえるのかもしれない。

一九一七年（大正六）刊行開始の第一次『漱石全集』は、予約販売を厳格に行っていたが、「内容見本」の、契約に際しての事項を記した「予約規定」の「第七」項の「別に送本料を申受く」という箇所には、「東京市内」「内地」「台湾樺太」「朝鮮満洲」「外国」と、五つの地域に分けて「毎月払の送本料」「一時払の送本料」がそれぞれ具体的に提示されていた。これを整理して示すと以下のようになる。

	毎月払の送本料	一時払の送本料
東京市内	金　四銭	金四十八銭
内　地	金十二銭	金一円四十四銭
台湾樺太	金三十銭	金三円六十銭
朝鮮満洲	金四十銭	金四円八十銭
外　国	金六十銭	金七円四十四銭

岩波書店が大正時代中期に、どのような地域を市場と考えていたかを知るうえで興味深い資料である。第一次『漱石全集』は、予定していた三千部の約二倍の申込があった。松岡譲《まつおかゆずる》『漱石の印税帖』（朝日新聞社、一九五五年）によれば、第一次『漱石全集』は「予定目標の殆んど二倍に近い五千八百部から五千五百部の線でとまり、解約者がないといつてい丶程」で、「十四冊本の初版全集の総数は

大体七万七千部の検印をした」という。

好評を博した全集であったとはいえ、申込金三円と、毎月三円あるいは一時払いで三十三円五十銭を払い、さらに、右の郵送費を負担することを承知で、どれだけの予約注文があったのか、現段階では詳らかではない。

しかし、少なくとも、岩波書店では全集刊行開始時に、海外にも及ぶ広い地域の読者を想定していたことがわかってくる。実際の全集の流通については、当時の『漱石全集』の編集担当者たちによる「漱石全集雑話」（『図書』第百九十六号、一九六五年十二月）の証言がある。そこでは、「直接の購読者が多く、その人たちには書留小包便で送り、発行所に取りにくる人たちには、その日を指定した葉書を出した」と記されている。

その後、関東大震災後に刊行された『漱石全集』「第三回予約募集」の「内容見本」（一九二四年）で、全集の販売地域については、「東京市内」「内地」「台樺鮮満」の三つに区分されている。「外国」の記載がなくなることから、日本の内地ならびに旧植民地の地域に『漱石全集』の発送地域は限定されていったと推定することはできる。『漱石全集』第二回の「内容見本」については確認できていないが、第三回以降、第二次世界大戦前に刊行された「内容見本」では、全集の発送地域から「外国」ははずされ、送付する地域の区分が「東京市内」「内地」「台樺鮮満」の三つに再編されることになるのである。

ここには、第一次『漱石全集』を日本国内だけでなく、国外にも発信することで、漱石を「世界的文豪」にしたいという出版社の目論見が、全集の販売戦略として表れている。そしてそれは、「内容見本」の表紙に記された「日本が生める世界的文豪を永久に記念すべき一大金字塔」というキャッチフレーズに対応していた。またそれは、同じ「内容見本」の「漱石全集発刊に就て」で記された、漱石の文学が「世界的文壇にも多く其比を見ざる所」があり、「唯一無二の位置を日本と世界との文壇に要求し得るべき者である」とし、漱石を「国民的作家にして又世界的作家」とする言葉にもうかがえるのである。

『漱石全集』は、一九一七年（大正六）に第一次、一九一九年（大正八）に第二次、一九二四年（大正十三）に第三次と、三度にわたって刊行されたが、昭和時代に入ってからも、普及版を含めて刊行が続けられていくことになる。

なお、茂雄は『漱石全集』と並行して、漱石の作品が廉価版で読める縮刷版なども刊行していたが、その校正を内田百閒が担当していた。そのことは、彼の随筆集『鶴』（三笠書房、一九三五年）に収録された、「動詞の不変化語尾に就いて」の以下の文章にうかがえる。「先生のまだ在世せられた当時、既に、先生の新著及びその頃盛に翻刻された縮刷版の校正にあたつて、私の手にかけた数は、恐らく十冊に及んだらうと思ふ」。菊版の堅牢な装丁で各巻三円の『漱石全集』に対して（一九一九年から刊行開始となる第二次全集は各巻四円に値上げ）、小型で一円の縮刷版は、読みたい作品だけを廉価で購入するためには、恰好の書物であった。『漱石全集』刊行開始となる一九一七年（大正六）には『縮刷　こゝろ』『縮刷　道草』（ともに六月刊）が一冊一円で、翌一九一八年（大正七）五月には『縮刷　明暗』

が一円七十銭で刊行されていたのである。

『漱石全集』の校正者たち

「漱石山房」のメンバーのうち、『漱石全集』の実際の編集は小宮豊隆が担当し、校正は森田草平が中心となった。小宮は第一高等学校から東京帝国大学に進学し、その後、ドイツ文学の研究者となり、慶應義塾大学、東北帝国大学などの教授を歴任した。能・歌舞伎・俳句など日本の伝統芸能にも精通し、漱石に関する著作を刊行していることでも知られる。戦前に岩波書店から刊行された、『夏目漱石』（一九三八年、二円五十銭）、『漱石・寅彦・三重吉』（一九四二年、二円五十銭）、『漱石の芸術』（一九四二年、三円八十銭）は、漱石を研究するうえで逸することのできない重要な著作である。小宮は『漱石の芸術』で、「則天去私」に向かって人格主義を形成する漱石像を提示した。一方、森田は第一高等学校から東京帝国大学の英文科に進学、その後、漱石の推薦で『東京朝日新聞』に連載し、出版した『煤煙』（如山堂、一九一〇～一三年）で文壇デビューした小説家である。この小説は、後に岩波文庫に収録された（一九三二年、四十銭）。森田は法政大学教授もつとめ、翻訳家としても活躍した。

既に述べたように、森田・小宮の他に、顧問・編者に名前を連ねてはいないが、内田栄造（百閒）・林原耕三・石原健三が校正に携わっている。森田草平と内田百閒の回想から、『漱石全集』の校正の一面をうかがうことにしたい。

森田草平は、『文章道と漱石先生』（春陽堂、一九一九年）に収録し、後に『夏目漱石』（甲鳥書林、一九四二年）に再録した文章「漱石文法」の中で、『漱石全集』の校正にあたっての原則となる「漱石文法」をつくり、それに従って作業を進めたことを記している。森田は「漱石文法」制定の必要性について、以下の三点をその理由として指摘していた。一点目は、漢字と仮名を併用する日本語では送り仮名のつけ方が曖昧になってしまう点。二点目は、正字・俗字・当て字の使用の弁別。三点目は、江戸方言の使用。森田は、漱石の用字法に原則を与えるべく「漱石文法」を作成し、校正に活用したが、それでも困難な作業となったことを述べている。なお、「漱石文法」と称される「全集校正文法」を作成したのが林原耕三であったことは、彼自身が『漱石山房の人々』（講談社、一九七一年）収録の文章「初刊漱石全集の校正に就いて」で詳細に述べている。

『漱石全集』の校正については、内田百閒も回想している。校正に従事した時、百閒はまだ作家としてデビューし活躍する以前のことであった。百閒は『思想』第百六十二号の「特輯漱石記念号」（一九三五年十一月）に「築地活版所十三号室」を寄稿している。百閒の他に、森田草平・石原健三・林原耕三、そして、日記・書簡から作業に加わった小宮が築地活版所で『漱石全集』の校正をしていた時の様子がうかがえる回想の中で、百閒は岩波書店の編集室について次のように記している。

岩波書店は御主人が学校の先生をやめて、「人の子を賊する不安を免れて」古本屋を始めると云ふ引札を配られてから何年か後に、三崎町の救世軍大本営から出火した神田大火で店が焼けた後の新築が今の小売部の所にあつて、その二階が編輯所であつた。原稿整理の捗らぬてれかくしもあつたのだらうと思ふが、私はその二階の暑くて狭苦しい所へ割り込んで、汗を拭き拭き仕事をした。

お午にはきまつて鰻飯のお弁当を当てがはれた。うまい事はこの上もなくうまかつたけれど、暑くて堪らないところへ、又ふうふう吹いて食べる様な熱い御飯を息もつかずに詰め込むので、胸が苦しくなつて動悸が打ちさうであつた。兎に角、人の見てゐる前で仕事をして、暗くなつてから帰つて来ればその日はそれですんだ様な気がした。

百閒の回想からは、敬愛する漱石の全集にかかわることのできた喜びが伝わってくる。それと同時に、ここでは、岩波書店の二階の「編輯所」での作業の風景が生き生きと描かれている。この頃、百閒は東京帝国大学を卒業し、陸軍士官学校独逸語学教授に任官されてまもない、二十代後半の青年であり、作家としてデビューする以前の若き日の彼の姿が映し出されている。関東大震災のために倒壊し、なくなってしまった「編輯所」の記憶を、「御馳走」の「感銘」とともに書き留めているところに、食通でもあった百閒らしさがうかがえる。

3　大正教養主義の形成と岩波書店

漱石の門下生と大正教養主義

夏目漱石の著作『こゝろ』を出版社の起源として成立したことで、岩波書店の明確なイメージが形成されていくことになる。それは、漱石および第一高等学校、東京帝国大学の知的エリートを中心に形作られる、いわゆる大正教養主義である。人格を重視する文化人たちを中心に形成されたこの思潮は、西洋と日本の文芸や哲学に親しむ漱石門下たちを中心に形作られた。木曜日の午後三時以降を面会時間とする「木曜会」には、鈴木三重吉・寺田寅彦をはじめ、高浜虚子《たかはまきょし》・森田草平・小宮豊隆・野上豊一郎・安倍能成・阿部次郎、さらには内田百閒・和辻哲郎《わつじてつろう》・芥川龍《あくたがわりゅう》之介《のすけ》ら、漱石を敬愛する人々が集まった。一九〇六年（明治三十九）から約十年間続いた「木曜会」に、茂雄も参加していた。

「木曜会」の中心人物である鈴木三重吉は、第三高等学校から東京帝国大学の英文科に進学し、漱石の授業を受けて以来の愛弟子であった。三重吉は、漱石の推挙により雑誌『ホトトギス』第九巻八号（一九〇六年五月）に小説『千鳥』を掲載した。一方、三重吉は児童文学における先駆的な役割を果たした。三重吉は童話と童謡の児童雑誌『赤い鳥』を創刊、この雑誌は一九三六年（昭和十一）六月二十七日に彼が亡くなり、終刊となる同年八月号まで続いた。三重吉の没後、岩波書店から『鈴木三重吉全集』全六巻（一九三八年）が刊行された。

三重吉以外の参加者のプロフィールは後述するが、「木曜会」の参加者の多くが、第一高等学校から東京帝国大学に進んだ人々であった。

岡山から上京し、東京帝国大学に入学した百閒は、一九一一年（明治四十四）二月二十二日にはじめて漱石を訪ねて、その後、漱石山房の木曜会に通うことになる。百閒が『麗らかや』（三笠書房、一九六八年）に収録された「百鬼園随筆」の一篇「ノミに小丸」（『小説新潮』第十九巻十二号、一九六五年十二月）で以下のように表現するほどに、漱石との面談の機会は待ち遠しいものであった。

一週間に木曜日は一度しかない。その一日を待ち兼ねて、私共は夕方になると、雨が降っても火が降っても早稲田南町の漱石先生の書斎へ出掛けて行つた。

その晩なら必ず先生に会へる。

さうやつて集まつて来る私共を、先生の方では待つてゐたのか、どうかそれは知らないが、通されてその前にひざまづき、お辞儀をした頭を上げて見る目の前の先生は、いつもと変らぬ面白くもなささうな顔だが、別に迷惑さうでもない。若いみんなと一緒の中に溶け込み、時時、少し曲がつてゐる鼻のわきに皺を寄せて笑ふ事もある。

このように、漱石を師と仰ぐ人々が大正教養主義の中核となり、岩波書店の文化圏を形成することになる。

漱石山脈と称される人々のほとんどは茂雄とかかわり、岩波書店から著書を刊行している。中でも、阿部次郎・倉田百三・西田幾多郎・和辻哲郎の著書は、旧制高等学校の学生を中心とする若い読者たちの愛読書となり、受容されていくことになる。筒井清忠《つついきよただ》が『日本型「教養」の運命——歴史社会学的考察』（岩波書店、一九九五年）で分析しているように、日本の教養主義文化圏は、岩波書店刊行の書物と雑誌が基盤となり、「その中核を担っていたのは旧制高校生に代表される学歴エリートであった」。筒井は旧制高等学校で、夏目漱石『こゝろ』がもっとも読まれていたことを、データをあげながら指摘している。

また、石原千秋《いしはらちあき》は『近代という教養――文学が背負った課題』（筑摩書房、二〇一三年）の中で、『こゝろ』が多くの高等学校生に支持された理由として、「倫理」や「道徳」だけでなく、知的な女性の謎めいた心を理解しようとする青年の苦悩にあったことに注目している。そしてそれが、『三四郎』（一九〇八年）にも共通する特色であることも的確に説いている。『こゝろ』では、「先生」と「お嬢さん」の恋愛関係に加え、「先生」と「K」の友人関係、「先生」と「私」の師弟関係、父と「私」の親子関係など、高等学校生が関心を持ち、感情移入しやすい複数のテーマが内包されていた。

大正教養主義の思潮を形作った、若き俊英たちが岩波書店から刊行した書物で、特に話題となったものを年代順に列挙すると以下の通りとなる。

一九一五年（大正四）　阿部次郎『第二　三太郎の日記』
一九一七年（大正六）　倉田百三『出家とその弟子』
　　　　　　　　　　　西田幾多郎『自覚に於ける直観と反省』
一九一八年（大正七）　阿部次郎『合本　三太郎の日記』
一九一九年（大正八）　和辻哲郎『古寺巡礼』
一九二一年（大正十）　倉田百三『愛と認識との出発』
　　　　　　　　　　　西田幾多郎『善の研究』（復刊）

阿部・倉田・西田・和辻は、一九一五年（大正四）刊行開始となる「哲学叢書」をはじめ、一九一七年（大正六）創刊の『思潮』、一九二一年（大正十）創刊の『思想』など、大正期の岩波書店の企画にも、各人各様に大いに貢献している。竹内洋は前掲『学歴社会の栄光と挫折』の中で、「哲学・文学・歴史などの人文学の習得によって、自我を耕作し、理想的人格を目指す人格主義」をこの時代の教養主義であるとしたが、これを体得するうえで重要な機能を果たすことになるのが、岩波書店から刊行される人文科学系の書物であった。この四人と岩波書店刊行の各書物及び茂雄とのかかわりについて、次にたどっていくことにしたい。

阿部次郎『三太郎の日記』

阿部次郎は、一八八三年（明治十六）に山形県に生まれ、一九五九年（昭和三十四）に没した哲学者・美学者である。一九〇一年（明治三十四）に第一高等学校に入学、茂雄と同級生となった。東京帝国大学に進学し、哲学・西洋古典学などを講じていた、ラファエル・フォン・ケーベルの薫陶を受けた。また、漱石を師と仰ぎ、森田草平・小宮豊隆・和辻哲郎らと親交を深めた。

第一高等学校時代から茂雄と親しかったこともあって、阿部の『三太郎の日記』は岩波書店から刊行された。最初の刊行は別の出版社からであったが、『第二　三太郎の日記』が一九一五年（大正四）六月に一円三十銭で刊行され、八月までに三版を数えることになる。その後、『三太郎の日記』と『第二』を合本し、一九一八年（大正七）六月、岩波書店から阿部次郎『合本　三太郎の日記』が一円八十銭で刊行された。阿部は『合本　三太郎の日記』の「自序」で、「此書に集めた数十篇の文章は明治四一年から大正三年正月に至るまで、凡そ六年間に亙る自分の内面生活の最も直接な記録である」と述べ、「合本　三太郎の日記の後に」の中で、次のように自著の特色を記していた。

……三太郎の日記は内生の記録であつて哲学の書ではない。若しこの書に幾分の取柄があるとすれば、それは物の感じ方、考へ方、並びにその感じ方と考へ方の発展の経路にあるのであつて、その結論にあるのではない。単に結論のみに就いて云へば、其処には不備や欠陥が多いことは云ふまでもなく、又相互の間に矛盾するところさへ少くないであらう。殊に本書の中にある思想をその儘に、今日の私の意見と解釈されることは私の最も不本意とするところである。私の哲学は今も猶成立の過程の最中にあつて、未だ定まれる形をとるに至らない。

阿部次郎

『三太郎の日記』では、主人公の青年・青田三太郎の「内面」に光が当てられ、信仰や恋愛など直面する課題を克服し、普遍的理想を体現するべく自己を成長させ、人格を形成していく過程が、一人称独白体で語られている。思索の軌跡を日記の形式を中心としながら、様々な型の文章を織り交ぜて構成され、人生の在り方を内省的、哲学的に追究しようとするこの書物は、長期にわたって人気を博した。『三太郎の日記』は、旧制高等学校生を中心に愛読され、大正時代から昭和時代前期にかけて版を重ね、大正教養主義を代表する著作の一つとなったのである。

『三太郎の日記』と前後して、阿部は多数の著作を岩波書店から刊行している。「哲学叢書」の第六冊目の『倫理学の根本問題』（一九一六年、一円二十銭）、同叢書の第九冊目の『美学』（一九一七年、一円二十銭）、『人格主義』（一九二二年、二円八十銭）、『地獄の征服』（一九二二年、二円八十銭）などである。

倉田百三『出家とその弟子』と『愛と認識との出発』

倉田百三は、一八九一年（明治二十四）に広島県に生まれ、一九四三年（昭和十八）に没した劇作家・評論家である。長男である彼に家業の呉服商を継がせたいと考えていた父を説得し、倉田は、広島県立三次中学校（現在の広島県立三次高等学校）から第一高等学校に進学する。在学中に西田幾多郎の『善の研究』に感動し、以前にもまして哲学に強い関心を持つようになる。しかし、肺結核を患い、第一高等学校を中退する。その失意の最中、まだ無名であった倉田は、茂雄宛の一九一六年（大正五）十二月二十日付の手紙に、次のように、『出家とその弟子』の刊行を強く依頼する手紙を送っていた。

実は私は親鸞聖人を材料にした「出家とその弟子」といふドラマを書いたのです。六幕十三場です。これを本にしたいのですが、原稿を送りますから読んでみて下さつて（忙しいでせうが）若《も》し、それだけの価値ある作だと云ふ気がしたら、出版を引受けて下さることは出来ませんか。（名も知れぬ私の作故《ゆえ》売れまいといふ気がして、私は頼むのに気がひけてゐます。）「生命の川」といふ雑誌に三幕まで載せたのです。月刊雑誌には一幕物でなくては都合が悪くて困つてゐるのです。私は以後芸術に従ふ気ですが、此の作は、私の処女作ではあつても、力を入れて書いたのと、材料が私にぴつたりしてゐるのとで、当分これ以上のものは書けまいと思ふので、バラ〳〵にせずに、一冊の本にしたいのです。

『出家とその弟子』は、親鸞とその弟子及び息子との愛と葛藤を描いた宗教的な戯曲であり、千家《せんげ》元麿《もとまろ》らを中心とし、一九一六年（大正五）十月に創刊された文芸雑誌『生命の川』に途中まで掲載されている。「三幕まで載せた」とあるのは、この雑誌の同年十一月号である。引用した文面の直後には、武者小路実篤《むしゃのこうじさねあつ》・長與善郎《ながよよしろう》・千家元麿らが『出家とその弟子』に感心してくれ、阿部次郎・斎藤茂吉に読んでもらい、西田天香《にしだてんこう》が一幕目について批評の手紙をくれたことを記している。

倉田百三

天香は、一九〇六年（明治三十九）に京都で一燈園という修練道場を開設した、宗教家・社会事業家であり、後に衆議院議員となる政治家でもある。大自然の中で、我欲を捨て去り、生への感謝と社会奉仕を通じて自己を生かすことを信条とする「一燈園」に、倉田も一九一六年（大正五）に参加し、天香と共同生活を送っている。また、茂雄宛の手紙の中には、出版の許可が得られない場合には、自費でも刊行したいという希望が書かれており、出版に対する熱意がうかがえる。この書簡を茂雄に書いた翌年三月の『生命の川』に、『出家とその弟子』の続稿は掲載されている。

『出家とその弟子』は、この手紙の翌年の一九一七年（大正六）六月に岩波書店から刊行され、初版の八百部はすぐに売り切れ、版を重ねることになる。また、『出家とその弟子』はグレン・ショーによって英訳され、一九二二年（大正十一）に北星堂出版から出版されている。英訳のこの著作を読んだフランスの作家、ロマン・ロランは感銘を受け、倉田に手紙を書いている。

倉田百三の『出家とその弟子』は、一般的に、旧制高等学校を中心とする知識人の青年読者に読まれたとされるが、女性にも少なからぬ読者がいた。この点については、永嶺重敏《ながみねしげとし》が『雑誌と読者の近代』（日本エディタースクール出版部、一九九七年）で興味深い指摘をしている。職業婦人と女学生を主たる読者とする『女性世界』第二十二巻六号（一九二二年六月）誌上の「私の愛読書」の調査で、十四人中の九人が倉田の著作をあげていることを紹介し、読者が女性の知識人層にまで及んでいたとしている。この調査の記述回答では、「今までよんだ書物の中で之れ程感銘したものはありません」と記されていた。また、『婦人の自立の道』（東京市、一九二五年）における、職業婦人の新聞・雑誌・書籍の読書傾向を調査したデータからも、この戯曲が女性読者から支持されていたことがわかってくる。これらの書物の中で、もっとも読まれている書籍としてあげられたのが『出家とその弟子』であった。

一方、『愛と認識との出発』は、一九二一年（大正十）三月に岩波書店から二円で刊行されている。この書物は、第一高等学校『校友会雑誌』や『帝国文学』、白樺系の文芸雑誌『生命の川』『愛の本』

などに発表した論文や感想によって構成された論文集である。『愛と認識との出発』では、「個人」よりも「経験」に重きを置くことで、「独我論」から逃れることができたとする西田に、倉田が心を動かされ、涙する様が書かれている。真摯な思索と体験が直接的に表現されたこの書物は、『出家とその弟子』とともに、旧制高等学校生たちを中心に当時の多くの青年たちの愛読書となった。

他にも、倉田は岩波書店から、『歌はぬ人』（一九二〇年、一円五十銭）、『父の心配』（一九二二年、一円五十銭）を同時期に刊行、一九二六年（大正十五）十一月に岩波書店から出版した『赤い霊魂』（二円五十銭）は、書店創業以来、単行本で最初の発禁処分を受けた著作であった。なお、倉田は私財を投じて編集責任者をつとめ、岩波書店を発行所とする雑誌『生活者』を一九二六年（大正十五）五月に創刊している。この雑誌は、一九二九年（昭和四）十二月までに全四十二冊刊行された。

西田幾多郎『善の研究』と『自覚に於ける直観と反省』

西田幾多郎は、一八七〇年（明治三）、石川県に生まれ、一九四五年（昭和二十）に没した、日本を代表する哲学者である。第四高等学校の前身、石川県専門学校から東京帝国大学に進学、西洋の哲学を学ぶ一方で禅の修行を行う。西田は、西洋哲学の主観と客観の二元論に引き裂かれ、そこに身を置きながら思索を持続しつつ西洋哲学を乗り越えようとし、日本独自の哲学の確立を目指した。西田は京都帝国大学教授となり、京都学派の創始者として大きな影響力を持ち、三木清《みききよし》・西谷啓治《にしたにけいじ》ら、多くの哲学者を育成した。三木はドイツ留学から帰国し、法政大学教授となって東京に在住してからは、岩波書店の企画・編集に協力することになる。三木は第一高等学校の学生時代に、西田の『善の研究』を読み、感銘を受け、一九一七年（大正六）

西田幾多郎

に京都帝国大学に進学した。三木が速水《はやみ》滉《ひろし》を介して、はじめて訪ねてきた時のことを、西田はこの年の六月二十六日の日記に「夜三木清来る」と記している。

茂雄は西田を敬愛し、企画等について相談している。西田の日記・書簡からは、西田が茂雄と頻繁に交流していた様子がうかがえる。茂雄は、西田と公私にわたって交際を重ね、学者のみならず、政財界の人々を数多く紹介した。『自覚に於ける直観と反省』（一九一七年、二円八十銭）以降、西田の著作は岩波書店から出版されることになる。

弘道館から一九一一年（明治四十四）一月に刊行されていた『善の研究』が、一九二一年（大正十）三月に岩波書店から一円八十銭で再刊された。この書物は、旧制高等学校の学生たちの必読書となった。西田は『善の研究』の「序」で、「此の書を特に「善の研究」と名づけた訳は、哲学的研究が其前半を占め居るにも拘らず、人生の問題が中心であり、終結であると考へた故である」と記している。

西田と同僚であった九鬼《くき》周造《しゅうぞう》も、岩波書店から主著を出版している。九鬼は、第一高等学校から東京帝国大学の哲学科に進み、ヨーロッパに長期間留学し、京都帝国大学の教授となった哲学者である。三木清や和辻哲郎らとともに、マルティン・ハイデガーの日本受容に大きな役割を果たした。岩波書店からは、『「いき」の構造』（一九三〇年、一円二十銭）、『偶然性の問題』（一九三五年、二円二十銭）

などを出版している。

直接の弟子ではないが、西田が京都帝国大学の後継者としたのは哲学者の田辺元《たなべはじめ》であり、彼も岩波書店から多数の書物を出版している。田辺が岩波書店から最初に刊行した書物は、「哲学叢書」第二冊目の『最近の自然科学』（一九一五年、一円二十銭）であった。一九一五年（大正四）十一月三十日付の西田の田辺宛書簡に、「高著岩波氏より送附拝見いたし候」とあるのは、同年十一月二十三日発行の『最近の自然科学』である。その後も、哲学的な科学論として話題となった『科学概論』（一九一八年、二円五十銭）、『カントの目的論』（一九二四年、一円八十銭）などの書物を出版している。『科学概論』は、田辺が東京帝国大学の哲学科を卒業後につとめた、東北帝国大学講師時代に刊行した著作であった。翌年の一九一九年（大正八）、西田から強い要請があり、田辺は京都帝国大学に移り、五年後に『カントの目的論』を出版している。その後、一九二七年（昭和二）に教授となり、西田の後継者となり、哲学講座を引き継ぐことになる。

『善の研究』『自覚に於ける直観と反省』以降、大正時代に限っても、『思索と体験』（一九一九年、一円五十銭）、『芸術と道徳』（一九二三年、二円三十銭）など、西田は岩波書店から多くの書物を刊行している。

西田は第二次世界大戦が終結する直前の、一九四五年（昭和二十）六月にこの世を去り、晩年に暮らした鎌倉の東慶寺に葬られた。西田と茂雄の墓地は隣接して建てられた。なお、『思想』第二百七十一号（一九四五年十一月）では、「西田博士追悼号」が組まれた。

和辻哲郎『古寺巡礼』

和辻哲郎は、一八八九年（明治二十二）に兵庫県に生まれ、一九六〇年（昭和三十五）に没した哲学者・倫理学者である。日本の文化史・思想史にも造詣が深く、多くの業績を残した。和辻は一九〇六年（明治三十九）に第一高等学校に入学、同級に天野《あまの》貞祐《ていゆう》・九鬼周造・児島喜久雄《こじまきくお》・大貫晶川《おおぬきしょうせん》らがいた。一九〇九年（明治四十二）に東京帝国大学哲学科に進学、敬愛するケーベル博士の指導を受けた。在学中に、第一高等学校『校友会雑誌』に寄稿し、雑誌『帝国文学』の編集委員をつとめ、谷崎潤一郎《たにざきじゅんいちろう》、木村荘太《きむらそうた》らとともに一九一〇年（明治四十三）九月創刊の第二次『新思潮』の同人となる。和辻は、法政大学教授・京都帝国大学教授などを経て、東京帝国大学教授をつとめた。

和辻は、岩波書店から創刊の『思潮』に連載した文章をもとに、『古寺巡礼』としてまとめ、一九一九年（大正八）五月に岩波書店から二円で上梓した。『古寺巡礼』は、後に岩波書店から刊行される『風土　人間学的考察』（一九三五年、二円五十銭）などとともに、長年にわたり多くの読者に愛読されることになる。和辻は他にも多くの書籍を岩波書店から刊行、一九二一年（大正十）には『思想』に参画し、一九四六年（昭和二十一）の『世界』創刊にかかわるなど、雑誌の編集においても大いに貢献した。

大正時代に限っても、岩波書店からは、『偶像再興』（一九一八年、一円八十銭）、『日本古代文化』（一九二〇年、二円五十銭）など、多数の自著を刊行していた。他にも、ラムブレヒト（和辻哲郎訳）『近代歴史学』（一九一九年、一円七十銭、後に「史学叢書四」）をはじめ、『ブチァー希臘天才の諸相』（田中秀央との共訳、一九二三年、二円五十銭)、『ストリントベルク全集2　或魂の発展』(一九二四年、二円三十銭)、『ストリントベルク全集3　小説　痴人の告白』(林達夫《はやしたつお》との共訳、一九二四年、二円五十銭)など、訳書も多く出版している。なお、沼波瓊音《ぬなみけいおん》・太田水穂《おおたみずほ》・阿部次郎・安倍能成・小宮豊隆・和辻哲郎・幸田露伴《こうだろはん》による共著『芭蕉俳句研究』(一九二二年、二円五十銭)は、専門の異なる文学者や研究者が協同で行った芭蕉の俳句研究である。編者の一人である太田主宰の雑誌『潮音』に連載した、対話の筆記を集めて刊行したものである。芭蕉の俳句研究はその後も継続し、この七人の著者に勝峯晋風《かつみねしんぷう》が加わり、『続芭蕉俳句研究』(一九二四年、二円八十銭)、『続々芭蕉俳句研究』(一九二六年、二円八十銭)が刊行された。

和辻哲郎

大正期には、阿部・倉田・西田・和辻の他にも、漱石山脈の中勘助や白樺派の長與善郎ら、漱石を慕う書き手の話題作が、岩波書店から刊行されている。中は『犬　付島守』(一九二四年、一円二十銭)、『沼のほとり』(一九二五年、一円四十銭)、『銀の匙』(一九二六年、二円三十銭)を、長與は『三戯曲』(一九二三年、一円六十銭)、『竹沢先生と云ふ人』(一九二五年、二円五十銭)、『菜種圃』(一九二六年、二円五十銭)が、大正時代に岩波書店からそれぞれ出版された。

時代の制約があったにせよ、他の多くの出版社の場合と同じように、大正時代の岩波書店の著者の多くは男性であった。その中で、少数ではあるが、女性の著者もいた。『新しき命』(一九一六年、一円五十銭、一九二五年に二円三十銭で再刊)、訳書『ソーニャ・コヴァレフスカヤ――自伝と追想記』(一九二四年、一円八十銭)、『人間創造』(一九二六年、二円三十銭)を著した野上彌生子《のがみやえこ》が、この時期の代表的な存在である。彌生子の夫は、漱石を師と仰ぐ英文学者であり、茂雄とは学生時代から親交のあった野上豊一郎である。他にも、茅野雅子《ちのまさこ》『歌集 金沙集』(一九一七年、八十銭)など、女性の書き手の著作が大正時代の岩波書店から刊行されている。

これまで辿ってきたところからも明らかとなるように、創業まもない岩波書店における企画の多くは、茂雄の第一高等学校・東京帝国大学での交友関係及びその文化圏が基盤となっていた。夏目漱石はその代表的な存在であり、彼を慕う漱石山脈の人々が岩波書店に少なからぬ貢献をしていた。それと同時に、岩波書店が出版事業を軌道に乗せていくうえで逸することのできない重要な企画が、次章で見ていく「哲学叢書」である。

コラム3　『漱石全集』の歿後五十年生誕百年記念出版

一九六五年（昭和四十）、「歿後五十年生誕百年記念出版」として刊行された『漱石全集』の内容見本は、十六ページからなる。ここにうかがえる特徴の一つは、前掲の矢口進也『漱石全集物語』の指摘にあるように、「漱石全集の歴史回顧」であった。

漱石全集の編集に携わった漱石山脈の人々が、全集の再刊ごとに過去の全集について語ることで、全集編集の歴史と記憶が堆積し継承されていくことになる。そうした漱石全集の記憶は、この内容見本では、志賀直哉《しがなおや》「漱石全集を薦す」、吉川幸次郎「漱石漢詩解説」、寺田透「漱石の我」、伊藤整「夏目漱石の文学」、中野好夫《なかのよしお》「英文学者漱石――その読みの深さ確かさ」、山本健吉「漱石の俳句――漱石文学の関門」といった推薦文に続く、「漱石全集発行の略史」と「おぼえ書」に整理されている。この「漱石全集発行の略史」と「おぼえ書」には、それまでの『漱石全集』の歴史的概略がコンパクトに提示されている。

しかし、内容見本の特徴は、全集の歴史を回顧するだけに留まるものではない。「歿後五十年生誕百年」という年を契機に、『漱石全集』の歴史を回顧し、この全集の起源に今一度遡ることで「国民的作家」の遺産を整備する。そしてそれを、「国民文学」として現在の読者に提示すると同時に後代に伝える、その起源とする発想がうかがえるのである。

『漱石全集』の歴史を回顧し、現在に甦らせるという発想は、断簡零墨までを収集し、原典を参照した厳密な本文校訂を施す、『漱石全集』の編集方針を踏襲し、決定版『漱石全集』全十九巻（一九三五～三七年）の解説（小宮豊隆）と新書版『新輯決定版　漱石全集』全三十四巻

（一九五六〜五七年）の注解を、「更新拡充」して各巻に掲載するという、全集編集の歴史的蓄積を生かすことによって実践されている。第三次『漱石全集』まで用いられていた、漱石自身が『こゝろ』の装丁のために描いた朱と緑の石鼓文をあしらった装丁と判型を菊判に戻したことにも、起源への回帰という発想が表れている。また、この内容見本には、表紙を飾る漱石の自画像や草稿や書簡など、漱石の自筆の写真版が多数掲載されている。それにより、編集における原典主義と起源としての草稿への遡及を強調し、印象づけている。それは、「歿後五十年生誕百年記念出版」にふさわしい方針といえるだろう。

「刊行にあたって」でも、漱石が近代日本の生んだ「国民作家」であることが強調され、歿後五十年生誕百年を記念して、「国民的作家を敬愛して措かぬ全国の読者諸賢とともに」、漱石の「業績を永遠に伝えたい」という期待が明記されている。そして、「国民座右の書としての完璧を期」するという編集の抱負が語られ、また、「五十年の歳月を経て」、「漱石の文学」が「国民の精神風土にひとしい」とも述べられていた。一見して、漱石を「国民的作家」として位置づけ、彼の文学を「国民文学」とする見方が横溢する刊行の辞となっていたのである。

第三章　関東大震災前後の岩波書店

1　「哲学叢書」の創刊と岩波書店の基盤形成

「哲学叢書」と雑誌『思潮』の創刊

岩波書店の基盤をつくった重要な企画に、一九一五年（大正四）十月から刊行開始となった「哲学叢書」がある。この企画は、大正期の岩波書店の特色となるだけでなく、哲学書の流行を生み、さらには大正教養主義の基盤を形成することになる。

「哲学叢書」は、波多野精一《はたのせいいち》・西田幾多郎・朝永三十郎《ともながさんじゅうろう》・大塚保治・夏目金之助《なつめきんのすけ》（漱石）・桑木厳翼《くわきげんよく》・三宅雄二郎《みやけゆうじろう》が顧問となり、編集にあたったのは、第一高等学校以来の親友、阿部次郎・上野直昭・安倍能成であった。茂雄自身が東京帝国大学の哲学科に在籍していたことが、「哲学叢書」を手掛ける動機の一つになっていたが、親交を結んだ旧友の力があって実現した企画である。阿部次郎と安倍能成は編集にかかわるだけでなく、それぞれ二冊の著作を上梓することでも、この企画に協力し

哲学叢書

ている。「哲学叢書」は、一九一五年（大正四）から一九一七年（大正六）までに、以下の十二冊が刊行された。定価はすべて一円二十銭である。

1 紀平正美《きひらただよし》『認識論』（一九一五年）
2 田辺元『最近の自然科学』（一九一五年）
3 宮本和吉『哲学概論』（一九一六年）
4 速水滉『論理学』（一九一六年）
5 安倍能成『西洋古代中世哲学史』（一九一六年）
6 阿部次郎『倫理学の根本問題』（一九一六年）
7 石原謙『宗教哲学』（一九一六年）
8 上野直昭『精神科学の基本問題』（一九一六年）
9 阿部次郎『美学』（一九一七年）
10 安倍能成『西洋近世哲学史』（一九一七年）
11 高橋里美《たかはしさとみ》『現代の哲学』（一九一七年）
12 高橋穣《たかはしゆたか》『心理学』（一九一七年）

この企画の立案者であり執筆者でもある安倍能成は、『岩波茂雄伝』の中で、「岩波書店に哲学書肆としての名を肆にさせたのも、元はこの叢書であり、又関東大震災以後、昭和初頭の不況、不景気に堪える力を提供したのも、この叢書の売行が与かって力があった」からであると記したうえで、「哲学叢書」の売れ行きについて、次のように書いている。

……全十二冊の為に用意しておいた紙が、二、三冊分でなくなるという勢であり、恐らく二十数年に亘って広く読まれ、何百版を重ねるものが、その大半を占めるという有様であった。中でも最も多く売れたのは、速水滉の『論理学』であって、大正末までに七万五千冊、それから昭和十六年までには九万冊、岩波の生存中に十八万冊に及んでいる。

『論理学』の著者の速水滉は、第一高等学校教授を経て、京城帝国大学教授、後に同大学の総長をつとめた心理学者である。速水の業績をたたえ、岩波書店からは、黒田亮《くろだりょう》編『速水博士還暦記念心理学哲学論文集』（一九三七年）が三円八十銭で刊行されている。

安倍の回想からは、「哲学叢書」の売れ行きが大変よかったことがうかがえる。この企画の大きな成功によって、その後見舞われることになる関東大震災、昭和初年代の不況といった経済的危機を乗り切ることができたのであった。

茂雄は「哲学叢書」刊行を開始するにあたって、どのような考えを持っていたのだろうか。一九一六年（大正五）七月に『宗教哲学』を上梓した石原謙は、後年、「岩波茂雄君の想ひ出」（『石原謙著作集』第十一巻、岩波書店、一九七九年）の中で、当時の出版企画の打ち合わせについて、次のように回想していた。

出版のことで一番印象に深く残つてゐるのは、哲学叢書刊行の時のことである。先輩の速水さんを始め、宮本、安倍、上野、高橋など叢書に名を列ねた連中が、岩波君を中心にして刊行の相談会を開いたが、まだ創業間もない頃で資力も充分でなかつた故、もし売行きが悪かつたら店に取つて重大事であらうと我々何れも多少の懸念して、岩波君の計画と決意とを訊した時に、同君は悲愴な面持ちでしかし慠然と「少くも七百部、出来れば千部位印刷する。それで損しても、文化的に意義ある仕事だから遺憾はない」と言ひ切つた様子が今でも目に見える心地がする。所が原稿を何れも入念に研究しながら書くといふので兎角遅延し勝ちであつたが、出たのは何れも非常な成功で、速水さんの論理学などは忽ちの中に数十版を重ねるといふ盛況であり、著者の方でびつくりして了つたやうな始末であつた。之が岩波書店の名が学界に知れるやうになつた最初の機会であつたのは周知のことである。

速水滉『論理学』の売れ行きのよさについては、安倍だけでなく、石原も言及している。石原の回想は、資金力がまだ整わないながらも出版への意欲が漲る茂雄の様子と、売れ行きについて慮る若き研究者たちの集まる、「哲学叢書」創刊前夜の雰囲気を伝えていて興味深い。しかし、出版の資金と売れ行きに対する懸念を持ちつつも、「文化的に意義ある仕事だから遺憾はない」と出版に踏み切る、創業まもない茂雄の毅然とした姿が、ここには映し出されている。不安と誇りが相半ばする中で刊行に踏み切った結果、「哲学叢書」は、大正時代の岩波書店を代表する企画となった。そして同時に、出版社の経済的な基盤も形作られることになるのである。

雑誌『思潮』の創刊――ケーベルの寄稿を中心に

「哲学叢書」の刊行開始と前後して、哲学関係の書物が多数出版され、岩波書店の出版社として特色が次第に形作られていく。それと並行するように、一九一四年（大正三）には雑誌『哲学雑誌』の発売所を岩波書店が引き受け、さらには一九一七年（大正六）五月に雑誌『思潮』が定価三十銭で創刊されている（その後、値上げまでは定価二十五銭）。『思潮』の創刊は、まさしく世界の潮流が大きく変容していく時期に対応していた。一九一七年（大正六）三月と十月にはロシア革命が起こり、一九一四年（大正三）に開始の第一次世界大戦が一九一八年（大正七）に終結するなど、世界が大きく変化を遂げていく時代であった。

『思潮』は阿部次郎を主幹とし、同人として石原謙・和辻哲郎・小宮豊隆・安倍能成が名を連ねている。この雑誌には、同人雑誌的な趣があり、一九二一年（大正十）十月創刊の『思想』はその後継雑誌となる。阿部次郎によるものとされる「発刊の辞」の冒頭では、次のように雑誌創刊の目的が述べられている。

優れたる文明を建設し、豊かなる生活を開展せむがためには、その基礎を広く大らかに築かなければならない。そのためには、我等は、祖国のことと共に世界のことに就いて、自家ことと共に他人のことに就いて、博大にして深邃なる興味と同情と理解とを持つてゐなければならない。狭隘なる国粋主義は、徹底せる理解と批評とを欠ける外国模倣と共に、我等の文明と生活とを貧寒にするものである。この二つの誤謬に対抗して、一切の事物に対する豊かなる同情と徹底せる理解とを媒介するところに、我等の第一の使命がある。

雑誌『思潮』は、「狭隘なる国粋主義」と「徹底せる理解と批評とを欠ける外国模倣」のいずれをも戒め、自他への深い理解を理想に掲げて創刊され、一九一九年（大正八）一月まで刊行された。哲学や文化に関する論考や随筆が掲載されたこの雑誌は、大正教養主義の一つの拠点となった。茂雄の提案で、ラファエル・フォン・ケーベル博士が「問者に答ふ」「余の日本観」「偶感」などの随筆を、和辻哲郎が「古寺巡礼」をそれぞれ寄稿し、反響を呼んだ。

ケーベルは、東京帝国大学で哲学、西洋古典学などを講じたが、茂雄もその薫陶を受けた一人であった。安倍能成は『岩波茂雄伝』の中で、茂雄がケーベルの哲学の講義を受講し、「分からぬながら出席して、その高風に接したことを感謝していた」と回想している。多くの教え子に慕われたが、夏目漱石もその一人であった。漱石は「ケーベル先生」というタイトルのエッセイを発表、敬愛の念を示している。和辻もまた、ケーベルを深く尊敬していた。ケーベルは一九二三年（大正十二）六月十四日に没し、同年八月の『思想』第二十三号で「ケーベル先生追悼号」と題する特集号が組まれている。

一方、和辻の連載は、『古寺巡礼』（二円）として一九一九年（大正八）五月に岩波書店から上梓された。『古寺巡礼』は、後に岩波書店から刊行される『風土　人間学的考察』（一九三五年、二円五十銭）などとともに、長年にわたり多くの読者に愛読されることになる。既に第二章で述べたように、和辻は他にも多くの書籍を岩波書店から刊行し、一九二二年（大正十一）には『思想』に参画、戦後には『世界』創刊にかかわるなど、雑誌の編集においても大いに貢献した。

『思潮』は、紙と印刷費の高騰にともない、一九一八年（大正七）七月には、定価が二十五銭から三十銭に値上げとなった。そして、この雑誌は、翌一九一九年（大正八）に阿部次郎がヨーロッパに留学することになったために廃刊となった。この二年後の一九二一年（大正十）には、この雑誌を引き継ぐかたちで、雑誌『思想』が創刊されることになる。

ケーベル

「哲学叢書」や『思潮』の出版などの実績もあって、大正時代の岩波書店は、哲学書を重視し、この分野に強い出版社と見られるようになっていく。木村《きむら》毅《き》は「『社会問題講座』の頃」（新潮社出版部編『新潮社四十年』新潮社、一九三六年）の中で、取次店の小僧が「文芸書は新潮、哲学書は岩波、社会科学書は改造。これだけあれば他の出版屋さんはいりませんね」と述べている逸話を紹介している。岩波書店は既に夏目漱石の小説の刊行も手掛けており、自社の刊行物は哲学だけに限定されるものではなかった。しかし、この逸話からは、「哲学書」に強い岩波書店の特色が、この時点で既に出版界に浸透していたことがうかがえる。「哲学叢書」の成功は、書店の経済的な基盤を形作っただけでなく、イメージを形成するうえでも大きく貢献することになったのである。

書店を担う人々の相次ぐ入店――一九二〇年前後の新入社員

一九二〇年（大正九）、岩波書店の歴史にその後大きな足跡を残すことになる、ある人物が入店している。岩波書店の会長となる小林勇である。後に専務取締役となった長田幹雄《ながたみきお》が前年の一九一九年（大正八）に、後に副支配人になる坪田久《つぼたひさ》（後に堤久）が一九二〇年（大正九）に入店しており、後に岩波書店の中核となる人物たちが、この時期に、次々に茂雄のもとに集まっている。久の夫で、後に支配人となる堤常《つつみつね》は一九一五年（大正四）に入店していた。岩波書店を担うことになる人々の相次ぐ入店によって、書店の人事的な基盤が形作られていく。そうした店員たちと茂雄との信頼関係が支えとなり、その後、岩波書店は大きく飛躍することになる。

坪田久の場合に見られるように、茂雄は女性の雇用も早い時期から行っていた。彼女だけでなく、女性の採用全般について茂雄が積極的であったことは、『岩波書店八十年』に記録された店員の名前からもうかがえる。

一九二〇年（大正九）入店組の一人である小林は、一九〇三年（明治三十六）、長野県上伊那郡赤穂村（現在の駒ヶ根市）に生まれた。赤穂公民実業学校（現在の長野県赤穂高等学校）を卒業後、農業に従事していたが、十八歳の時に上京して、岩波書店に住み込みで働くことになった。小林は入社試験を受けるために、兄に付き添われて岩波書店に行き、茂雄に最初に会った時のことを、『一本の道』（岩波書店、一九七五年、新版二〇一二年）の中で、次のように回想している。

　主人はせっかちの人らしく、いろいろのことを矢つぎ早に質問した。私のもっていた通信簿を見て、なかなか出来るといった。また君は車を引くことを嫌だと思わぬかときいた。私は平気ですと答えた。実はその時私は、車というのは人力車だと早のみ込みをしたのだった。車引きをしながら苦学をするなどということがすぐ頭に浮かんだのだ。

　最後に主人は、君が若し金儲けを望むなら僕の所へ来ても駄目だ、三省堂か東京堂へでもゆき給えといった。何故この二軒の名を挙げてそんな失礼なことをいったかわからないが、鮮かに私は覚えている。私はむっとして「誰がお金儲けをしたいといいましたか」と食ってかかった。すると主人は「いや、これは失敬した」といってにっこり笑い、「明日から来て貰いましょう」といった。

小林勇

　こんな具合で、私は岩波茂雄の試験をパスした。そして岩波書店の店員になった。入店したのは大正九年四月二十四日と記録されている。

最初の出会いを回想するこの文章の中で、小林はせっかちな茂雄の様子をとらえている。小林は、一九三二年（昭和七）に茂雄の次女小百合《さゆり》と結婚、戦後には岩波書店支配人・代表取締役・会長を歴任し、岩波書店で長年にわたり大きな貢献をすることになる。

また、小林は出版人として活躍するだけでなく、多くの随筆や評伝などの文集を著したことでも知られる。小林の『惜櫟荘主人――一つの岩波茂雄伝』は、安倍能成『岩波茂雄伝』とともに、茂雄について書かれた優れた評伝である。この書物は、岩波書店で働いた出版人と親族の複眼から茂雄像が描かれている点に特色がある。小林は他にも、自身の編集者としての歩みをまとめた『一本の道』、厚い信頼を得ていた幸田露伴との交流を綴った『蝸牛庵訪問記――露伴先生の晩年』（岩波書店、一九五六年）など多数の著作を上梓し、後年、『小林勇文集』全十一巻（筑摩書房、一九八二～八三年）が編まれることになる。こうした小林の文章は、茂雄の足跡と岩波書店の軌跡をたどるうえで逸することのできない貴重な文献にもなっている。その小林は『一本の道』の中で、茂雄のことを次のように評していた。

出版者の財産は、金ではない。その人柄が著者たちに親しまれることの方が大切なのである。岩波は口がうまくはない。容貌は魁偉である。しかし誠実、率直、親切で人に信頼される。約束は絶対に守る。そして正義感が強かった。しかし、こういう美点美徳だけ備えていては魅力ある人物にはならぬ。正義感が強ければ腹の立つ事が多い。自分が約束に忠実なら人の違約は許しがたい。岩波はよく腹を立て、極端な言葉を使って不正者を非難した。私たちも折々叱られたが、岩波は叱った後はさっぱりしていたので、いつまでも気にすることはなかった。

経済のことを等閑視しては、出版事業が成り立たないことを承知しながらも、茂雄は著者たちとの親交を財産とし、多くの書物を世に送り出していくことになる。先に述べた「哲学叢書」はその一例である。

茂雄の執筆者への誠実な態度については、和辻哲郎が別の角度から指摘している。和辻は、『思想』の四百号記念号（一九五七年十二月）に寄稿した「『思想』の初期の思ひ出」の中で、次のように述べている。

これは岩波茂雄といふ人物の本質とも関係のあることだと思ふが、岩波君が大勢の著者に対して結んでゐた関係には、一種独特なものがあつた。さういふ人々に近づいて行くきつかけは、大抵は、その専門の人たちの間で評判がよいといふことであつた。その場合、岩波君は、非常に素朴な尊敬の念を以て接して行く。その気持は、実際に利害関係を離れて、相手を尊敬すべき人格として扱ふのであるから、相手の側からも恐らくその人物の最もよい面が現はれて来たであらう。だから岩波君が著者と結ぶ対人関係には、非常に気持のよいものがあつた。（中略）かうして関係を結んだ後に、その人たちに対して期待を裏切らないやうにつくす態度に、非常に誠実なものがあつた。

和辻の回想は、茂雄が書き手との関係をつくっていくにあたって、当該の専門領域における学術的な評価に関する情報を収集し、そのうえで人格主義に基づく関係を結んでいく、彼の編集者としての振る舞いを指摘していて興味深い。

ところで、岩波書店の中核をなす人々の入店が相次いだ一九二〇年（大正九）の十一月に、茂雄は小石川の住宅を購入している。小石川区小日向水道町（現在の東京都文京区）の、中勘助が居住していた自宅である。中勘助は第一高等学校、東京帝国大学で夏目漱石に学んだ、小説家・詩人・随筆家である。岩波書店創業の一九一三年（大正二）から翌年にかけて、漱石の推薦により『東京朝日新聞』に『銀の匙』を連載、その後、一九二一年（大正十）に岩波書店から単行本を一円二十銭で刊行している。この小説の舞台となったのが、中勘助が茂雄に売却した小石川の家の周辺とされている。

『思想』の創刊

阿部次郎の外遊にともない廃刊となった『思潮』の後を受けて、一九二一年（大正十）十月に雑誌『思想』が八十銭で創刊された。この雑誌は、途中で何度か休刊をすることになるが、岩波書店を代表する学術雑誌として今日に至るまで千号を数えている。『思想』は最初、岩波書店編集であったが、編集顧問には創刊時に和辻哲郎が、その後、高橋穣・伊藤吉之助らがこの任にあたることになる。『思想』創刊号（一九二一年十月）には、次のような創刊の辞が掲載されている。

雑誌の多過ぎる日本に今更新しく「思想」を創刊するについては、弊店にも些か抱負があります。

時好に投じ流行の問題を捕へて読者の意を迎へる雑誌は少くありませぬ。また専門の学術雑誌も今以上に殖える必要はなさゝうに思はれます。しかし時流に媚びずしかも永遠の問題を一般の読者に近づけようとする雑誌は、今の日本に最も必要であつて同時に最も欠けてゐるものではありますまいか。弊店はこの欠を補はうと志したのであります。

「思想」は或一つの主張を宣伝しようとするのではありませぬ。苟くも真と善と美とに奉仕する労作は、いかなる立場いかなる領域であつても、これを集録してわが国人の一般教養に資したいと考へて居ります。過度のジヤアナリズムに不満を感ぜられる人士が、弊店の真面目な努力を認めて下さることは、吾人のひそかに信ずるところであります。

ここには、『思想』創刊の目的が、明快に記されている。既に多数の雑誌が刊行されている中で、『思想』を創刊する目的を、岩波書店は「時流に媚びずしかも永遠の問題を一般の読者に近づけようとする」ためと述べている。流行ではなく、不易のテーマを扱い、それを一部の知識階層だけのものとするのではなく、多くの一般読者にも読まれることを目指している。書き手の立場や専門領域に囚われることなく、真善美にかかわる日本の「一般教養」に貢献することを目的とする雑誌が創刊されたのであった。

『思想』創刊号の目次は次の通りである。

ラファエル・フォン・ケーベル「盛夏漫筆」
桑木厳翼「流行の哲学思潮」
土居光知《どいこうち》「国民的文学と世界的文学」
石原　純「相対性原理の真髄」
和辻哲郎「原始基督教の文化史的意義」
M・M「世界見聞録」
倉田百三「父の心配」

巻頭のラファエル・フォン・ケーベルの随想や、『三太郎の日記』を既に刊行し、流行作家となっていた倉田百三の小説が掲載されていることもあって、『思想』の創刊号は話題となった。また、岩波書店の多くの企画に参画し、アルベルト・アインシュタインを日本に招待したことでも知られる石原純の評論も掲載されている。創刊号あるいは、その後の目次からもうかがえるように、思想・哲学の研究者を中心としながらも、自然科学の研究者や文学者の寄稿も多く、執筆者は様々なジャンルから集められていた。

雑誌『思想』は特集号も充実しており、今日に至るまで多くの特集が組まれた。一九二八年（昭和三）八月の第八十二号で一時休刊となるまでに刊行された特集号に限っても、「ケーベル先生追悼号」（第二十三号、一九二三年八月）、「カント記念号」（第三十号、一九二四年四月）、「仏教思想研究」（第六十号、一九二六年十月)、「現象学研究」(第六十三号、一九二七年一月)、「新進哲学論文号　左右田喜一郎博士追悼録」(第七十二号、一九二七年十月)、「希臘文化と現代」(第七十五号、一九二八年一月)、「仏教思想」(第七十九号、一九二八年五月)といった特集が企画されている。これらの特集は、各時代の思潮を鏡のように映し出している。なお、一時休刊した『思想』は、二年半後の一九二九年(昭和四)四月の第八十三号から再刊されることになる。

雑誌『思想』は古書店でもしばしば流通しており、創刊された大正時代から関心を持たれていたことがうかがえる。たとえば、雑誌『書物往来』に掲載されている古書店の目録にも、その誌名が散見される。たとえば、『書物往来』第十六冊(一九二六年二月)の「特設紙上展覧会(第十五回)」の目録には、第一号から五十冊揃いで、二十五円という値段がつけられていた。

「科学叢書」の発刊、寺田寅彦と石原純の協力

「哲学叢書」の成功に象徴されるように、岩波書店は哲学・思想の分野に強い出版社としての特色を有していたが、経営が軌道に乗っていく中で、自然科学・文学・法律・社会科学などの分野の著作刊行にも乗り出していく。茂雄が最初に手掛けた書物は蘆野敬三郎『宇宙之進化』であったが、その後も、自然科学の分野の書籍を刊行していくことになる。

一九二一年(大正十)十二月には、「科学叢書」と「通俗科学叢書」が創刊された。二つの叢書の同時刊行には、自然科学の分野の学術的成果を、専門家とそれ以外の読者に同時に伝えようとする理念がうかがえる。茂雄がこの分野に精通していなかったこともあって、二つの叢書に着手するまでに、

創業からかなり時間を要することになった。茂雄は二つの叢書を刊行することで、科学の向上と普及に力を注いでいこうとするのだが、それは二人の優れた研究者を編者に迎えることができたからである。二人の研究者とは、寺田寅彦と石原純である。一九二一年（大正十）一月三十一日の寺田の日記には、「夕方近く岩波君来り科学叢書編輯者となる事承諾、石原君と二人の由」（『寺田寅彦全集』第二十一巻、一九九八年）と記されている。多くの自然科学の研究者が岩波書店に協力したが、中でも、寺田と石原はその出発期からかかわった、書店にとって逸することのできない貢献者であった。二人はいずれも、自然科学の学者でありながら、文芸においても優れた仕事を成した人物である。

寺田は夏目漱石門下の一人であり、科学者であると同時に文人としても活躍したことで知られる。随筆家・俳人としての文章の多くには、吉村冬彦《よしむらふゆひこ》の名前が使用された。茂雄との親交が深く、岩波書店の企画に大いに貢献した。そのこともあり、また文業が優れていることから、一九三五年（昭和十）十二月三十一日に亡くなった後に、『思想』第百六十六号（一九三六年三月）で「寺田寅彦追悼号」が組まれ、『寺田寅彦全集　文学篇』全十六巻（一九三六〜三八年、各一円五十銭）、『寺田寅彦全集　科学篇』全六巻（一九三六〜三九年、各七円）が刊行されることになる。没後の一九三六年（昭和十一）三月から刊行開始となったシリーズ「科学文献抄」も、寺田の発案であった。

一方、石原は、物理者であると同時に科学ジャーナリストでもあり、また、『アララギ』に創刊から参加した歌人でもあった。一九二一年（大正十）七月、石原は原阿佐緒《はらあさお》との恋愛事件により、勤務先の東北帝国大学理学部教授の職を辞し、その後、岩波書店の出版に協力することになる。石原は、

『科学』の会
（左から石原純，坪井誠太郎，寺田寅彦，岡田武松，橋田邦彦，安藤広太郎，柴田桂太，小泉丹，柴田雄次，岩波茂雄，村越司。1934年11月）

一九三八年（昭和十三）十二月から刊行開始となる、岩波講座第十三次「物理学」全二十二巻の編集委員にもなった。なお、茂雄とも親交があった石原謙は彼の弟である。

寺田と石原の編集による「科学叢書」の特色については、「発刊の辞」の中で次のように記されている。

> 本叢書の特色は、第一に、各専門科学に於ける諸学者が全力を傾倒せられた真面目な労作だといふことであります。独特な価値のある、高級な、専門的研究だといふ点であります。（中略）本叢書の特色の第二は、寺田、石原両博士の編輯が、世間普通に行はれてゐる単なる名義上の編輯ではなくして、その鋭敏なる学術的良心に基いた十分な責任感のもとに、周到なる注意を以てせられた編輯だといふことであります。従つて本叢書の価値と権威とは、両博士の人格と学識とによつて保証せられてゐると云つ

ても過言ではないと思ひます。（中略）小生自身としては、出来得る限り商業主義の精神を離れて、純粋なる動機を以て科学に奉仕し、本叢書企画の精神を必ず発揚する覚悟であります。

寺田と石原が、形式的にではなく、責任をもって編集に携わっていることが強調された文面であり、ここからは、二人に対する茂雄の期待が伝わってくる。この叢書の価値を保証するうえで、寺田と石原の存在は欠かすことのできないものであった。また、岩波文庫を創刊する際に、茂雄は改造社の商業主義を批判することになるが、ここでもその理念が表れている。

「科学叢書」は、第一冊目の石原純『相対性原理』（一九二一年、二円五十銭）以降、一九三三年（昭和八）三月までに八冊、刊行された。一方、「通俗科学叢書」は、第一冊目の石原純『エーテルと相対性原理の話』（一九二一年、一円六十銭）以降、一九三五年（昭和十）十月までに九冊、刊行された。いずれも石原の著作であることから、彼がいかにこの企画に深くかかわっていたかがわかる。

また、「科学叢書」と「通俗科学叢書」の刊行期間には、石原が編集主任をつとめる「岩波講座物理学及び化学」（一九二九～三一年）も刊行された。一九三一年（昭和六）四月には、今日まで継続している雑誌『科学』が創刊されたが、石原純が編集主任に、寺田寅彦が編集者の一人として加わっている。両者は一九三五年（昭和十）四月刊行の『岩波理化学辞典』にも参加しており、二人が岩波書店にいかに貢献していたかがうかがえる。編集顧問に岡田武松《おかだたけまつ》・寺田寅彦・柴田雄次《しばたゆうじ》が、編集に石原純・井上敏《いのうえとし》・玉虫文一《たまむしぶんいち》がそれぞれ参画して刊行されたこの事典は、増補・改訂を重ねながら、現在でもその命脈を保ち続けている。

2 関東大震災と岩波書店

一九二三年(大正十二)九月一日の昼、南関東一円を突如襲った関東大震災で、東京は大きな打撃を受け、岩波書店でも多大な被害が出ることになる。この未曾有の大災害に対して、茂雄はどのように対応したのだろうか。小林勇は、岩波書店で遭遇した大震災とその直後のことを、『一本の道』の中で、次のように回想している。

書店の被災

大正十二年九月一日、午前十一時五十八分。私は神田今川小路にある岩波書店卸部に仲間二人といた。朝から本をとりに来る取次店の人達も一応去って、その時は誰もいなかった。近所の子供が三人遊びに来ていた。その時激しい地震がやってきた。

(中略)

私のいた今川小路という所は、その頃岩波書店のあった神保町から三百米程九段よりである。激震の瞬間私たちは、前庭に飛び出した。凄い物音がし、家は動き壁土が落ちた。私は夢中で、隣家との間に立って倒れないように手をひろげていた。仲間の一人は前の道に飛び出した時、向側の家が倒れたが、うまくその屋根の上へ飛びのったので助かった。

岩波書店卸部の建物は以前質屋で、がっちりしていたから倒れなかったが、近所はほとんど倒壊した。

（中略）

岩波書店の建物も倒れず、傾かずにあった。その中の人達も皆無事で、前の電車通りに出ていた。街は明るい強い陽の中にがらんとして、変に静まり返っている。乗客もなく、乗務員も去ってしまった電車が広い道路にあった。

小林は、大地震の直後には社屋の倒壊はなかったと述べているが、その後発生した火災により、岩波書店も大きな被害にあうことになる。本社社屋・書店部・倉庫が火災により消失し、約八十万円の資産を失ったことは、『岩波書店八十年』にも記されている。

大震災発生時のことについては、岩波書店と程近い東京堂書店の店先で雑誌を立ち読みしていた作家が、その状況を回想している。大震災前に小説「蠅」（『文藝春秋』第一巻五号、一九二三年五月）や「日輪」（『新小説』第二十八巻五号、一九二三年五月）を発表し、文壇で注目されていた横光利一《よこみつりいち》である。横光は、大震災に遭遇し「青年期に死に直面して、もう駄目だと思つたこと」が、自身の「文学の根本」を形作ったと、後年になって、「転換期の文学」と題された講演で述べ、大震災発生時の様子を次のように生々しく語っている。

震災直後の神田大通り

震災の時、私は丁度東京堂の店先きに立つて、雑誌の立読みをしてゐた。（中略）狭い道路で家が建て込んで居て、その家がバタ〳〵と倒れて行く。それと同時に壁土やなんかがもう〳〵と上つて、其の辺は真黒になる。だが上から何が落こつて来るか解らないので、眼を閉ぢる訳にいかない。眼を開いてゐると土ほこりが入つて痛いが、我慢してゐる。其処らに居た人は互ひに獅噛附いて固つてゐる。私はその時これが地震だとは思はなかつた。これは天地が裂けたと思つた。絶対にこれは駄目だ、地球が破滅したと思つた。

（一九三九年六月二十一日、東京帝国大学）

横光は東京堂書店で被災し、その直後、火事になった神田から逃げるために駿河台方面に出て、下宿のある小石川に向かうことになる。横光の回想からは、岩波書店の界隈における大震災発生時の状況の一端がうかがえる。神保町界隈の、震災直後の状況については、当時の写真がその様子を伝えている（図版）。

復興へのメッセージ

岩波書店も関東大震災により大きな被害を受けたが、茂雄は社員の安否と書店の復興に関する情報を、新聞を通じて積極的に発信している。

茂雄は震災からほどなくして、事務所を小石川区小日向水道町の自宅に移して、書店の事業を再開、急速に立て直す。茂雄は社員の安否、着実に復興していく書店の状況、見舞いへの御礼などを、新聞を通じて掲載紙と表現を変えながら、繰り返し発信している。

たとえば、『大阪朝日新聞』一九二三年（大正十二）九月十九日付朝刊に、茂雄は次のような告知を掲載した。

謹告

今回の震災に際し営業に関する諸建物及商品の全部を焼失仕り候へ共店員及家族一同危機を免れて一人の微傷者をも出さざりしは天佑に依ると衷心より感謝仕り居り候一同類焼を免れし自宅に居在候間御安心被下度候

尚当分自宅を仮事務所と相定め鋭意再興に努力仕べく候間何分の御後援奉願候

東京市小石川区小日向水道町九十三

岩波書店

岩波茂雄

ここには、南神保町の店舗が大きな被害に遭い、店舗や商品は焼失したものの、店員や家族が無事で、小石川の自宅を仮事務所として事業を再開しようとする近況が記されている。大震災からまだ三週間に満たない早い段階で、茂雄は大阪の新聞を通じて自社の状況を読者や関係者に伝えようとしていたのである。

そして、大震災から一ヶ月後の『読売新聞』一九二三年（大正十二）十月一日付朝刊には、茂雄の名前で「謝震災御見舞」と題する告知が掲載されている。ここでも店員と家族が無事であることが記され、さらに、茂雄は「帝都復興の大業に参加し赤渾一貫創業十年の昔に立帰りて新文化建設の為め渾身の努力を傾倒し一市民たる責務を全ういたし度存居り候」と、帝都復興のために力を尽くす決意を表明している。茂雄と岩波書店には、多くの励ましの言葉と義援金が届けられたのだろうか、震災見舞いに対する謝辞もここでは述べられている。また、まもなく再開される雑誌『思想』と、十月刊行の鳩山秀夫『日本民法総論　上巻』（一円七十銭）、十一月刊行の高柳賢《たかやなぎけん》三《ぞう》『新法学の基調』（二円八十銭）など、刊行準備を進めている書籍名も具体的に掲げられてい

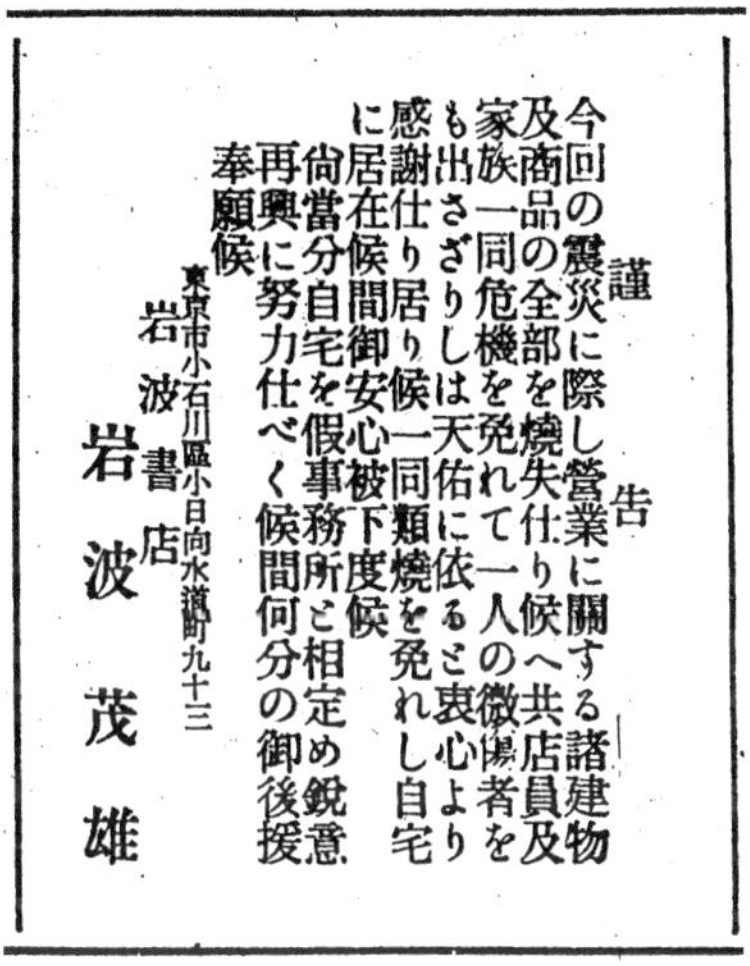
謹告

今回の震災に際し營業に關する諸建物及商品の全部を燒失仕り候へ共店員及家族一同危機を免れて一人の微傷者をも出さざりしは天佑に依ること衷心より感謝仕り居り候一同類燒を免れし自宅に居在候間御安心被下度候

尚當分自宅を假事務所と相定め鋭意再興に努力仕べく候間何分の御後援奉願候

東京市小石川區小日向水道町九十三
岩波書店
岩波茂雄

震災直後の謹告

る。こうした具体的な刊行物に関する報知は、岩波書店の復興が順調に進んでいることを新聞の読者に印象づけただろう。これらの記事からは、着実に回復していく書店の状況が伝わってくる。この『読売新聞』の告知とほぼ同じ内容のものが、『東京朝日新聞』一九二三年（大正十二）十月二日付夕刊にも掲載されている。また、茂雄は被災した書店の状況を伝えるにあたって、実質的な震災特集の『思想』第二十五号（一九二三年十一月）など、雑誌を通じた情報発信も行っていたのである。

『読売新聞』『東京朝日新聞』の告知の翌週には、着実に回復する岩波書店のことが新聞で報じられた。『読売新聞』一九二三年（大正十二）十月十日付朝刊に「出版界復活の魁をする　神田岩波書店」という記事が掲載されている。ここには、「神田神保町の岩波書店では白種ばかり残つた紙型並びに組版中の原稿を第一に活用すべく鋭意努力中である」「目下小石川の岩波氏宅にある事務所を十一月初旬には旧神保町の焼跡に復活して本屋町の存在を明かにするさうだ」と、復興する岩波書店の現状が伝えられていた。

新聞や雑誌に掲載された震災にかかわる文章は、内容の重複が見られるものの、表現や言い回しを毎回変えようとしていたように見える。茂雄は大震災の直後から、新聞をはじめとするマスメディアの特性を踏まえながら、自社の状況を発信しつつ再興に力を注いでいた。その甲斐もあって、岩波書店は同年十一月に、南神保町の焼跡に、仮店舗ではあったものの神田書店街の中でいち早く書店を再開することになるのである。

この間の茂雄の動向は、京都の西田幾多郎から送られた書簡から、その一端をうかがうことができる。大震災後の約一ヶ月後に、西田が茂雄に宛てた書簡には、「いかにも御元気にて復興に御努力の由慶賀の至りに堪へませぬ　又何なりとできるだけ御援助いたします」（一九二三年十月七日）と書かれている。また、その手紙の中では、『善の研究』『芸術と道徳』『意識の問題』『思索と体験』など、かつて岩波書店から刊行された著書の再版について記されている。その後も、西田は再刊される自著の校正や、『思想』への寄稿について、茂雄にたびたび手紙を書き送っている。その作業がひと段落ついた頃に、西田は「震災にて非常の大打撃を受けられながらいろ〳〵御配慮の段御厚誼感謝いたします」（一九二三年十二月十一日）と、被災した茂雄への思いやりを改めて示している。

『思想』震災特集号

岩波書店では、一号の休刊を経て、一九二三年（大正十二）十一月に『思想』第二十五号を刊行した。

この号には次のような「謹告」が掲載されている。

今度の震災につきては一方ならぬ御配慮を忝うし難有奉謝候
店舗倉庫工場悉く焼失仕り候へ共幸に一同危機を脱して一人の微傷者も出さず又震災の一層激甚なる鎌倉にありし家族も皆無事なりしは不思議にも難有き仕合に有之候、此際与へられたる試練を感謝して残存の生を光輝ある帝都建設の大業に捧げ飽くまで堅実なる態度を以て裸一貫創業十年の昔に立帰り新文化建設の為め勇往邁進一市民として渾身の努力を傾倒いたしたく存居り候間今後益御援助を奉願候
敬具

前掲の新聞において繰り返し発信していたように、茂雄はここでも、店員と家族に負傷者が出なかったことに対する喜びと感謝の念を記している。そして、創業十年を記念する年に見舞われた災禍に屈することなく、復興に全力を傾注していくことになる。『思想』の素早い復刊は、それを象徴する出来事であった。

『思想』のこの号は、雑誌として大震災特集号とは銘打ってはいない。しかし、ここには、関東大震災に関する文章が多数寄稿され、実質的な大震災特集となっている。掲載された文章と執筆者は、以下のとおりである。

須田晥次　相模灘大地震の真相
日下部《くさかべ》四郎太《しろうた》　大地震予報之可能性
中村清二《なかむらせいじ》　大地震による火災
中村左衛門太郎《なかむらさえもんたろう》　大地震の惨害を見ての感想
岡田武松　震災雑談
佐野利器《さのとしたか》　地震と建築
藤原咲平《ふじわらさくへい》　地震と火災
佐藤功一《さとうこういち》　民族性と住宅観
内藤多仲《ないとうたちゅう》　建築物と震火災

東京市街地に於ける震度の分布　今村明恒《いまむらあきつね》
大震雑感（前）　長岡半太郎《ながおかはんたろう》
震災関係の心理的現象　三宅雪嶺
震災と都会文化　安倍能成
九月一日　野上豊一郎
認識による征服（断想三章）　茅野蕭々《ちのしょうしょう》
流言蜚語の心理　速水滉
地異印象記　和辻哲郎
一つの経験　篠田英

大震災からわずか一ヶ月しか経ていないにもかかわらず、これだけの執筆者と内容を揃えることができたことには改めて驚かされる。この目次からは、充実した執筆者の陣容で、人文科学と自然科学の研究者が結集した特集になっていることがうかがえる。

3　大震災後の事業

岩波書店では、震災関係の特集を雑誌で組むだけでなく、関連の書物も大震災直後から刊行している。岩波書店はこうした事業を通じて経済的に復興を遂げていったわけではない。社会的意義のある仕事と考えたからこそ、茂雄は、大震災関係の書物の出版を引き受けたのである。

大震災関連の書物の刊行

震災からまもなくして、東京商科大学一橋会編「復興叢書」第一～五輯（一九二三～二四年、各一円）を、続いて、文部省震災予防調査会編『震災予防調査会報告』全六巻（一九二五～二六年）を刊行している。発行所も引き受けた『震災予防調査会報告』は、一九二五年（大正十四）三月刊行の「（甲）地震篇」（五円五十銭）、「（乙）地変及津波篇」（三円五十銭）、「（戊）火災篇」（八円）、一九二六年（大正十五）十月刊行の「（丙）建築物篇（上下二冊）」（三十円）、「（丁）建築物以外ノ工作篇」（十八円）の六冊からなる大きな企画であった。また、一九二六年（大正十五）二月に内務省社会局編纂から刊行された『大正震災志』全四冊の発売所にもなっている。他に、震災から十余年を経て、寺田寅彦他監修『普及講座　防災科学』全六巻（一九三五～三六年、各一円）の企画を刊行しており、震災後はもちろんのこと、後年になっても、震災および防災関係の書籍の刊行を継続していくことになるのである。

大震災による被害のため、廃刊に追い込まれた雑誌や刊行不能となった書籍は少なくなかった。しかし、読者の需要に対して、出版物の供給が追いつかず、出版された書物は、震災直後には一時的に活況を呈していた。また、古書についても同様の状況にあったことは、反町茂雄《そりまちしげお》が『一古書肆の思い出　1　修業時代』（平凡社、一九八六年）の中で、大正の「十二年十、十一月ころから、十三年いっぱい、古本の値段は日に日に値上りしつつ、しかもいくらでも顧客を得られる幸運に恵まれました」と、この時期を「明治初年以来」の「空前の古本ブーム」としていることからもうかがえる。

しかしその後、出版界は厳しい状況に追い込まれていく。そのような関東大震災後の出版界の動向について、小説家・文芸評論家の中村星湖《なかむらせいこ》は、「今年小説界の回顧（一）」（『萬朝報』一九二四年十二月十日）の中で、「人々が震火災に関する詳細な記事を読まうとする欲求に満ちてゐた事と、寄席や活動写真の娯楽機関が無くなつた代りに書籍または雑誌を争つて買つた事」などの原因を指摘していた。それにより、「大震火災直後の出版界の好景気」から、その後出版不況になったというのである。大震災後には新たに発刊される雑誌がある一方、白樺派の機関誌『白樺』のように、刊行準備を進めていたにもかかわらず、大震災のために廃刊となったものもある。突如襲った大震災が、雑誌の新旧交代を促し、メディア環境の変化をも後押しすることになる。しかし、そのような状況にあって、岩波書店は社屋の被災に見舞われながらも、順調に事業を立て直していったのである。

大震災後の出版点数の増加

大震災後、岩波書店は様々な全集や叢書の刊行を開始する。一九二六年（大正十五）十月から刊行開始となる『カント著作集』全十八巻は、大震災からわずか三ヶ月後の一九二三年（大正十二）十二月には企画されていた。一七二四年に生まれ一八〇四年に没したドイツの哲学者・思想家、イマヌエル・カントの生誕二百年を記念したこの著作集の出版は、岩波書店の大きな事業の一つであった。

大震災の翌年の一九二四年（大正十三）に限ってみても、岩波書店は重要な出版企画を実行に移している。三月には『ストリントベルク全集』全十巻が、六月からは第三次『漱石全集』と「美術叢書」、八月には「音楽叢書」、十一月には「哲学古典叢書」がそれぞれ刊行開始となった。大震災後一年も経過しない間に、全集と叢書の刊行が次々にはじまっている。被災した出版社とは思えないほどに、岩波書店の回復は急速であった。こうした全集や叢書とともに、単行本の刊行も少なくなかった。一九四〇年（昭和十五）に「津田事件」で茂雄とともに起訴されることになる津田左右吉《つだそうきち》の『神代史の研究』（一九二四年、三円五十銭）と『古事記及日本書紀の研究』（一九二四年、四円）も、この年に出版されたのである。

かくして、震災の翌年には、岩波書店から刊行される新刊本の発行点数は飛躍的に増えていった。それは、茂雄の没する一九四六年（昭和二十一）までの発行点数を示した次頁のグラフからもうかがえる。創業から十年の間は、出版点数は多い年でも約四十点であり、大震災の年には二十七点であった。それが、大震災の翌年の一九二四年（大正十三）には八十点へと、飛躍的に増加している。大震災後の一時的な好況から、多くの出版社の状況は悪くなっていくものの、岩波書店の一九二五年（大正十四）、一九二六年（大正十五）の出版点数は、増加傾向を示している。また、「哲学叢書」をはじめとする既刊の売れ行きも、岩波書店の安定に少なからず貢献したであろう。そして、岩波文庫創刊の

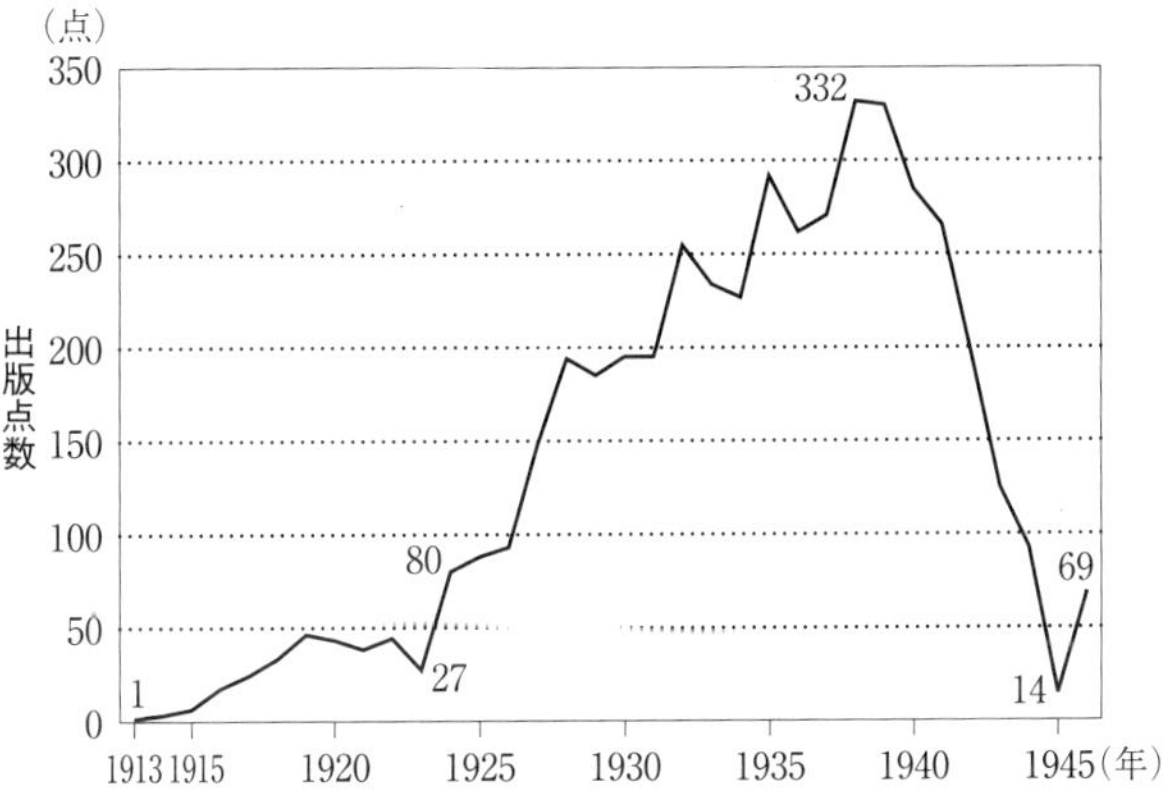

新刊本の出版点数の推移（岩波書店）

一九二七年（昭和二）にはさらに出版点数が増えていることも、このグラフからは明らかとなってくるのである。

しかし、出版点数が増加したからといって、出版の事業が順調であったわけではない。たとえば、安倍能成は『岩波茂雄伝』の中で、一九二四年（大正十三）と一九二五年（大正十四）には、多くの返品があり、今川小路の大きな倉庫が満杯になったと述べていた。また、小林勇も『惜櫟荘主人――一つの岩波茂雄伝』の中で、一九二六年（大正十五）は二万七千円を超える赤字になったと証言している。山本芳明が『カネと文学――日本近代文学の経済史』（新潮社、二〇一三年）で指摘しているように、一九二四年（大正十三）から大正時代の終わりにかけて、出版界全体が経済的に厳しい状況にあり、岩波書店も例外ではなかった。

ただし、出版界全体が厳しい状況下にあって、岩波書店の経済状況が相対的には悪くなかったことは、茂雄が多額納税者となった事実から想像される。一九二五年

（大正十四）七月、茂雄は多額納税者となったことで、府下の上院議員となる資格を得た。二百名の多額納税者の中に、出版界の七名が名を連ねることになったのである。『読売新聞』一九二五年（大正十四）七月二十四日付朝刊では、「出版界から上院議員　互選資格七名」というタイトルの記事が掲載され、「府下多額納税議員互選資格者二百名の中現に出版事業に直接たづさわつている者」七名が、以下のように紹介されている（「数字は円を単位とする納税額」）。

講談社	三五、〇九七	野間清治《のませいじ》
新潮社	一五、一七八	佐藤義亮《さとうぎりょう》
岩波書店	七、七八八	岩波茂雄
中央公論社	五、二二一	麻田駒之助《あさだこまのすけ》
国際情報社	五、一一六	石原俊明《いしはらしゅんめい》
目黒書店	五、〇五一	目黒甚七《めぐろじんしち》
三省堂	四、五一二	亀井忠一《かめいただかず》

講談社の野間清治、そして新潮社の佐藤義亮についで、岩波茂雄の名前があがっているところから、当時の出版社をめぐる状況の一端がうかがえる。講談社の野間の納税額が群を抜いているのは、一九二四年（大正十三）十一月創刊の大衆雑誌『キング』の成功によるところが大きい。『キング』創刊号

は五十万部を発行し、七十四万部を超える増刷となり、大きな成功を収めた。その後、昭和時代に入り、『キング』の発行部数は百万部となる。講談社の野間、新潮社の佐藤には及ばないにしても、茂雄は創業から十余年で、明治時代から続く中央公論の麻田を、納税額においては凌ぐことになった。こうした納税額からわかるのは、出版界が厳しい時代を迎えた中にあって、岩波書店が他の出版社と比べて、相対的には、経営状況が悪くはなかっただろうことである。しかし、岩波書店の本格的な展開は、数年後に実現する岩波文庫創刊を待つことになる。

宮澤賢治からの書簡

大正時代の後期に岩波書店が憧れの出版社となっていたことは、一人の地方の青年が茂雄に書き送った熱烈な書簡からうかがえる。その青年とは、当時まだ無名の詩人であった宮澤賢治《みやざわけんじ》である。一九二五年（大正十四）十二月二十日に、賢治は面識のない茂雄に、自分の本と岩波書店の書籍の交換を促す手紙を書いている。原稿用紙二枚の両面にわたって、ブルーブラックインクのペンで認《したた》められた文面の一部は次のとおりである。

わたくしは渇いたやうに勉強したいのです。貪るやうに読みたいのです。もしもあの田舎くさい売れないわたくしの本とあなたがお出しになる哲学や心理学の立派な著述とを幾冊でもお取り換へ下さいますならわたくしの感謝は申しあげられません。わたくしの方は二・四円の定価ですが一冊八十戔で沢山です。あなたの方のは勿論定価でかまひません。
粗雑なこのわたくしの手紙で気持ちを悪くなさいましたらご返事は下さらなくてもようございます。

こんどは別紙のやうな謄写刷で自分で一冊こさえます。い、紙をつかってじぶんですきなやうに綴ぢたらそれでもやっぱり読んでくれる人もあるかと考へます。

茂雄宛の手紙を書いた時、賢治は三十歳。一九二一年（大正十）には、東京での滞在を終えて、故郷の花巻に戻っていた。この手紙は、地方の無名の文学青年から、東京の憧れの出版社の主人に宛てて郵送されたものであった。

「田舎くさい売れないわたくしの本」とあるのは、前年の一九二四年（大正十三）四月刊行の詩集『春と修羅――心象スケッチ』（関根書店、二円四十銭）と、同年十二月刊行の童話集『注文の多い料理店――イーハトヴ童話』（杜陵出版部・東京光源社、一円六十銭）と思われる。自著を三分の一の価格で交換すると提案する賢治の目には、岩波書店の書籍はよほど魅力的に映じたに違いない。「あなたの方のは勿論定価で」と書いているところからは、賢治が茂雄の定価販売の理念を理解していたように思われる。

ここに記されている賢治の勉強欲は、手紙を書いた一九二五年（大正十四）十二月の出来事と少なからずかかわる。賢治はこの時期、早坂一郎《はやさかいちろう》・東北帝国大学教授の、クルミの古種のバタグルミ化石の学術調査に協力していた。翌年発表の早坂教授の学術論文には賢治への謝辞が記されており、この体験が研究への渇望を促すことになったことが想像される。

大正時代の岩波書店は、哲学書の出版を重視し、この分野に強い出版社と世間では見られていた。

「哲学や心理学の立派な著述」と記された賢治の書簡からは、岩波書店刊行の書物、とりわけ哲学と心理学に関連する書籍を気に入っていたことが明らかとなる。書簡の中に「哲学」について言及があるのは、岩波書店の得意とする分野が、この時期には地方にも浸透していたことを物語っている。一九一五年（大正十四）十月からはじまった「哲学叢書」、一九二一年（大正十）九月創刊の『思想』など、「哲学」に関連する多数の著書や雑誌が、既に刊行されていた。

手紙に「哲学や心理学の立派な著述」と記しているところからは、賢治が岩波書店の刊行物の特色を正確に言い当てていたことがわかる。一方、哲学や心理学に対する賢治の強い関心が、岩波書店主に熱烈な手紙を書かしめたに違いない。また、賢治は心理学についても言及していたが、岩波書店からは、「哲学叢書」の高橋穣『心理学』（一九一七年）などの著作が刊行されており、賢治の手紙からは、地方の青年の岩波書店への憧れを垣間見ることができる。それと同時に、その出版社から刊行されたどのような書物に関心を持っていたかがうかがえて興味深い。

一通の手紙を介しての、茂雄と賢治とのかかわりは興味深い。二十代後半の地方青年である賢治が、東京で出版業を営む四十代の壮年がつくった書物を手にし、憧れている書肆に自著と交換して欲しいと丁重な文面で認めた手紙。まだ無名であった賢治の手紙からは、東京の出版社が発信する知の権威が看取される。その一方でここには、本と手紙を介して、世代と地域を超えて知的交流が行われていたことも映し出されている。なお、茂雄宛賢治書簡については、栗原敦「岩波茂雄あて賢治書簡・異論」（『賢治研究』第七十号、一九九六年八月）が参考となる。

出版社の矜持——柳田國男への反論

茂雄は出版の仕事を文化的事業と考え、書肆としての誇りを持っていた。それだけに、あらぬ誤解をされた時には、他の書き手の文章への批判というかたちをとることもあった。彼は出版の仕事への矜持を持っていただけに、これを傷つけられた時には、相手がだれであっても厳しく反論することがあったのである。

たとえば、『東京朝日新聞』一九二六年（大正十五）十二月七日付朝刊の「鉄箒」欄に茂雄が寄稿した、「『けちな悪人』について——柳田國男氏に」という文章にその一端がうかがえる。これは、同じ『東京朝日新聞』一九二六年（大正十五）十二月二日付朝刊の「鉄箒」欄に掲載された、柳《やなぎ》田《た》國男《くにお》「けちな悪人」という文章に対する反論である。

柳田は「けちな悪人」という文章の中で、献本を出版社に依頼したにもかかわらず、それが届かなかったことを批判し、次のように書いている。茂雄の批判に関連する部分のみ抜粋する。

◇この一年足らずの間に、五六回も同じ事があつたので、始めて心づいた。

◇本を書いた人から手紙がくる。小著何々、右発行所より送るから読んでくれとある。さうして終《つひ》にその本は届かない。そのうちに忘れてしまふ。著者に逢《あ》つても思ひださぬこともある。ひどい人だと思はれて居る。本は即《すなは》ち発行所がごまかすのである。

◇自分などは、著書は一冊づゝ摩《さす》つてから人に送る位に大切にしてゐる故に、必ず入用だけは手元へ取寄せて、家の者に発送してもらふが、その場合にさへ三分の一は、受取つたといふ葉書の返事も無い。本屋はこの悪癖をよく知つて居て、つまり送つた顔をしてサバを読むのだ。ばれたら多分郵便局のせゐにするのだらう。

柳田はこの文章の中で、著者が献本の依頼をしても相手先に届かないことの多くは、出版社が送付する本の部数をごまかしているからと難じている。柳田の文章を出版社に対する誤解に基づく暴言と受けとめて、茂雄はすぐに同じ新聞の同一枠において反論を展開した。茂雄の文章は、柳田の「けちな悪人」が新聞に掲載されてから五日後であったことから、彼がすぐさま反論を書いただろうことが想像される。茂雄の反論を以下に全文引用する。

◇著者が本屋から贈らせるといつた本が一年足らずの間に五六回も届かなかつたというてこの事実を精確に取調べず直に「本は即ち発行所がごまかすのである」と断ぜられたとしたならば甚だしき暴言である。

◇届かぬにも本屋が混雑のため忘れる事もあらうし、著者が本屋にいふ事を忘れる事もないとは限らない。又本屋気付にて礼状の来たのを著者に回送するを取落す事もある。又届けろといふ著者の要求に無理があつて、届けぬ本屋の方に理由のある事もあらう。これ等の色々の場合を考へずたゞ本屋を悪いものにして「送つた顔をしてサバを読むのだ。ばれたら多分郵便局のせゐにするのだらう」などと推断するこそけちな考へ方ではあるまいか。

◇著者に寄贈すべき本を本屋が全部ごまかしたとて何程の利得でもあるまいし、契約以外の寄贈本代は当然著者に請求出来るから届ける事の多い程本屋の利益ともなる。どう考へても届くべき本を届けず届けた顔をして居るといふ事は、私は考へられない。試みに貴下が遭遇した五六回の不着事実につきそれ〴〵詳細に取調べて御覧なさい。必ずや他の理由を発見するでせう。
◇私は多くの本屋のうち一人の不心得者がないと断ずるのではないが、事実の取調もせずして身分ある人がみだりに本屋を悪物呼ばはりするとしたならばこれはきゝずてにすべきでないと同業のため一言弁じて置く。その他の一般的御感想は至極同感です。

茂雄の批判は、柳田に対する配慮を末尾に示しつつも、根拠もなく出版社を難じた点に向けられていた。すなわち、寄贈本が届かないのには様々な理由があるにもかかわらず、柳田が「本は即ち発行所がごまかすのである」と断じたことに対して、茂雄は率直な批判を展開した。柳田の指摘は岩波書店から出版された書籍に対するものではなかったが、茂雄が出版界全体にかかわることと受けとめ、出版人の矜持にかけて反論をしているのである。ここからは、出版人の誇りを傷つけられた際には、相手が著名人や社会的地位のある者であっても、いうべきことはいう態度をとる、茂雄の心意気がうかがえる。

単行本の最初の発禁処分
——倉田百三『赤い霊魂』

メディア規制が厳しくなっていく大正時代後期に、岩波書店の出版物も内務省の検閲の対象となっていた。既に雑誌『思想』第七号（一九二二年四月）は、中勘助の小説「犬」が風俗壊乱にあたるという理由から発禁処分になっていたが、一九二六年（大正十五）十一月には、倉田百三の戯曲集『赤い霊魂』（二円五十銭）が岩波書店刊行の単行本で最初に発禁処分を受けることになる。

倉田のそれまでの著作に特徴的な生命主義に、階級闘争のテーマが加味されたこの戯曲は、雑誌『改造』に掲載された時に検閲の対象になっていた。「赤い霊魂」は、『改造』の第八巻一号（一九二六年一月）、四号（四月）、五号（五月）、八号（七月）に掲載されたが、藤森成吉《ふじもりせいきち》「犠牲」も掲載された七月号が発売頒布禁止となっている。藤森の「犠牲」は「創作中で姦夫に擬せられしものを賞讃したのは我国の良風美俗を紊るもの」であり、倉田の「赤い霊魂」は「暴力肯定の辞があつた」ことから発禁処分になったことが、『改造』一九二六年（大正十五）七月号の「編輯後記」に記されている。

『赤い霊魂』が発売禁止になったのは、治安維持法が公布・施行された翌年であった。明治時代に施行された出版法（一八九三年公布）・新聞紙法（一九〇九年公布）に基づき、内務省は活字メディアに対する検閲を実施していた。ここで規制の対象になったのは、「安寧秩序ヲ妨害」「風俗ヲ壊乱」する表現であった。内務省警保局図書課によって安寧秩序紊乱・風俗壊乱にあたると判断された出版物は、発売・頒布を禁止されることもあったが、多くの場合、その段階に至る前に、出版社による自己検閲が行われていた。出版社での自己検閲は、著者が書いた原稿を編集者がチェックし、安寧秩序紊乱・風俗壊乱に該当すると思われる表現を伏字にしていた。その際、検閲官に内閲を求める場合もあった。伏字には、「××」「、、」「……」などの記号が用いられたり、（＊字削除）などのように、削除字数が示された。こうした自己検閲による伏字は、内務省の検閲下における出版社が、発禁処分を回避しようとするために講じたものであり、検閲の実施を明示するものであった。一九二五年（大正十四）に治安維持法が公布・施行されて以降、表現する側と検閲する側のせめぎあいはより顕著になっていく。倉田百三の著作は、まさしく治安維持法の公布・施行の翌年に、「安寧秩序ヲ妨害」により発禁処分となっていたのである。

また、倉田百三の『赤い霊魂』がメディア規制の対象となったのは、この時期の彼の著作が、検閲の対象となる要素を有するようになっていたからであった。紅野謙介《こうのけんすけ》が『検閲と文学――1920年代の攻防』（河出書房新社、二〇〇九年）の中で指摘しているように、大震災時の自身の判断ミスに苛まれ、労働運動に身を投じた息子を持つ警察署長が自死する戯曲「或る警察署長の死」（『改造』第七巻九号、一九二五年九月）がその一つである。「赤い霊魂」の前年に発表されたこの戯曲は、斎藤昌三《さいとうしょうぞう》『現代筆禍文献大年表』（粋古堂書店、一九三二年）、図書週報編集部編『明治大正発売禁止書目』（古典社、一九三二年）によると、「安寧秩序ヲ妨害」をする理由から、掲載誌は発売頒布禁止処分を受けている。

このように、倉田の『改造』に掲載された戯曲は、続けて検閲の対象となっていた。『改造』に掲載された「赤い霊魂」の末尾が検閲の対象となっており、それを含む単行本が発売禁止になる可能性は十分にあっただろう。しかし、茂雄はあえて倉田の著作を出版している。その理由は詳《つまび》らかではないが、『赤い霊魂』以前に岩波書店から刊行された倉田の著作の中には、大ベストセラーになった

『出家とその弟子』（一九一七年、一円）、『愛と認識との出発』（一九二一年、二円）があった。『出家とその弟子』『愛と認識との出発』以外にも、『赤い霊魂』以前に出版された岩波書店の著作は少なくなく、『歌はぬ人』（一九二〇年、一円五十銭）、『父の心配』（一九二二年、一円五十銭）、『標立つ道』（一九二五年、二円）、『一夫一婦か自由恋愛か』（一九二六年、八十銭）が刊行されている。

倉田の『赤い霊魂』以降、岩波書店の出版物の点数は、昭和時代に入って増加していくことになり、また、メディア規制が厳しくなっていくことで、検閲の対象となる書籍も増えていったのである。

コラム4　大震災後の茂雄のエッセイ

茂雄は書店が軌道に乗りはじめた頃から、新聞や雑誌に寄稿するようになる。以下に引用する、関東大震災の翌年の『東京朝日新聞』に掲載された二編のエッセイもそれにあたる。安倍能成は『岩波茂雄伝』の中で、この新聞を「昔からひいきで愛読していたが、戦争時代にはこれに対して大きな不満も注文も持っていた」と書いている。漱石の影響もあってか、『東京朝日新聞』への寄稿や広告の掲載は多く見られる。

以下に二編のエッセイの全文を掲げる。

まず、一九二四年（大正十三）二月七日付朝刊に掲載された「最近の感想――五千円附勧業債権」である。

五千円附勧業債権が又々募集されて居る事を私は遺憾に思ふ。五千円を餌食として債権を募集する勧銀の心掛けも善くないし又之を目がけて応募する者の心事も美しくない。たゞでさへ増長する許りなる人々の射倖心は天下晴れてのかゝる挙によりて、どれ程助長せられるであらう。寒心の至りである。賭博を禁ずる国法の精神より考へても又質実の気風を奨励せらるゝ御詔書の意を体してもかゝる募集方法は当然即時廃止さるべきではあるまいか。思想の善導も悪くはないが、かゝる不真面目なる事を禁止して後に云ふべきである。父祖の勲功に或は空官空職に徒食する者多き現代の日本は「働かざるもの食らふべからず」の労農露西亜に勤労の美風を学ばねばなるまい。

このエッセイには、労働に対する茂雄の考え方が表れている。それは、「低く暮らし、高く想ふ」に裏打ちされたものであった。

続いて、一九二四年（大正十三）十月二十一日朝刊に掲載された「探してゐるもの――富士を見る場所」は、富士山についての感想である。

　私は日本に生れたる幸福を不二山に見出す程不二山の愛好者であり、讃美者であります。彼女は彼女を愛する私の心を裏切る事なく無限の慰藉と不断の奨励とを私に与へてくれます。私は不二山が地上に゛そしてそれが日本に恵まれてある事につき未だ曾て感謝の心を失つた事はありません。
　それで多年此霊山を見る最適当の場所を探し求めて居ります。今日まで多少自信ある所を知るを得ましたが尚知らざる所に於て更によりよき所があつたらそれを知りたいのです。上空の場所は飛行機の発達する時期まで保留するとしてさしむき歩いて行き得る地点に於て同行者の体験せる最善の場所につき教へを仰ぎたいと思ひます。

　このエッセイには、山岳を好んだ彼の日本の最高峰を愛でる思いが表れている。茂雄の富士山の憧れについて、『日本読書新聞』一九四六年（昭和二十一）三月二十一日～五月十一日に掲載された「回顧三十年」（『茂雄遺文抄』）の中で、神田高等女学校を辞した後に、「晴耕雨読の生活を富士山の麓で送らうと場所まで心に思ひ定めた」と述べていたことからもうかがえる。また、茂雄の登山好きによるものと思われるが、創業から三年後には、矢沢米三郎《やざわよねさぶろう》・河野《こうの》齢蔵《れいぞう》『日本アルプス登山案内』（一九一六年、一円）のような書籍も刊行している。

　茂雄はこの時、東京の麹町区富士見町に居住していたが、それは神田区南神保町の岩波書店に近いからばかりでなく、富士山を望めることにちなんだ町名に惹かれたことも作用していたのかもしれない。

　タイプの異なるこの二つのエッセイからは、茂雄の人柄の一面を垣間見ることができる。

第四章　岩波文庫の創刊と理想の全集の模索

1　岩波文庫の創刊――「円本」への批判の両義性

「読書子に寄す」と三木清

一九二六年（大正十五）十二月二十五日をもって「大正」が終わり、翌日の二十六日から「昭和」に改元された。その一週間後からはじまる昭和二年に、茂雄は日本出版史上に残る、ある企画を実現することになる。ドイツのレクラム百科文庫にヒントを得て、一九二七年（昭和二）七月十日に創刊された岩波文庫である。一八六七年されたレクラム百科文庫は、文学・哲学・自然科学・社会科学など幅広いジャンルの本を廉価で販売することによって普及し、ドイツの国民文化の教養を形作るのに大きく貢献した。このシリーズは、明治時代の日本でも普及しており、茂雄も学生時代にこれに親しんだ。彼は、日本の国民を涵養するために、レクラム百科文庫にならって厳選した内容の廉価版の書物の刊行を目論んだのである。

岩波文庫刊行に際しては、茂雄の名前で、「読書子に寄す――岩波文庫発刊に際して」が巻末に掲載されている。この文章は、三木清が草案を作成し、茂雄が入念に手を加えて、まとめられたものとされる。

三木は、京都帝国大学で西田幾多郎に師事し、その後、一九二二年（大正十一）から一九二五年（大正十四）までドイツに留学していた。その間、茂雄は、波多野精一の推薦もあって、三木に経済的援助をしていた。ドイツに留学中の三木から茂雄への書簡については、『岩波茂雄への手紙』（岩波書店、二〇〇三年）にまとまって収録されている。関東大震災をはさんで、一九二三年（大正十二）から一九二五年（大正十四）にかけて茂雄に書き送った手紙には、留学の費用を送ってくれる茂雄への感謝に加え、受講するセミナーや講義、執筆原稿のことなどが記されていて興味深い。三木はドイツから帰国後、一九二七年（昭和二）に法政大学教授に就任した。三木は、東京に住むようになってから、岩波書店の出版活動に協力し、多くの企画にかかわることになる。岩波文庫・岩波新書をはじめ、岩波講座や叢書などの多くの企画・編集に携わることになり、また、自らも岩波書店から、『パスカルに於ける人間の研究』（一九二六年、二円二十銭）、『唯物史観と現代の意識』（一九二八年、一円六十銭）、『史的観念論の諸問題』（一九二九年、二円）以降、多数の著作を刊行している。

この「読書子に寄す」は、新仮名遣いに改められ、現在刊行の岩波文庫にも掲載されている。この文章からは、岩波文庫の理念がうかがえると同時に、一九二七年（昭和二）の日本の出版界を取り巻く状況が浮かび上がってくる。以下に全文を引用する。

真理は万人によって求められることを自ら欲し、芸術は万人によって愛されることを自ら望む。かつては民を愚昧ならしめるために学芸が最も狭き堂宇に閉鎖されたことがあった。今や知識と美とを特権階級の独占より奪い返すことはつねに進取的なる民衆の切実なる要求である。岩波文庫はこの要求に応じそれに励まされて生まれた。それは生命ある不朽の書を少数者の書斎と研究室とより解放して街頭にくまなく立たしめ民衆に伍せしめるであろう。近時大量生産予約出版の流行を見る。その広告宣伝の狂態はしばらくおくも、後代にのこすと誇称する全集がその編集に万全の用意をなしたるか。千古の典籍の翻訳企図に敬虔の態度を欠かざりしか。さらに分売を許さず読者を繋縛して数十冊を強うるがごとき、はたしてその揚言する学芸解放のゆえんなりや。吾人は天下の名士の声に和してこれを推挙するに躊躇するものである。このときにあたって、岩波書店は自己の責務のいよいよ重大なるを思い、従来の方針の徹底を期するため、すでに十数年以前より志して来た計画を慎重審議この際断然実行することにした。吾人は範をかのレクラム文庫にとり、古今東西にわたって文芸・哲学・社会科学・自然科学等種類のいかんを問わず、いやしくも万人の必読すべき真の古典的価値ある書をきわめて簡易なる形式において逐次刊行し、あらゆる人間に須要なる生活向上の資料、生活批判の原理を提供せんと欲する。この文庫は予約出版の方法を排したるがゆえに、読者は自己の欲する時に自己の欲する書物を各個に自由に選択することができる。携帯に便にして価格の低きを最主とするがゆえに、外観を顧みざるも内容に至っては厳選最も力を尽くし、従来の岩波出版物の特色をますます発揮せしめようとする。この計画たるや世間の一時の投機的なるものと異なり、永遠の事業として吾人は微力を傾倒し、あらゆる犠牲を忍んで今後永久に継続発展せしめ、もって文庫の使命を遺憾なく果たさしめることを期する。芸術を愛し知識を求むる士の自ら選んでこの挙に参加し、希望と忠言とを寄せられることは吾人の熱望するところである。その性質上経済的には最も困難多きこの事業にあえて当たらんとする吾人の志を諒として、その達成のため世の読書子とのうるわしき共同を期待する。

昭和二年七月

一九二七年（昭和二）発表の「読書子に寄す」は、一九三〇年代に書かれたヴァルター・ベンヤミンの『複製技術時代の芸術』（一九三五年）における「アウラ」の議論を想起させる。「アウラ」（aura）とは、芸術に宿る霊的な雰囲気であるが、複製技術時代の芸術ではそれが喪失することをベンヤミンは指摘していた。「読書子に寄す」は、ベンヤミンの議論を踏まえて書かれているわけではない。しかし、新しい出版企画を展開しようとする際に、三木と茂雄が、二十世紀の複製芸術の時代を肌で感じ、それがベンヤミンの議論と呼応することになったのである。

改造社の「円本」に対する批判

「読書子に寄す」で批判の対象としてあげられているのは、一九二六年（大正十五）十二月から刊行開始となった改造社の『現代日本文学全集』である。一冊一円のいわゆる「円本」ブームの火付け役となったこの文学全集は、分売不可で、予約出版であった。廉価・薄利多売を編集方針とし、定期購読を原則とするこの全集の成功は、経営状態の良くなかった改造社の状況を一新した。この成功にともない、改造社は総合雑誌『改造』の誌面改革を断行、続いて、創刊十周年記念の懸賞小説（一九二八年）ならびに懸賞文芸評論（一九二九年）と、次々に新たな事業を展開する。改造社と『改造』は、大正から昭和への転換期に文学事業に力を注ぐことで、飛躍的な発展を遂げていく。同業者である新潮社社長の佐藤義亮に「投機的な出版」と言わしめた山本実《やまもとさね》彦《ひこ》社長の経営・編集戦略がひとまず成功を収めることになった。茂雄は、この山本と改造社の経営に対しては批判的であった。

しかし、茂雄は「読書子に寄す」で改造社を批判しているものの、岩波文庫と『現代日本文学全集』は、廉価な書物を通じて知を広く民衆に伝えるべく企画されており、共通する点が少なくない。改造社の「円本」と岩波文庫はいずれも、本の大量生産・大量消費を促進させることになった点では呼応する。また、改造社をこのように批判してはいるものの、発想では類似する点がある。岩波自身も改造社社長の山本実彦を好敵手と目し、廉価版全集の企画で出し抜かれたと見ていた側面があった。

山本実彦

「円本」と岩波文庫はいずれも、廉価な書物を介して知を広く市民に解放しようとした点において、相通じるところがあった。それだけに、茂雄は改造社と「円本」を強く意識することになったのである。

昭和初年代の廉価出版の象徴的な存在である、いわゆる「円本」に対する批評意識は、岩波文庫の創刊とも深くかかわっていた。「近時大量生産予約出版」の「全集」の「広告宣伝」、あるいは「分売」を不可とする販売方法に対する茂雄の批判が、「読書子に寄す」には明確に表れている。それと同時に、出版内容を重視する編集の理念についても述べられている。茂雄は、ほぼ同じ時期に企画された、『芥川龍之介全集』や普及版『漱石全集』全二十巻の場合と同様に、廉価であっても、書物の内容と質を落とすことなく出版する理念を重視していた。しかし、茂雄の「岩波文庫論」(『東京帝国大学新聞』一九三八年九月十九日付、『茂雄遺文抄』)の中では、より具体的に批判を展開している。茂雄はここで、円本の流行によって「学芸が一般に普及した功績」があったことを認めながらも、「特に編輯、翻訳、普及の方法などに甚だ遺憾の点のあつたことはこばむことは出来ない」と記していたのである。

「円本」と岩波書店を関連づけた同時代の考察に、評論家の大宅壮一の文章がある。大宅は「円本」時代の茂雄と岩波書店について、後年、「現代出版資本家総評」(『日本評論』第十一巻三号、一九三六年三月)の中で次のように評していた。

岩波が今日までアカデミツクな特殊性を固執してきたといふことは、その文化的意義はとにかくとして、岩波自身の営業政策として賢明であつたと思ふ。かの円本時代に、各社が競つて通俗物の大量生産で巨利を博さうとあせつた頃にも、岩波だけはその時流にまきこまれないで、格をくづさなかつたのをみても、岩波のアカデミズムは単なる営業上のカムフラージ以上のものであることがわかる。(中略)アカデミズムそのものが、アカデミズムにはひどく嫌はれてゐるヂャーナリズムにとつて、非常に大切なお得意になるわけだ。そのコツをうまく攫んで成功したのが岩波である。

茂雄と岩波書店についての大宅の指摘は、正鵠を射ている。経済を優先する市場の論理とは一線を画し、アカデミズムを堅持することによって、かえって、市場における価値を持つことになる。常に学術的であろうとすることによって維持される岩波書店の商品性は、大宅のこの文章が発表される一九三〇年代半ばはもとより、現在に至るまで堅持されていくことになる。

岩波文庫創刊時の顔ぶれ

岩波文庫の創刊時には、どのような著者の書物が刊行されたのであろうか。一九二七年（昭和二年）七月十日の最初の出版では、次の二十二冊が発売開始となった。創刊時の顔ぶれからは、日本の近代文学と外国文学の翻訳が多数を占めていたことがわかってくる。外国文学の翻訳では、茂雄が青年時代に愛読したトルストイの作品が多い。

一茶作・荻原井泉水校訂『おらが春・我春集』二十銭
正岡子規《まさおかしき》『病牀六尺』四十銭
正岡子規『仰臥漫録』四十銭
夏目漱石『こゝろ』四十銭
幸田露伴『五重塔』二十銭
島崎藤村《しまざきとうそん》編『北村透谷集』四十銭

国木田独歩《くにきだどっぽ》『号外　他六篇』二十銭

樋口一葉《ひぐちいちよう》『にごりえ・たけくらべ』二十銭

島崎藤村自選『藤村詩抄』四十銭

武者小路実篤『幸福者』四十銭

倉田百三『出家とその弟子』四十銭

レッシング（大庭米治郎《おおばよねじろう》訳）『賢者ナータン』四十銭

トルストイ（米川正夫《よねかわまさお》訳）『戦争と平和　第一巻』一円

トルストイ（米川正夫訳）『闇の力』二十銭

トルストイ（米川正夫訳）『生ける屍』二十銭

チェーホフ（米川正夫訳）『伯父ワーニャ』二十銭

チェーホフ（米川正夫訳）『桜の園』二十銭

ストリントベルク（小宮豊隆訳）『父』二十銭

ストリントベルク（茅野蕭々訳）『令嬢ユリェ』二十銭

プラトン（久保勉・阿部次郎訳）『プラトン　ソクラテスの弁明・クリトン』二十銭

リッケルト（山内得立《やまうちとくりゅう》訳）『認識の対象』六十銭

ポアンカレ（田辺元訳）『科学の価値』四十銭

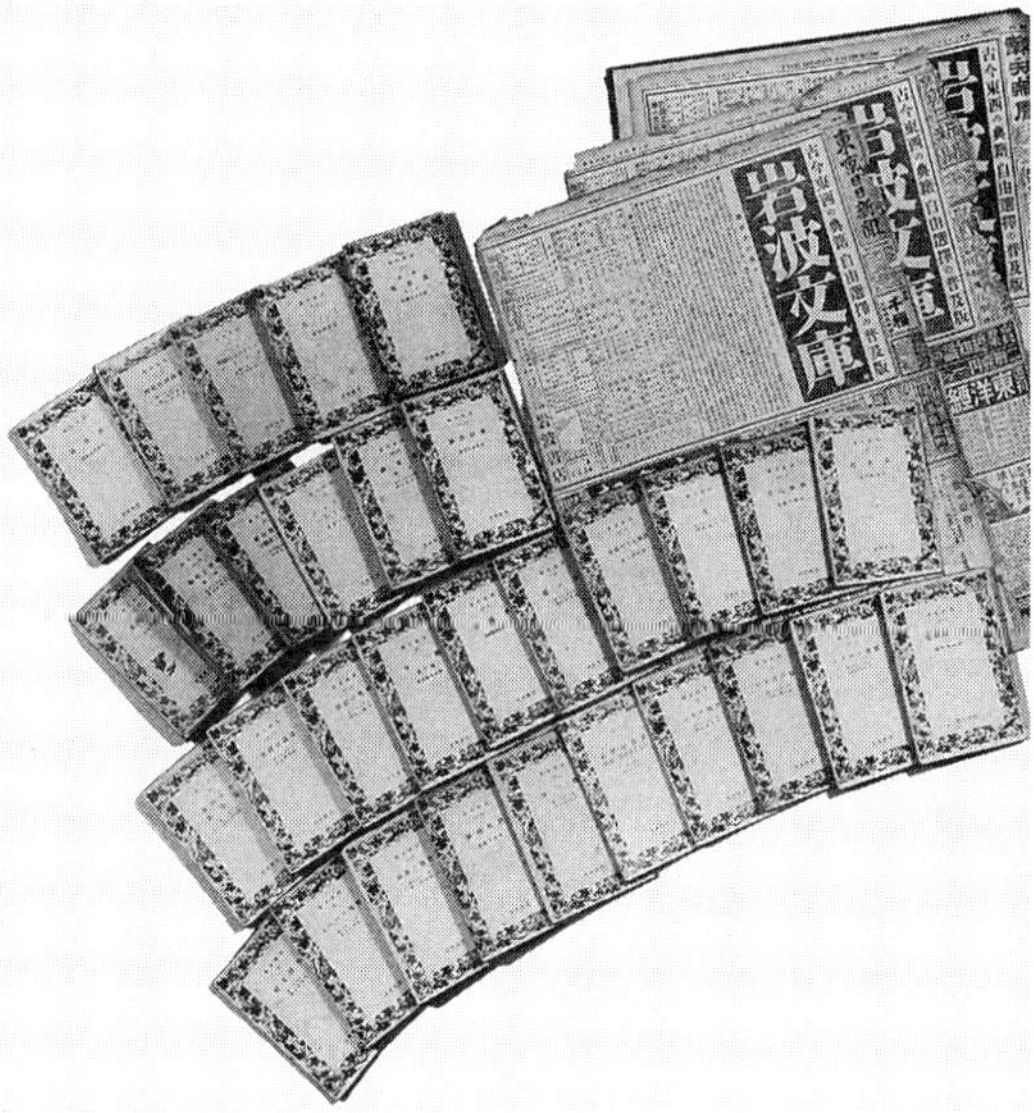

岩波文庫創刊

岩波文庫創刊時の物価（1927年）

コーヒー	10銭（東京の喫茶店での一杯）
カレーライス	10～12銭（都心の「並」一皿）
食パン	17銭（一斤）
ガソリン	18銭（東京のガソリンスタンドでの１リットル）
理髪料金	50銭（東京における大人の調髪平均料金）
金	１円37銭（１グラム）
銀行の初任給	70円（大卒の都市銀行の共通水準）
大学の授業料	140円（慶應義塾大学文科系の１年分）

判型は菊半裁（一一〇×一五二ミリメートル）で、頁数に応じて「＊」の数を増やし、価格を累進する方式をとっていた。たとえば、「＊＊」は四十銭、「＊＊＊」は六十銭であった。装丁は平福百穂が担当し、正倉院御物の古鏡の模様を墨で写したものを用いている。平福は、『豫譲』（一九一七年）、『荒磯』（一九二六年）などの絵画で知られる日本画家である。岩波文庫の装丁については、作家の林《はやし》芙美子《ふみこ》が、その創刊から十年後、「『装幀』感」（『東京朝日新聞』一九三七年二月十五日付朝刊）の中で、次のように高く評価していた。「私は装幀として一番好きなのは岩波文庫である。小型で装幀が単純で持ち運びに便利だと云ふことや、第一活字や紙が実に清楚だ」。

既に大正時代に、赤城正蔵《あかぎしょうぞう》によるアカギ叢書や新潮社から新潮文庫が刊行されていた。しかし、文庫本というスタイルがまだ確立、普及していなかったため、執筆の依頼をしても、「そんな廉い本を作られては印税の収入が少くなるといって承諾しなかった人」や「自分の労作を安っぽい小形本にするのはごめんだといった人」がいたことを、小林勇は『惜櫟荘主人――一つの岩波茂雄伝』の中で証言している。

岩波文庫編集部編『岩波文庫の80年』（岩波書店、二〇〇七年）の「岩波文庫略史」には、第一回発売となった島崎藤村『藤村詩抄』、幸田露伴『五重塔』、武者小路実篤『幸福者』のエピソードが記されている。『藤村詩抄』については、それまでにも持続的に売れていた自身の詩集を、岩波書店のために自選して編んだ、藤村の昂揚が書き留められている。『五重塔』については、露伴が二十円で売却した『五重塔』の版権を百五十円で取り戻したエピソードなどが紹介されている。武者小路については、当初から計画に好意的で、『幸福者』の収録についても快く応じてくれたという。

岩波文庫の創刊は、一般読者から温かく迎えられたが、同じ出版に携わる編集者からも注目されていた。たとえば、当時、中央公論社に勤務していた編集者の木佐木《きさき》勝《まさる》は、一九二七年（昭和二年）八月十日の日記に、次のように岩波文庫について記している（『木佐木勝日記　第二巻』現代史出版会、一九七五年）。

先月発表された「岩波文庫」の創刊がいま問題になっているが、宣伝どおり、文庫の形で古今東西の大文豪の作品が安価で手に入ることになれば、さしも全盛の「円本文学全集」も打撃を受けそうだという評判だ。

木佐木の日記の記述からは、円本に対抗する威力を持った企画との評判が、刊行直後からあったことがうかがえる。「円本」全集よりも廉価で、予約販売ではなく一冊ごとに購入できるスタイルの岩波文庫は、経済恐慌のあおりを受けて販売が不調な時期もあったが、長期にわたって広く普及していくことになるのである。

岩波文庫の新聞広告

茂雄は、岩波文庫の周知のために広告を大いに活用した。岩波書店は、創業当初から新聞広告の公共性を重視していたが、岩波文庫の創刊に際しても、大々的にその広告を紙面に掲載していた。岩波文庫創刊の前日の『東京朝日新聞』一九二七年（昭和二）七月九日付朝刊一面の約半分を活用し、「古今東西の典籍。自由選択の普及版」という見出しで、「読書子に寄す」と第一回刊行文庫本の書名が載っている。茂雄は、その後も続々に、岩波文庫の広告を新聞に掲載するのである。

一九二七年（昭和二年）七月十二日付の『読売新聞』朝刊には、「『岩波文庫』の創刊」というタイトルの短い記事が掲載されている。この記事には、大衆の知識への欲望を満たし、階級的差別を撤廃するのであれば定価をさらに廉価にし、煩瑣な予約販売から解放する必要があることが記されている。岩波文庫はこの二つの要件を満たす好企画であり、「衷心から慶讃する」とある。この翌日の十三日付の『読売新聞』朝刊には、紙面の約半分を活用し、『東京朝日新聞』の場合と同じように、岩波文庫の広告が「古今東西の典籍。自由選択の普及版」という見出しで、「読書子に寄す」とともに第一回刊行文庫本の書名が大々的に掲載されている。岩波文庫創刊時の新聞広告にも、この「読書子に寄す」を掲載しており、茂雄が文庫創刊の理念を広く伝えようとしていたことがうかがえる。

たとえば、「真の良書は自己自らを宣伝し普及する」という見出しのもと、『読売新聞』一九二七年（昭和二年）八月五日付朝刊などに掲載された広告がその一つである。岩波茂雄「読者に謝す」と題する広告は、創刊されたばかりの岩波文庫の特色を伝える興味深い宣伝文ゆえ、以下に全文を引用する（図版）。

「読者に謝す」

読者に謝す　　　　岩波茂雄

真摯にして生命ある書の最も良心的なる出版は岩波書店の根本方針である。吾人は世の風潮に倣ふことなくあらゆる機会に際してこの方針を維持して来た。而して今後と雖もあらゆる苦難を賭してこの方針の貫徹のために努力するであらう。特権階級に独占せられし真理の殿堂を開放すべく民衆の為めに企図せし岩波文庫刊行のひとたび公にされるや、社会各方面よりの熱誠なる感激の言葉は数知れず飛来した。或は不可能なることは遂に可能にされたと云ひ、或は日本文化史上画期的なる事業は今まさに為されつつあると云つて、これを賞揚した。吾人は同志のうるはしき協同の精神から発露したこれらの言葉に対して衷心より感謝すると共に、その恩顧に忸るることなく、その賞讃に驕ることなく、むしろ益自重努力して、もつて当初の目的の達成に向つて最も堅実なる歩武を進めるであらう。世の読書子の鞭撻と忠告こそは吾人の最も歓迎するところである。けだし岩波文庫は**最後究極的なる普及版**たることを期する。この目的はおのづからそれの特色を規定するであらう。嘗て**単行本**として存しなかつたものがここでは極めて簡単に求められることとなる。従来**稀覯本絶版物**に属したものがここでは何人にもつねに近づき得るものとなる。これまで甚だ**高価**にして普通人の見ることの不可能であつたものがここでは容易に誰もの手に入ることとなる。然しながら普及の真の意義は価値あるものの普及にあると信ずるが故に、岩波文庫は以後定本たり得る資格あるもののみを収容する。**校訂本**を出すにあたつては、従来のいづれよりも信用し得るものを特に新たに作るであらう。**翻訳書**を出すにあたつては、嘗てのいづれよりも厳正にして的確なるものを採るであらう。更に進んで単に一般の教養のためのもののみならず、**純粋に学術的研究的なるもの**をも含むはこの文庫の特色である。かくてそれは文芸思想科学のあらゆる方面に亙つて、時局に対しては近来世に行はれる大量生産予約出版物の**総決算**として品質に於て遥にそれに優るものを**選択の自由に委せて各箇に**提供し、永遠に向つては生活の糧として万人の日々新たに摂取すべき必需の資料を尽くることなく提供する。吾人がその内容の精選のために致した万全の用意を思へば、この文庫の高価を訴ふる者はないであろう。世界に販路を有するかの**レクラム文庫**にしてなほ**星一つ二十五銭**であるに反して局限された日本語の読者のみを相手とせねばならぬ**わが岩波文庫が星一つ二十銭**であることを見れば、必ずや吾人の立場をひとは諒とせらるるであらう。吾人は微力を傾倒して真理を熱愛する我が読書子の為めに此事業の完成を期し、切に大方の協力と後援とを希望する。善き意志は常に自己を貫徹し成就するとは吾人の確信である。（本文の太字は原文通り）

「読書子に寄す」における説明だけでは足りないと言わんばかりに、ここでは岩波文庫への思いの丈が重ねて記されている。茂雄がこの企画にいかに心血を注いでいたか、その一端がうかがえる。「読書子に寄す」が岩波文庫の創刊と同時に発表された宣言であったのに対して、「読者に謝す」は既に刊行された岩波文庫への、読者からの反応を織り込むように書かれている点に特色がある。「社会各方面よりの熱誠なる感激の言葉は数知れず飛来した。或は不可能なることは遂に可能にされたと云ひ、或は日本文化史上画期的なる事業は今まさに為されつつあると云つて、これを賞揚した」とあるが、読者の反応を受けるようにして、このメッセージは発せられている。この文章からは、読者の具体的な反応を知ることはできないものの、岩波文庫が好評を博していたことが容易に想像される。そうした岩波文庫に対する多数の「熱誠なる感激の言葉」と、「画期的なる事業」の「賞賛」を広告に織り込むことで、新たな読者を呼び込むことが期されていた。ここでは、岩波文庫の特色を改めて示すと同時に、「読書子に寄す」では示してしない特長についても記されている。

読者の反応が頗《すこぶ》る良かったことについては、茂雄が繰り返し述べている。たとえば、「回顧三十年」（『茂雄遺文抄』）の中で、茂雄は「何百通といふ感謝状、激励文が未知の読者から寄せられ中には「我が一生の教養を岩波文庫に託す」といふやうな言葉すらあり、私は始めて「本屋になつてよかつた」との感を深くした」と回想していたのである。

分売の効果と販売の工夫

茂雄が岩波文庫創刊に際して、予約出版の改造社の「円本」を批判し、分売を基本としたことを述べたが、その方法は書店の棚に配架され、持続的に販売する効果を生み出すことになった。その際に、一九三〇年（昭和五）から使用された、文庫本を補充するための売上カードが有効に機能した。『岩波書店五十年』（岩波書店、一九六三年）の中では、「このカードによって、小売店が売れたものを補充する際に、発注の手続きが著しく簡単となり、手数が省かれた。書籍販売に便利を与える新しい一つのアイディアであった」と述べられている。

この書店の棚と売り上げカードについては、柴野《しばの》京子《きょうこ》が『書棚と平台——出版流通というメディア』（弘文堂、二〇〇九年）の中で、岩波文庫と「円本」と比較して次のように分析している。

> 文庫は古典名作を体系化したという点では円本に似ているが、全冊ではなく分売を基本とする。したがって購書空間の構成としては、一定期間を経たのち棚にシリーズとして常設されるという性格をもっていた。非常に興味深いのは、この岩波文庫に補充スリップ（売上カード）が採用されていることである。補充スリップとは現在書店で流通するすべての書籍に搭載されているもので、売れた場合そこに書店印を押して取次に戻すと自動的に補充される短冊状の紙である。（中略）このしくみの意図するところは、書店の棚に既刊商品を切らさないよう、常設することである。「読書子」を対象とする岩波文庫の場合、関心領域を可視化し、内面化へと誘う装置として棚を有効に利

用することは理にかなっていた。さらにスリップ採用の翌昭和六年、岩波書店は文庫に、国文学は黄色、自然科学は青、社会科学は白といったふうに「ジャンル」で五つに色分けした帯を巻いて出荷した。すなわちジャンルに区分する必要があるほど点数が増え、それがスリップによって補充され続けて棚に常備されていたということである。円本が棚ぐるみで個人の書斎に侵入したとすれば、岩波文庫はすでにジャンル分けされた形で、棚ぐるみで書店に侵入したのである。

「読書子に寄す」で「生命ある不朽の書を少数者の書斎と研究室とより解放して街頭にくまなく立たしめ民衆に伍せしめるであろう」と述べて刊行された岩波文庫は、「書斎と研究室」から放たれ、書店の棚を経由し、「民衆」の手に渡ることになる。書店においても、文庫という小型な形態ゆえ、広いスペースをとることはなく、読者にとっては、安価で便利な書物として、今日に至るまでロングセラーとなった。

岩波文庫は、一九三〇年（昭和五）から開始された売り上げカードの工夫の他に、翌年の一九三一年（昭和六）十月には、整理番号を記入した分類別の帯が付されるようなる。創刊から四年目に入ったこの年、岩波文庫は三百点を超えたので、分野ごとに分類することになった。読者に対しては選択の便宜を図ることになり、書店に対しては棚に配列する際、本の補充をしやすくする。以下がその分類である。

一、黄色帯（一～一〇〇〇）国文学
二、緑色帯（一〇〇一～二〇〇〇）現代日本文学（小説・戯曲・詩・随筆・評論）
三、赤色帯（二〇〇一～三〇〇〇）外国文学
四、青色帯（三〇〇一～四〇〇〇）自然科学・哲学・宗教・教育・美術・歴史
五、白色帯（四〇〇一～五〇〇〇）社会科学・法律・社会・政治・経済

右の各カテゴリーのうちで最初に刊行された文庫は、それぞれ次の通りである。

一、黄色帯―『万葉集』
二、緑色帯―夏目漱石『こゝろ』
三、赤色帯―トルストイ（米川正夫訳）『戦争と平和』
四、青色帯―プラトン（久保勉・阿部次郎訳）『プラトン　ソクラテスの弁明・クリトン』
五、白色帯―アダム・スミス（気賀勘重《きがかんじゅう》訳）『国富論』

不景気を背景に、一時売り上げが芳しくない時期があったものの、岩波文庫は出版点数を着実に増やし、販売方法の工夫を重ねながら、岩波書店の主軸の事業となっていくのである（「コラム5」参照）。

2　理想の文学全集をもとめて

遺言で託された『芥川龍之介全集』の刊行

改造社から一冊一円の文学全集が刊行され、いわゆる「円本」ブームが巻き起こる中で、茂雄は商業主義と距離をとりながら、理想とする出版活動を展開しようとしていた。理想の全集を追求する茂雄の理念は、たとえば、芥川の死後すぐに企画された『芥川龍之介全集』全八巻（一九二七〜二九年、各四円）にもうかがえる。

芥川の全集が岩波書店から刊行されたのは、彼自身がそれを強く望んだからに他ならない。生前、芥川龍之介と茂雄の交流は頻繁にあったわけではないが、芥川は妻の文子に宛てた遺書の中で、次のように、岩波書店に自作の出版権を譲ることを記していた。

僕の作品の出版権は（若し出版するものありとせん乎）岩波茂雄氏に譲与すべし。（僕の新潮社に対する契約は破棄す。）僕は夏目先生を愛するが故に先生と出版書肆を同じうせんことを希望す。但し装幀は小穴隆一氏を煩はすことを条件とすべし。（若し岩波氏の承諾を得ざる時は既に本となれるものの外は如何なる書肆よりも出すべからず。）勿論出版する期限等は全部岩波氏に一任すべし。この問題も谷口氏の意力に待つこと多かるべし。

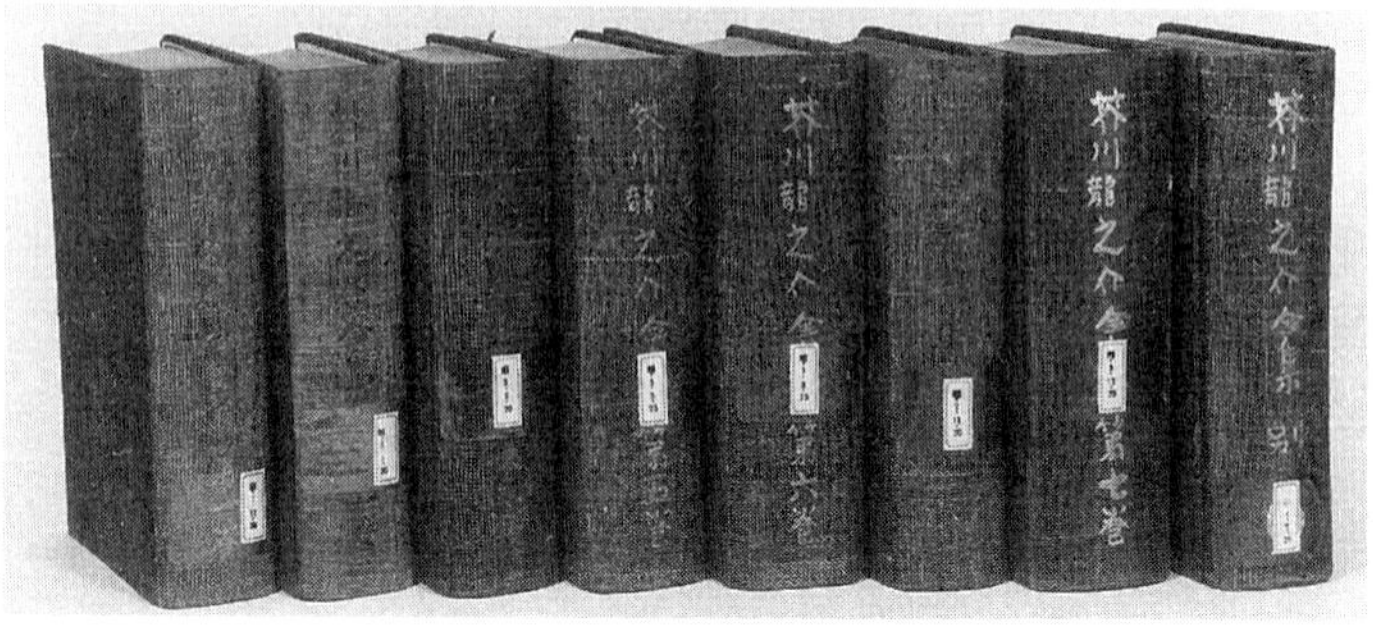

『芥川龍之介全集』

引用の最後の文章に記された「谷口氏」とは、芥川夫妻と親交のあった、和菓子屋「うさぎ屋」の主人、谷口《たにぐち》喜作《きさく》と思われる。彼は、芥川自殺の当日、自宅に駆け付け、葬儀にも尽力した。

芥川がこのように遺言したことで、敬愛する夏目漱石の著作を刊行していた岩波書店からの出版を強く希望し、彼の作品の出版権は岩波書店のものとなった。この遺言に従って、全集の企画が短期間で進められることになる。一九二七年（昭和二）七月二十四日の芥川の死去から三ヶ月余の十一月に、『芥川龍之介全集』は刊行開始となる。編集同人は、以下の十一名である。小穴隆一《おあなりゅういち》・谷崎潤一郎・恒藤恭《つねとうきょう》・室生犀星《むろうさいせい》・宇野浩二《うのこうじ》・久保田万太郎《くぼたまんたろう》・久米正雄《くめまさお》・小島政二郎・佐藤春夫・佐佐木《ささき》茂《も》索《さく》・菊池寛《きくちかん》。装幀は、芥川の遺言どおり、小穴隆一がつとめている。

この全集の「内容見本」（一九二七年）で、岩波茂雄は、「故人の業績を後代に伝ふるに足る定本」の製作を目指したため、「廉価版横行」する同時代にあって、大部で高価な全集になったと記している。たしかに、一冊一円のいわゆる「円本」が流行し、本の大量生産・大量消費が加速化する中で、一冊四円（毎月払いの場合）という価格が高額であることは否めない。しかし、それは「後代に伝ふるに足る定本」をつくるべく、「編輯の完璧」を期して造本にこだわった結果であった。『芥川龍之介全集』刊行開始当時、東京帝国大学文学部国文科に在学していた若き日の堀辰雄《ほりたつお》は、この全集の編集に携わっていた。堀は、師と仰いだ芥川龍之介を卒業論文のテーマに選んでいるが、同時に、彼の全集の編纂にも一度かかわっている。一度目は、芥川の死後すぐに企画された『芥川龍之介全集』全八巻であった。堀は、師と仰ぐ芥川の芸術を後世に伝えるために、着実な本文を作成し、世に問おうとしていたのである。

従業員の労働争議

一九二八年（昭和三）は、岩波にとって多くの難に見舞われた年である。三月には、待遇改善の労働争議が起こった。また七月には、岩波書店をはじめ、希望閣・同人社・弘文堂・叢文閣からなる五社聯盟で刊行予定の『マルクス・エンゲルス全集』が中断となり、多額の費用、予約金を負担することになった。この五社聯盟は、改造社版『マルクス・エンゲルス全集』に対抗して組織されたものであったが、企画が頓挫したことで解散となった。八月には、売れ行きが芳しくなかった『思想』が休刊となる。そして九月には、春に刊行の普及版『漱石全集』をめぐって、茂雄は提訴されることになる。

一九二八年（昭和三）三月十五日、芥川全集の企画と軌を一にするようにして、大正時代に刊行された『漱石全集』の普及版が刊行開始となったが、その直前に岩波書店で従業員の労働争議が起こった。前年の昭和恐慌による経済状況の悪化にともない、この時期、労働争議が相次いだが、その最中のことであった。

店員らは、労働条件の改善などについて、十二日に店主に嘆願書を出し、翌十三日にはこれを要求事項に切りかえて、業務を停止するに至る。『東京朝日新聞』一九二八年（昭和三）三月十四日付朝刊には、岩波書店のストライキのことが報じられ、そこには、以下のような茂雄の談話「無理はない」が掲載されている。

余り突然なので驚いたが幹部二名の解雇要求が主であつてその他の要求はほとんど現在実行しようとしあるひは考慮中のもので無理は無いと思つてゐる、問題は組合の応援や勤務後日の浅い連中が店の慣習を知らずに騒いでゐる事で兎に角解決まで店を閉めて置くのもやむを得まい。

突然のことで驚いた茂雄の談話が掲載された翌日三月十五日付の同紙夕刊では、「両書店呼応し店主に迫る　俸給生活者組合の応援で代表者岩波氏と対談」という記事の中で、以下のように報じられている。

神田の書店街にぼつ発した岩波書店と巌松堂の従業員罷業騒ぎは純然たる労働争議と化し十三日両書店の従業員は相呼応して日本俸給者組合評議会の応援を求め既報の要求項目を提げて店主に迫る

こと丶なり結束を固めてゐるが岩波書店の従業員代表三名は十四日午前十時俸給者組合の中央委員難波氏外三名と共に更に小石川区小日向水道町の店主岩波茂雄氏宅を訪ね七項の要求項目につき岩波氏と懇談的に意見の交換をなした、その結果岩波氏は要求項目中人事問題に関する一項を除く外は大体容認する旨を述べ更に同氏は資本家として改むべき種々の問題もかねての自己の抱負に従ひこの際これを機として実現せしめたいと契つたので従業員代表も同氏の意見を諒とし午後にわたり要求項目の逐條協議を重ねた結果岩波氏は一応幹部と協議の上回答を与ふることになり代表者は一まづ神田の争議本部に引揚げた

茂雄に対して突き付けられた要求については、次のようなものであったことを、小林勇が『惜櫟荘主人――一つの岩波茂雄伝』の中で記している。

一、給与即時三割以上増給
一、寄宿舎ならびに衛生設備の完備
一、時間外勤務の手当支給
一、疾病その他に対する給与規定の制定
一、退職手当ならびに解雇手当の制定
一、長田幹雄、小林勇の即時解職
一、最低給与の制定

一、昇給期ならびに昇給率の制定
一、幹部公選
一、賞与規定の制定

新聞にある「七項目」は、右の十項目と一致しないが、それは給与関係の項目がまとめられていたためであろうか。ストライキに際しての要求は、この十項目から明確となる。茂雄がこの要求を受けて、「給与制度の改正」「勤務、手当及賞与支給制度の改正」「今後懇談の改正すべき事項」の三項目に整理し、すぐに対応したことを、小林は同書の中で記している。茂雄は、従業員からの要求のほとんどに応じたが、長田と小林の解雇については回答していなかった。

この労働争議の解決に至るまでのあらましについては、『岩波書店八十年』に次のように記されている。

店主側は岩波茂雄の友人などが集まっていろいろ協議をつづけたが、まったく未経験かつ予期せぬ事件であったため、意見の一致に手間どり、解決がおくれた。古くからいる幹部店員は争議団から加入を勧誘されず、別に店主側に改善すべき条項を示して争議団には加わらなかった。そのうちに、小店員十数人も店員と条件の異なることを理由として争議団を離れた。十六日に至り争議団の要求事項に対する回答に加えて、要求事項になかった若干の改善案をも提示し、同時に業務を再開、二十二日、完全に解決した。

ここからは、労働争議が長期化することなく終息したことがうかがえる。しかし、岩波書店で中心的な役割を果たしていた、幹部の小林勇と長田幹雄が岩波書店を去ることになった。岩波書店を離れた小林は、一九二八年（昭和三）十月、鐵塔書院を設立する。社名は、親交のあった幸田露伴による命名であった。鐵の塔から法華経を取り出す龍樹菩薩の故事にちなんだもので、優れた書籍を出すことを意味している。小林は鐵塔書院で、哲学・自然科学・社会科学を中心に、多くの書籍を刊行した。その後、寺田寅彦・幸田露伴・小泉信三《こいずみしんぞう》の尽力もあって、約六年半後の一九三四年（昭和九）十一月には、岩波書店に戻ることになる。

『漱石全集』普及版の刊行

労働争議が起こった三日後の三月十五日、『漱石全集』（普及版全二十巻、各一円）が刊行開始となった。この企画は、「円本」ブームに対応した側面もあるが、一方で、優れた内容の書物を廉価で民衆に普及させたいとする岩波文庫の理念の延長線上にある。前掲の矢口進也『漱石全集物語』によれば、予約は十万部以上にのぼったという。

茂雄が改造社の『現代日本文学全集』を意識し、岩波文庫を刊行したことは既に述べたが、その考え方は『漱石全集』の普及版刊行にも反映していた。茂雄は「円本全集」を意識しながらも、これとの差異を意識しながら『漱石全集』を卓越化しようとした。そうした茂雄の理念は、「漱石全集普及版刊行の言葉」に以下のように示されている。

雑然たる作品の羅列に過ぎぬ近時の所謂全集ものを漁ることによつて芸術は理解され難く、一人の作家にして文学の一切の方面の最高点に立つ此の漱石全集に沈潜することによつてひとは初めて芸術の至境に味到し得る。

一方、物理的には、「本全集の特色」の中で、「あり来りの、よせ集めのつめ込み主義の全集と違つて九ポイントの大きい活字を用ひ」、「従来断じて円本の印刷を扱はなかつた凸版印刷株式会社の熱心なる協同をうけて印刷の鮮明美麗なことは特に誇る所」と述べていた。

茂雄は「円本全集」に否定的な考えを持ちながら、一九二八年（昭和三）に普及版『漱石全集』を刊行したが、この内容見本の中には、「円本全集」を意識しながらも、これとの差異を示しつつ『漱石全集』を卓越化しようとしていたことがうかがえる。

しかし、この普及版全集の刊行は、大きな事件を巻き起こすことになる。全集刊行から約半年後に、普及版『漱石全集』をめぐって、茂雄は提訴されたのである。その経緯については、『岩波書店八十年』の年譜の一九二八年（昭和三）九月十日に、次のように記されている。

大倉書店主大倉保五郎氏、夏目純一氏および岩波茂雄に対し、損害賠償要求の訴訟を提訴——大倉書店は一九〇五年漱石との間に著作権共有、発行権専属の契約を結んであったにもかかわらず、岩波書店より普及版漱石全集が同書店に無交渉で刊行されたため損害をうけたという理由からであった。要求額は三万五千円、従来漱石全集は大型のみが発行されており、それについての諒解は漱石全集刊行会で得ていたのであるが、普及版を出すことについては諒解を得ていなかった。提訴はこれについての抗議であった。岩波書店は鳩山秀夫氏を弁護人として対処し、結局八月三十日に《吾輩は猫である》以下大倉書店発行の漱石の著作四点の出版権を一万円で買いうけることで示談となった。

大正時代に刊行の三度の『漱石全集』では岩波書店・大倉書店・春陽堂の三社の連名であったが、普及版の刊行に際しては岩波書店が単独で刊行しようとし、その断りを他の二社にしなかったことが事件の発端であった。ただし、春陽堂はこれには加わっておらず、大倉書店のみの告訴であった。友人の鳩山弁護士を通じて対応し、大倉書店から刊行の『吾輩は猫である』『漾虚集』（一九〇六年）『文学論』『行人』（一九一四年）の出版権を岩波書店に譲渡することで示談が成立した。

第一章で述べたように、『漱石全集』の版権の係争が決着した翌年、岩波書店は、夏目鏡子述・松岡譲筆録『漱石の思ひ出』（一九二九年、一円）を、全集と同じ装幀で刊行している。これは、雑誌『改造』に連載後、漱石の十三回忌の一九二八年（昭和三）十二月九日に呼応するようにして改造社から既に刊行された、『漱石の思ひ出』（一九二八年、二円）の普及版である。岩波書店版は、巻頭の写真を減らし、松岡譲による「漱石年譜」を加えるなど、改造社版との差別化が見られた。

相次ぐ全集の企画

労働争議のあった翌年の一九二九年（昭和四）十月九日、茂雄は編集部を一ツ橋に移転させた。創業以来の神田南神保町の小売部・編集部等が手狭になった

一ツ橋の旧東京商科大学校舎に移転した編集部

ため、購入した旧東京商科大学の建物に編集部を移した。東京商科大学は現在の一橋大学で、本部は東京都国立市にある。

その約三週間後の二十四日には、世界大恐慌の端緒となるアメリカ合衆国ニューヨーク株式市場の大暴落が起こり、日本でも同年の十二月に横浜の生糸市場が大暴落し、年末には深刻な不況に陥ることになった。

岩波書店はこの時期、『漱石全集』『芥川龍之介全集』の他にも、多くの全集を刊行していた。全集は、岩波書店の有力な企画の一つとして現在でもよく知られるが、昭和時代を迎えてから、全集が相次いで刊行されるようになる。昭和時代に入って、日中戦争開始までに企画された、『漱石全集』『芥川龍之介全集』以外の全集の企画は、以下のとおりである。

『トルストイ全集』全二十二巻（一九二九〜三一年、各一円五十銭）
『露伴全集』全十二巻（一九二九〜三〇年、各四円五十銭）

『赤彦全集』全八巻（一九二九～三〇年、各四円）
『左右田喜一郎全集』全五巻（一九三〇～三一年、各六円）
『校本　万葉集』全十巻（一九三一～三二年、各三円五十銭）
『内村鑑三全集』全二十巻（一九三二～三三年、各二円）
『続福澤全集』全七巻（一九三三～三四年、各四円）
『吉田松陰全集』全十巻（一九三四～三六年、各三円）
『鷗外全集　著作篇』全二十二巻（一九三六～三八年、各一円五十銭）
『寺田寅彦全集　文学篇』全十六巻（一九三六～三八年、各一円五十銭）
『寺田寅彦全集　科学篇』全六巻（一九三六～三八年、各七円）

ここからは、文学に関する全集が過半数を占めていることが明らかとなる。それと同時に、外国文学よりも日本の文学に力を注いでいることがうかがえる。この中で、外国文学は『トルストイ全集』だけであった。トルストイは茂雄が心酔していた文学者であり、その作品の多くは既に岩波文庫に収録されていた。『校本　万葉集』も刊行されているが、日本近代の文学者が中心であった。当時の岩波文庫の分類で言えば、「現代日本文学」の範疇《はんちゅう》である。夏目漱石・芥川龍之介に続いて、幸田露伴・島木赤彦・森鷗外・寺田寅彦が刊行されている。また、内村鑑三・福澤諭吉《ふくざわゆきち》・吉田松陰ら、茂雄が敬愛する幕末から明治にかけての偉人の全集も、この時期に出版されていたのである。

文学の全集が多数刊行される傾向は、これ以降も大きく変わることはない。以下に掲げる全集は、日中戦争が始まって以後、終戦までに出版された全集である。この中に、二葉亭四迷《ふたばていしめい》・中村憲吉・鈴木三重吉・森鷗外・山本有三《やまもとゆうぞう》・泉鏡花《いずみきょうか》・水上滝太郎《みなかみたきたろう》と日本近代の文学者たちが多数含まれている。

『二葉亭四迷全集』全八巻（一九三七〜三八年、各一円五十銭）
『中村憲吉全集』全四巻（一九三七〜三八年、各四円）
『鈴木三重吉全集』全六巻（一九三八年、各二円）
『鷗外全集　翻訳篇』全十三巻（一九三八〜三九年、各一円八十銭）
『小泉三申《こいずみさんしん》全集』全六巻（一九三九〜四二年、第四巻で中絶、各一円八十銭）
『山本有三全集』全十巻（一九三九〜四一年、各二円）
『藤樹《とうじゅ》先生全集』全五巻（一九四〇年、各五円五十銭）
『定本万葉集』全五巻（一九四〇〜四八年、各四円五十銭）
『鏡花全集』全二十八巻（一九四〇〜四二年、各二円六十銭）
『山鹿素行《やまがそこう》全集』全十五巻（一九四〇〜四二年、各二円五十銭）
『水上滝太郎全集』全十二巻（一九四〇〜四一年、各三円）
『本居宣長《もとおりのりなが》全集』全二十九巻（一九四二〜四四年、第六冊で中絶、各三円）

これらの全集の「内容見本」には、茂雄あるいは岩波書店の名前で刊行の趣旨が記されている。茂雄の名前では、たとえば、『二葉亭四迷全集』の「刊行の辞」では「小舗曩に鷗外漱石両全集の完成を期して事殆んど成らんとするに当り、更に本邦近代文学の第一峯を体系化せんとするの微意あり、爾来これを値する巨人を詮考して遂に長谷川二葉亭を得たり」と、『鈴木三重吉全集』の「刊行の辞」では「鈴木三重吉は晩年『赤い鳥』と童話とに隠れて、一般文壇の圏外に逸した観があるが、その明治大正時代に於ける特異な作家としての位置は、炳として永く文学史上に不動であらう」と、それぞれ書きおこされていた。

「全集の岩波書店」を印象づける、充実した企画が続いたが、戦争によるメディア規制の強化、紙をはじめとする物資の不足などが、全集刊行に影を落とすことになる。一九三七年（昭和十二）十月から刊行開始となった『二葉亭四迷全集』は、日中戦争以降検閲が厳しくなったことで、二葉亭訳のアンドレーエフ『血笑記』の収録を見送っている。太平洋戦争がはじまってからは、全集の企画も困難となり、進行中の企画が頓挫するケースも見られた。開戦後の企画は、『本居宣長全集』全二十九巻だけであり、完結を見ることはなかった。また、一九三九年（昭和十四）刊行開始となった『小泉三中全集』も、一九四二年（昭和十七）十一月には第四巻で中絶していたのである。

3　岩波講座から岩波全書へ

「円本」ブームに象徴される出版界の商業主義に対抗することで、茂雄の出版人としての立場がより明確となり、岩波書店の特色が以前にもまして鮮明になっていった。

岩波講座の刊行

その一つの現れが岩波文庫の刊行であったが、一九二八年（昭和三）にスタートした岩波講座もまた、岩波書店の特色を示す企画であった。第一次は「世界思潮」、編集は三木清・羽仁五郎《はにごろう》・林達夫が担当した。多数の執筆者が協同し、ある問題を体系的・総合的に整理し、分冊で出版していく方法と形式が、この岩波講座で確立する。そして、この出版の方法と形式は、岩波書店のその後の講座においても踏襲されていく。

一九二八年（昭和三）から十年にわたって、以下のシリーズが刊行されている。

第一次「世界思潮」全十二巻（一九二八〜二九年、各一円二十銭）
第二次「物理学及び化学」全二十四巻（一九二九〜三一年、各二円五十銭）
第三次「生物学」全十八巻（一九三〇〜三一年、各二円）
第四次「地質学及び古生物学、鑛物学及び岩石学、地理学」全三十三巻（一九三一〜三四年、各二円）

第五次「日本文学」全二十巻（一九三一～三三年、各一円三十銭）
第六次「教育科学」全二十巻（一九三一～三三年、各一円五十銭）
第七次「哲学」全十八巻（一九三一～三三年、各一円五十銭）
第八次「数学」全三十巻（一九三一～三五年、各二円五十銭）
第九次「世界文学」全十五巻（一九三二～三四年、各一円五十銭）
第十次「日本歴史」全十八巻（一九三三～三五年、各一円五十銭）
第十一次「東洋思潮」全十八巻（一九三四～三六年、各一円五十銭）
第十二次「国語教育」全十　一巻（一九三六～三七年、各一円五十銭）

第一次「世界思潮」は、経済的には赤字であった。しかし、十年にわたって刊行を重ねることで、この講座は学術的な出版を志す岩波書店の特色となっていく。また、岩波講座「日本文学」「教育科学」を基盤として、雑誌『文学』『教育』がそれぞれ刊行されることになる。岩波講座について、安倍能成は『岩波茂雄伝』の中で、「岩波の日頃唱道する、精確な学問的知識を日本人に普及する目的の実現にあることは勿論であり、筆者も大部分当時第一流の学者大家か、新進年少の学者かである」とその特色を記していた。この指摘にあるように、各講座とも各界の研究を担う研究者たちが執筆者となっていた。ただし、茂雄は各論文の内容について厳しく吟味し、学術的に問題があると批判され、これを是とするものについては、誠実に対応し削除した事例もあった。

小泉信三

小泉信三・福澤諭吉・慶應義塾大学

後に慶應義塾大学の塾長になる小泉信三と茂雄との親交は、大正時代から始まり、生涯にわたって続くことになる。一九二〇年（大正九）六月には、小泉の『社会問題研究』（三円二十銭）が岩波書店から刊行されている。その後も多数の自著の出版のみならず、企画の相談や執筆者の紹介など、信三が茂雄と書店への協力をしていく中で、両者の友誼は深まっていった。

その一端は、竹《たけ》田《だ》行《こう》之《し》校訂・注解『小泉信三書簡　岩波茂雄・小林勇宛百十四点』（慶應義塾福澤研究センター、二〇一〇年）からもうかがえる。ここに収録された書簡からは、両者の信頼関係が浮かび上がってくると同時に、小泉の岩波書店への助力がいかに大きかったかがわかる。「経済学古典叢書」など、小泉の専門の経済学にかかわる企画もさることながら、一九三〇年代に入って相次いで上梓された、慶應義塾大学の創始者である福澤諭吉の偉業をまとめた著作も逸することのできない重要な企画である。岩波書店から一九三二年（昭和七）二月に刊行開始となった石河幹明《いしかわみきあき》『福澤諭吉伝』全四巻（一九三二年、一・二巻は二円、三・四巻は四円）と、一九三三年（昭和八）五月から刊行開始となった『続福澤全集』全七巻（一九三三〜三四年）がそれである。『福澤諭吉伝』は石河幹明著、慶應義塾蔵版で、『続福澤全集』は慶應義塾による編集であった。

『続福澤全集』の内容見本に掲載されている「刊行の辞」は、次のようにはじめられていた。

福澤諭吉先生は光輝ある明治新文化の創設的指導者である。先生の業績は明治日本の不朽の記念碑たるのみならず、かの偉大なる歴史的時代を観察せんとする者にとつて絶好の望楼である。この大先覚者の思想・行動を理解することは、今や方さに「昭和維新」に際会せる吾人にとりて、特に限りなき智慧と情熱との源泉となり得るであらう。

福澤先生の主義主張を知るには先に「福澤全集」があり、最近上梓された「福澤諭吉伝」があり、先生の業績はこの二書によつて見ることを得る。ただ久しく遺憾とされたるは、既刊の「福澤全集」は明治三十一年の出版に係り、その改版に際して多少増補したるも、なほそれに漏れたる先生に遺稿の甚だ多きことであつた。ここに新たに刊行される「続福澤全集」は、かかる欠漏を完全に補ふものであり、「時事論集」「書翰集」「諸文集」の三部に亙り、貴重な諸文書を網羅する。

この「刊行の辞」にも記されているように、「続福澤全集」と銘打ったのは、既に他社から『福澤全集』が刊行されていたからである。「既刊の「福澤全集」は明治三十一年の出版に係り、その改訂に際して多少増補」とあるように、最初の『福澤全集』は明治時代に、これを増補したものが大正時代に刊行されている。明治時代の全集は一八九八年（明治三十一）一月から五月に時事新報社発行で全五巻、大正時代の全集は一九二五年（大正十四）十二月から一九二六年（大正十五）九月に時事新報社編纂、国民図書株式会社発行で全十巻であった。こうした、既刊の全集を踏まえながら、新たな資料を増補して編集が行われた。

茂雄は、敬愛する人物にかかわる全集を自社から出版することを念願としていたが、福澤諭吉の場合も例外ではなかった。「回顧三十年感謝晩餐会の挨拶」(『茂雄遺文抄』)で、「独立自尊の町人道を教えられた福澤諭吉先生」と述べることになる、その人の伝記と全集の刊行が一九三三年(昭和八)に実現されたのである。

なお、「刊行の辞」に「昭和維新」の言葉が記されているように、一九二〇年代から三〇年代前半の経済恐慌と国際情勢の不安定化を背景とする、軍の急進派と右翼団体による明治維新の精神の復興が、『続福澤全集』刊行と少なからずかかわっている。『続福澤全集』刊行開始の前年の一九三二年(昭和七)五月十五日には「五・一五事件」があった。「二・二六事件」が起こるのは、この数年後の一九三六年(昭和十一)二月二十六日のことである。

コラム5　岩波文庫『資本論』と河上肇

岩波文庫の中には、途中で中断したが、カール・マルクスの『資本論』も刊行されている。経済学者の河上肇《かわかみはじめ》と宮川実《みやかわみのる》との共訳で、一九二七年（昭和二）十月の第一分冊から一九二九年（昭和四）六月の第五分冊まで各二十銭で刊行されたが、岩波書店と訳者との行き違いから、完結には至らなかった。第一分冊を刊行した直後、当時、京都帝国大学教授であった河上は、一九二七年（昭和二）十二月十七日付の茂雄宛の書簡の中で、経済学者の福田徳三《ふくだとくぞう》への反論を掲載する『社会問題研究』の発行所となることを依頼し、次のように書いている。

無産階級は、あらゆる方面から、たゝきつけられてゐます。彼等に味方する者は、官憲からは勿論、民間の無智の徒からも、あらゆる圧迫をうけてゐます。私は多年大学の恩恵に浴し専心学問を研究する機会を得たのでありますから、残生はその恩を社会に酬ゐねばなりません。五尺の痩軀、その生死安危の如きは、もちろん問ふところではありません。私は大兄が一個の出版業者として、その――御自身の思想的立場の如何に拘らず、吾々のために現に有力なる援助を吝まれぬことを感謝すると共に、今後もまた、吾々の良心――吾々が人類の将来を憂うる赤誠――にして大兄の認識するところとなる限り、依然として可能な範囲における援助を賜らんことを、切に希望せざるを得ません。

『社会問題研究』は、河上から依頼のあった第二十五号のみ岩波書店発行となった。この翌年、河上は京都帝国大学教授を辞し、政治活動を展開することになる。

コラム6　昭和初年代の書店の営業案内――『岩波書店出版図書目録』から

岩波書店は、刊行図書を網羅した大部な出版目録を、増補を重ねて今日まで刊行し続けているが、一九二九年（昭和四）の時点で出版図書目録を出している。『岩波書店出版図書目録』（一九二九年）と銘打たれたリーフレットがそれである。このリーフレットには創業から十五年の間に、岩波書店がどのような書籍を刊行してきたか、その来歴がうかがえる。それと同時に、この出版図書目録の末尾には、以下のような「岩波書店営業案内」が掲載されている。前年の労働争議を経た後に刊行されたものであるが、ここからは、この時期の岩波書店の出版部・販売部の状況がうかがえて興味深い。

一、出版部
種類の如何を問はず、真摯な力と生命とに充ちた価値高き書をのみ出版したい考であります。
一、販売部
卸、小売、取次ともに、安心して取引の出来ることを主眼として、万事確実に取扱ふ方針であります。地方の読者諸君への取次もお取扱ひいたします。
一、営業時間
出版部　午前八時より午後五時まで
販売部　卸　　午前八時より午後四時まで
　　　　小売　午前八時より午後九時まで
一、定休日
毎日曜日（但し小売部は不休）

「一、出版部」には「真摯な力と生命とに充ちた価値高き書をのみ出版したい」とあるが、ここには、徒に出版点数を増やすのではなく、良書を厳選して出版したいと考える茂雄の理想が反映されている。茂雄は『読売新聞』一九二九年（昭和四）十二月十二日付朝刊に掲載の「昭和四年よさらば（七）」で、「一、本の読書出版界への顧瞥」においても、以下のように述べていた。「一、往年私は読むな、書くな、出すなと云つた事があるが、本年の出版界を回顧しても同様の苦言を読者著者出版者に向つて力説したい、私は本屋の一人として本を出さぬ事に一層努力する積りです」。

小売部のみ日曜日も開くことになった経緯については、『岩波書店八十年』の一九二七年（昭和二）五月の項に以下のように記されている。「岩波書店はこのころ毎週日曜日は休業、小売部も同様であった。しかし神保町には古書店が多く、それらは一月に一日休業の慣例であった。町内の要請により岩波書店も小売部だけは日曜日も店を開くことになり、店員は交替で休日をとった」。

コラム7　坂口安吾と雑誌『青い馬』

作家の坂口安吾《さかぐちあんご》が参加していた同人雑誌『青い馬』は、岩波書店が発行所となっていた。この雑誌は一九三一年（昭和六）年五月に創刊され、一九三二年（昭和七）三月に第五号で廃刊となった。安吾が、アテネ・フランセに通う仲間たちとともに一九三〇年（昭和五年）十二月に創刊した『言葉』が第二号（一九三一年一月）で廃刊となり、これを改名し創刊したのが『青い馬』であった。雑誌の奥付には、「編輯者兼発行者」として坂口安吾、「発行所」として岩波書店の名前がそれぞれ記されている。定価は創刊号が三十五銭で、二号以降は三十銭であった。『青い馬』創刊のあらましについては、安吾とともにこの雑誌の同人であった若園清太郎が『わが坂口安吾』（昭和出版、一九七六年）の中で、次のように回想している。

翌年の昭和六年一月に『言葉』第二号が刊行された。この号に坂口安吾は「木枯の酒倉から」を発表し、同人雑誌仲間から注目されたが、まだ文壇の注目を得るまでには至らなかった。『言葉』はここで大きな転換期をむかえた。翻訳専門の同人雑誌にあきたらなくなり、小説を重点にしようということになった。とともに同人雑誌を維持してゆくための経済的な基盤について協議の結果、きだみのるの口添えで、岩波書店から『青い馬』と改題して発行することになった。この時のイキサツについて坂口安吾は「世に出るまで」（『小説新潮』）のなかで、「岩波書店に話をもっていったのは葛巻義敏《くずまきよしとし》で、葛巻は芥川龍之介の著作権をタテにとり、圧力をかけてしぶしぶ、岩波に承諾させた」というように述懐しているが、葛巻に言わせると、これは坂口安吾の勘ちがいで、岩波に交渉して話をまとめたのは、きだみのるだという。

　さて、『青い馬』創刊号は颯爽と世に出た。前の『言葉』の失敗が経験になって、雑誌の出来映えは見事だった。岩波書店発行ということが注目された。

　安吾は『青い馬』の創刊号に「ふるさとに寄する讃歌――夢の総量は空気であった」「エリック・サテイ（コクトオの訳及び補註）」を、第二号に「風博士」を、第三号に「黒谷村」、第五号に「FARCEに就いて」といった主要作を発表している。『青い馬』は安吾の代表作が掲載された重要な雑誌であるが、そうした雑誌を岩波書店から発行しようとした点は興味深い。『青い馬』創刊の一九三一年（昭和六）には、岩波講座『日本文学』が刊行されており、岩波書店が文学を重視していた時期に対応していた。小説家で翻訳家のきだみのる（本名・山田吉彦）を通じて岩波書店に発行所となることを交渉したのは、彼が小泉丹《こいずみまこと》との共訳でジャン＝バティスト・ラマルク『動物哲学』（一九二七年、三円二十銭）、林達夫との共訳で岩波文庫のジャン・アンリ・ファーブル『昆虫記』全二十巻（一九三〇～五二年、刊行開始時は一冊四十銭）を、それぞれ岩波書店から出版していた縁によるものと見られる。なお、『動物哲学』は後に、岩波文庫としても刊行された。

　『青い馬』が廃刊になった主たる理由に、若園は『わが坂口安吾』の中で、安吾が一九三一年（昭和六）六月創刊の文芸季刊誌『文科』（春陽堂）に参加したことをあげている。牧野《まきの》信一《しんいち》・小林秀雄《こばやしひでお》・河上徹太郎《かわかみてつたろう》・井伏鱒二《いぶせますじ》らを擁するこの雑誌に安吾が加わったことで、『青い馬』への彼の寄稿がなくなり、雑誌を継続するのが難しくなった。その際に、岩波書店から三百円近い赤字の清算を求められ、葛巻と安吾が蔵書を売却し、対応したことが記されている。

第五章　創業二十年から欧米視察旅行まで

1　一九三三年、創業二十年と記念事業

起源の『文学』

一九三三年（昭和八）は、文芸雑誌『文学界』『行動』『文藝』が創刊されるなど、文芸復興の機運が文壇とジャーナリズムにおいて盛り上がりを見せていく年である。その一方で、左翼への弾圧が厳しさを増し、小林多喜二《こばやしたきじ》の拷問死と佐野学《さののまなぶ》・鍋山貞親《なべやまさだちか》の転向声明などがあった、近代日本の歴史において忘却することのできない、また、してはいけない年でもある。この年に、岩波書店は創業二十年という節目を迎えている。

創業十年の一九二三年（大正十二）には、関東大震災が起こったこともあり、目立った記念事業はとり行われなかったが、一九三三年（昭和八）には、岩波全書の創刊やミレーの「種まき」の図案の使用開始など、画期をなす企画が続いた。文化・学問の各界における功労者に、茂雄が感謝金を贈呈

することをはじめたのもこの年である。

創業二十年の一九三三年（昭和八）の四月に、雑誌『文学』は雑誌『教育』とともに創刊されたのであった。『文学』『教育』はいずれも、岩波講座「日本文学」「教育科学」の「月報」を、講座完結後に継承するようにして、それぞれ刊行されたという経緯を持つ。茂雄がかつて女学校で教員をし、また、夏目漱石が書店の起源を象徴する存在となっていたことを想起すれば、教育と文学に関する講座を出版し、それを受ける形で関連の雑誌を創刊したのも、必然的であったといえるのかもしれない。『教育』は戦時中に廃刊となったが、『文学』は現在でも刊行が続いており、今年で八十年を迎えることになったのである。

このように述べると奇異に聞こえるかもしれないが、『文学』は岩波書店から二度創刊されている。一度目の創刊は、一九三一年（昭和六）七月である。この前月に刊行開始となった、岩波講座『日本文学』全二十巻の第二回配本より、「月報」として、附録『文学』は誕生した。ここには以下の六篇の文章が掲載されている。

阿部《あべ》　知二《ともじ》「数個の日本文学」
佐佐木信綱《ささきのぶつな》「心敬のささめごとの異本に就いて」
土屋《つちや》　文明《ぶんめい》「代匠記中の歌評と契沖の作歌」
野上彌生子「源氏物語と鉄砲玉」

今井《いまい》　邦子《くにこ》「額田王を礼讃す」
葛巻義敏「芥川龍之介『文藝的な、余りに文藝的な』に就て（書簡）」

著名な作家・歌人・批評家・研究者の文章が並び、その後には、「新刊紹介」「学界消息」「雑誌要目分類」、そして「編輯後記」が続く。この刊行物には、岩波講座「日本文学」をよりよく理解するための評論や随筆と同時に、研究の成果、学界の消息や関連分野の雑誌・書籍の情報などが掲載されていたのである。

このような雑誌の特色とも関連して、研究者だけでなく、作家・文芸評論家の寄稿も多く見られた。興味深いことには、各大学や専門学校の講義題目や卒業論文題目なども巻末に掲載されており、高等教育機関に学ぶ、あるいはそこへの進学を望む人々も読者として想定されていたことがわかる。ここからは、一九一九年（大正八）の大学令の施行により、少なからぬ大学で文学部が創設され、また、同年施行の第二次高等学校令にともなう高等学校の拡充・増設によって、日本文学が専門と教養のそれぞれの課程において重要な位置を占めていく基盤が形成されつつあったことがうかがえる。

二度創刊された『文学』

『文学』の二度目の創刊は、一九三三年（昭和八）四月であり、創刊号の定価は八十銭であった（その後、普通号の定価は五十銭）。講座「日本文学」完結にともない、附録『文学』最終号にあたる第二十号と雑誌『文学』の創刊号が、新旧重なるかたちで同時に刊行されている。『文学』が日本文学を中心とする雑誌になったのは、岩波講座「日本文学」の附録を由来とするからである。ただし、『文学』では早くから外国文学に関する寄稿もあり、また、海外における文学理論や研究動向を紹介するなど、広く世界文学の中で日本文学を扱おうとする視点も見られた。

『岩波書店八十年』によれば、『文学』の編集を担当したのは、西尾実《にしおみのる》と藤森朋夫《ふじもりともお》である。西尾は茂雄と同じ長野県の出身で、長野師範学校（現在の信州大学教育学部）から東京帝国大学国文科選科に進み、東京女子大学教授、法政大学教授をつとめ、戦後、国立国語研究所の初代所長に就任している。専門は中世文学・国語教育・国語学である。一方、藤森も同じく長野県の出身で、東北帝国大学の国文科を卒業し、日本大学教授、東京女子大学教授を歴任した。藤森は「万葉集」を中心とする上代文学の研究者で、島木赤彦・斎藤茂吉に師事した、『アララギ』の歌人でもあった。

『文学』創刊号の「刊行の辞」には、雑誌刊行の四つの目的として、「純正なる文学理論の建設」「資料の博捜と整理」「新時代の国語教育・国語問題等への論究と批判」「学界の展望・新思潮・新事実の正確なる紹介」が記されている。研究方法の議論、研究上不可欠となる資料の紹介、関連する領域の探究と批評、そして研究情報の提供という、『文学』創刊時に示された理念は、現在においても大きくは変わっていない。「編輯後記」には優れた研究成果を紹介する学術雑誌を目指すことも記され、それが実際の誌面にも反映されており、二度目に創刊された『文学』は、附録の時よりも学術的な色彩が色濃くなっていることがわかる。

このように、『文学』が講座の附録として終わることなく、本誌創刊にまで漕ぎ着けることのできた理由の一つに、文学というジャンルが岩波書店において重要な位置を占めるようになっていたことがあげられる。とりわけ、一冊一円の「円本」ブームの端緒となった改造社の『現代日本文学全集』（一九二六年十二月刊行開始）を意識して創刊された岩波文庫の存在が大きい。一九二七年（昭和二）七月十日創刊の岩波文庫二十二冊のうち、半数の十一冊が日本文学であり、この五年後の一九三二年（昭和七）二月から刊行された、岩波文庫の教科書版の、主たる対象になったのも日本文学であった。また、一九一七年（大正六）十二月刊行開始の『漱石全集』以降、相次いで出版された文学全集も、『文学』創刊の時点では岩波書店の主軸をなすものとなっていった。そうした岩波書店の文学に関する企画の起源には、夏目漱石の存在と『こゝろ』の出版があったのである。

とはいえ、創業まもない時期に刊行された『宇宙之進化』『儒家理想学認識論』『こゝろ』の三冊が、科学と哲学・思想、そして文学の書籍であったことは、たとえそれが偶然であったにしても、後年の岩波書店の特色となる分野であり、興味深い。国文学者で東京帝国大学教授の藤村作《ふじむらつくる》が、雑誌『文学』創刊号に寄稿した「『文学』に寄す」の中で述べているように、それまでの岩波書店の出版事業の中心は哲学と科学であり、「日本文学の方面への進出は、蓋し日尚浅い」ものであった。藤村がこのように述べる背景には、一九二一年（大正十）十月に『思想』が、一九三一年（昭和六）四月に『科学』がそれぞれ創刊されており、両誌に遅れて『文学』が加わったという事情があった。それだけに、同誌に寄せる関係者の期待には非常に大きなものがあった。

『文学』創刊時から編集の協力をしていた国文学者の池田亀鑑《いけだきかん》が岩波茂雄に送った、一九三三年（昭和八）一月十日付書簡にその一端がうかがえる。

「文学」創刊。小生の意気では目下の講座の会員数よりも三千は多く読者をとるつもりで意気込んでゐます。単に研究発表機関、論文集にあらずして、国文学界のフレッシュな問題の提案者であり、又これが解決者であつて、常に学界の先端をきつてリードして行く決心です。

後に東京大学教授となる池田は、『文学』創刊時には東京帝国大学副手であり、翌年に助教授となる少壮の研究者であった。八十年前の若い研究者の意気込みと決意が語られたこの書簡には、『文学』という新たな場がつくられたことに対する歓びと期待が漲っていた。

『文学』は、岩波講座「日本文学」の「月報」としての出自を持つことによって、文学をよりよく理解し、豊かに鑑賞する手助けとなる評論や随筆を掲載するというメディアとしての特色を、創刊当初から有していた。それと同時に、『文学』はその起源において、優れた研究成果を発表する学術雑誌をも目指していたのである。

岩波全書の創刊とトレードマークの使用開始

一九三三年（昭和八）十二月、岩波書店創業二十周年を記念して、岩波全書が創刊された。ドイツのゲッシェン叢書をモデルとするこの全書は、「現代学術の普及」を目的として、創刊時には、次の十八冊が刊行されている。自然科学・社会科学の研究を国民に普及させることを目的として、各研究分野の知識を小冊子に収めて、八十銭という低廉な価格で販売することになった。著者・書名の上に示した数字は、全書の通し番号である。

①西田幾多郎『哲学の根本問題（行為の世界）』
②田辺元『哲学通論』
③美濃部《みのべ》達吉《たつきち》『行政法Ⅰ』
④横田《よこた》喜三郎《きさぶろう》『国際法』
⑤我妻《あがつま》栄《さかえ》『民法Ⅰ（総則・物権上）』
⑥中川《なかがわ》善之助《ぜんのすけ》『民法Ⅲ（親族・相続）』
⑦中山《なかやま》伊知郎《いちろう》『純粋経済学』
⑧東浦《ひがしうら》庄治《しょうじ》『日本農業概論』
⑨掛谷《かけや》宗一《そういち》『微分学』
⑩寺田寅彦・坪井《つぼい》忠二《ちゅうじ》『地球物理学』
⑪松沢《まつざわ》武雄《たけお》『地震』
⑫山羽《やまは》儀兵《ぎへい》『細胞学概論』
⑬宮城《みやぎ》音五郎《おとごろう》『水力学』
⑭佐々木《ささき》達治郎《たつじろう》『航空計器』
⑮鈴木《すずき》雅次《まさつぐ》『港湾』
⑯飯高《いいたか》一郎《いちろう》『金属と合金』
⑰西成《にしせい》甫《ほ》・鈴木《すずき》重武《しげたけ》『人体解剖学』

岩波全書

⑱橋田《はしだ》邦彦《くにひこ》『生理学　上』

岩波書店のトレードマークとして知られるミレーの「種まき」の図案は、創業時からではなく、岩波全書から使用が開始された。この岩波全書以降、橋口《はしぐち》五葉《ごよう》の描いた「かめ」から平福百穂の「種まき」が使用されるようになったのである。

「かめ」の作者である橋口五葉は、『吾輩は猫である』、『漾虚集』以来、漱石の単行本の装幀を担当した、明治末から大正期にかけて活躍した装丁家であった。一方、「種まき」の作者である平福百穂は、既に述べたように、岩波文庫の装幀を担当した日本画家である。平福は、歌人で小説家の伊藤左千夫と親交を結び、アララギ派の歌人としても活動した。茂雄は、『アララギ』第二十七巻九号（一九三四年九月）に寄稿した「平福百穂画伯を憶ふ」（『茂雄遺文抄』）の中で、一九三三年（昭和八）十月三日に没した平福について、次のように記している。

私は絵を知らない、書を知らない、歌を知らない。だが画伯の絵は好きである。淡彩または墨絵は特別に好きである。画伯の書も好きである。画伯の歌も好きである。これは芸術上の技巧美に感心する点もあらうが画伯の人格の表はれとしての気品に打たれることが私をして愛好措く能はざらしむる所以ではないかと思ふ。

なお、平福の画業を集めた平福一郎《ひらふくいちろう》編『平福百穂画集』（一九三四年、二十五円）が、岩波書店から刊行されている。

茂雄は、平福が作成した岩波書店の図案について、雑誌『書窓』創刊号（一九三五年四月）の中で次のように述べている。

ミレーの種蒔きの画をかりてマークとしたのは、私が元来百姓であつて労働は神聖なりといふ感じを特に豊富に持つて居り、従つて晴耕雨読の田園生活が好きであるといふ関係もあり、詩聖ワーヅワースの「低くくらし、高く思ふ」を店の精神としたいためです。なほ文化の種を蒔くといふやうなことに思ひ及んでくれる人があれば一層ありがたい。昭和八年夏までは橋口五葉氏の瓶の型を用ひてゐました。

この文章は、「出版所マーク集」の特集に寄稿した文章であり、岩波書店に加え、小山書店・アルス・新潮社の四社の図案が掲載されている。

岩波全書に続いて、単行本では、翌一九三四年（昭和九）二月刊行の、橋田邦彦著・山極一三《やまぎわかずぞう》編『碧潭集』（二円五十銭）からミレーの「種まき」の図案が使用されることになった。創業二十年を迎えた記念の年に、茂雄は自らの起源と出版の理念とを確かめるようにして、新たな図案を使用することになる。ウィリアム・ワーズワースの"Plain living and high thinking."に基づく「低く暮らし、高く想ふ」は、茂雄が古書店を創業する時の案内状に記した、彼の座右の銘であった。ミレーの図案の使用は今日まで続いており、岩波書店を象徴するトレードマークとなっているのである。

2　念願の教科書刊行と欧米視察

中学校用『国語』教科書の刊行と教師用指導書

茂雄は創業時から、新聞広告を好んで利用していたが、それは社会の木鐸とされるこのメディアの特色に対する信頼と共感からであるように見える。新聞というマスメディアの持つ公共性と信頼感を活用しようとする茂雄の考えがよく表れているものに、国語教科書刊行時の新聞広告がある。

一九三四年（昭和九）十二月、岩波書店は中学校用国語教科書『国語』を、旧制中学の五年間に対応できるよう、全十巻で刊行している。岩波書店では一九二七年（昭和二）一月に、既に亀井高孝

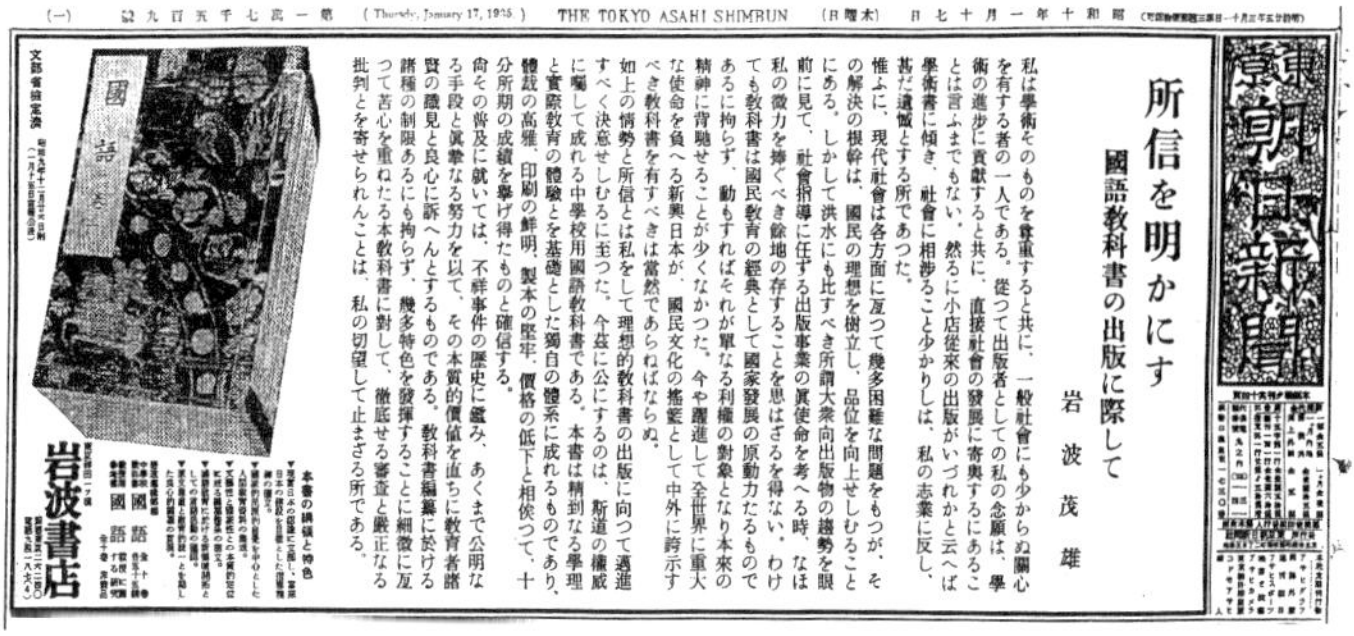

昭和十年一月十七日（木曜日）　THE TOKYO ASAHI SHIMBUN　(Thursday, January 17, 1935)　第一萬七千五百九十號　（一）

東京朝日新聞

所信を明かにす

國語教科書の出版に際して

岩波茂雄

私は學術そのものを尊重すると共に、一般社會にも少からぬ關心を有する者の一人である。從つて出版者としての私の念願は、學術の進歩に貢獻すると共に、直接社會の發展に寄與するにあることは言ふまでもない。然るに小店從來の出版がいづれかと云へば學術書に傾き、社會に相渉ること少かりしは、私の志業に反し、甚だ遺憾とする所であつた。

惟ふに、現代社會は各方面に亘つて幾多困難な問題をもつが、その解決の根幹は、國民の理想を樹立し、品位を向上せしむることにある。しかして洪水にも比すべき所謂大衆向出版物の趨勢を眼前に見て、社會指導に任ずる出版事業の眞使命を考へる時、なほ私の微力を捧ぐべき餘地の存することを思はざるを得ない。わけても教科書は國民教育の經典として國家發展の原動力たるものであるに拘らず、動もすればそれが單なる利權の對象となり本來の精神に背馳せることが少くなかつた。今や躍進して全世界に重大な使命を負へる新興日本が、國民文化の搖籃として中外に誇示すべき教科書を有すべきは當然であらねばならぬ。

如上の情勢と所信とは私をして理想的教科書の出版に向つて邁進すべく決意せしむるに至つた。今茲に公にするのは、斯道の權威に囑して成れる中學校用國語教科書である。本書は精到なる學理と實際教育の體驗とを基礎とした獨自の體系に成れるものであり、體裁の高雅、印刷の鮮明、製本の堅牢、價格の低下と相俟つて、十分所期の成績を擧げ得たものと確信する。

尚その普及に就いては、不祥事件の歷史に鑑み、あくまで公明なる手段と眞摯なる努力を以て、その本質的價値を直ちに教育者諸賢の識見と良心に訴へんとするものである。教科書編纂に於ける諸種の制限あるにも拘らず、幾多特色を發揮することに細微に亘つて苦心を重ねたる本教科書に對して、徹底せる審査と嚴正なる批判とを寄せられんことは、私の切望して止まざる所である。

『国語』刊行時の広告

『中等西洋史』を教科書として定価一円八十五銭で出版していたが、その後は、文部省による検定があることを一つの大きな理由に、教科書の編集と販売に本格的には参入していなかった。しかし、茂雄は「教科書刊行について」（『茂雄遺文抄』）の中で、「青年の理想を培養し人格を陶治する」ためには教科書を出版することが不可欠と考え、『国語』の出版を敢行した。茂雄が青年に求める「理想」と「人格」は、彼が青年期に培った教養主義に基づく人格主義であり、それは後述する、教科書に収録される文章の書き手ともかかわってくる。国家による言論統制を好まなかった茂雄が、あえて国語教科書を刊行したのには、メディア規制が厳しさを増していく状況下にあったからでもある。『国語』に収録された教材が、大正時代のリベラリズムの雰囲気に基づく選択であったこととともかかわっている。

『国語』刊行に際して、茂雄は教科書発行にあたっての理念を新聞紙上に掲載している。たとえば、『東京朝日新聞』一九三五年（昭和十）一月十七日付朝刊などには、岩波茂雄の名前で「所信を明かにす　国語教科書の出版に際して」という広告が大きく掲載された。『国語』の書影とともに掲載されたこの広告で（図版）、茂雄は「洪水にも比すべき所謂大衆向出版物の趨勢を眼前に見て、社会指導に任ずる出版事業の真使命を考へる時、なほ私の微力を捧ぐべき余地の存することを思はざるを得ない」とし、さらに次のように記している。

今茲に公にするのは、斯道の権威に嘱して成れる中学校用国語教科書である。本書は精到なる学理と実際教育の体験とを基礎とした独自の体系に成れるものであり、体裁の高雅、印刷の鮮明、製本の堅牢、価格の低下と相俟つて、十分所期の成績を挙げ得たものと確信する。

この広告からは茂雄の自信のほどがうかがえるが、それは、内容と形式のいずれにおいても満足のいく教科書に仕上がったからに他ならない。この教科書は、学術的成果と教育現場における体験を生かした豊富な教材によって成り立っており、書物の品質を保ちつつも、価格を下げることに成功したのである。定価は一冊、五十五銭であった。

掲載されている教材については、夏目漱石や芥川龍之介など、岩波書店がそれまで手掛けてきた全集を刊行した作家や、岩波文庫に採用された文学者たち、あるいは「漱石山脈」の人々の文章が多かった。『国語』刊行にあたって書かれた「『国語』編纂の趣意」に、「国語講読の材料については、『総ベテ文章ノ模範タルモノ』を一般的の規定となし」とあり、たとえば巻一には、漱石や芥川の他に、小泉八雲《こいずみやくも》・中勘助・千家元麿・吉村冬彦（寺田寅彦）・志賀直哉・正岡子規・北原白秋《きたはらはくしゅう》ら、岩波書店とかかわりの深い執筆者たちの散文と韻文が掲載されていたのである。

茂雄が『国語』の販売にあたって、新聞の公共性を活用した宣伝広告を行ったのは、各学校への教科書の直接の販売に際して発生し得る、贈収賄などの不正を回避するためであった。その背景には、小学校の教科書が国定化される契機となった、教科書疑獄事件があるように見える。

茂雄が第一高等学校生だった一九〇二年（明治三十五）に発覚したこの事件では、教科書販売をめぐって贈収賄に関与した人々が多数摘発された。こういった不正を回避するために、茂雄は公器たる新聞を活用しようとしたに違いない。教科書の販売においては従来、出版社の社員が学校や役所に行って営業することが一般的であった。「回顧三十年」（『茂雄遺文抄』）における、茂雄の回想によれば、「元来教科書を売るのには、教員に使ひを出す、販売部員を地方に派遣する、東京に出て来る教員を饗応するなど大変なものであつた」のである。旧制中学校の教科書採択に関しては、学校長に権限があったにせよ、実際には教室で教える担当者の意向が反映されていた。諸井耕二《もろいこうじ》「旧制中学校教科書岩波編集部編『国語』全十巻をめぐって」（『宇部工業高等専門学校研究報告』第三十六号、一九九〇年三月）は、岩波書店刊行の『国語』を採択し、これを活用した授業について体験的に書かれており、同時代における『国語』享受の一面を垣間見ることできて貴重である。

茂雄がとった、新聞広告に特化する方法は、新聞の持つ公共性と信頼感を活用し、岩波書店の『国語』教科書の特色を不特定多数の人々に伝えるうえでも効果的であった。ただしそれは、岩波書店が既に信頼のブランドを獲得していたからこそ可能となった販売方法でもあった。その結果、『岩波書店八十年』によれば、「最初の年度に第一巻は三万五千部発行、他の巻もこれに準じ、全国語教科書中第二位の発行部数を示すに至った」のである。『国語教育史資料　第二巻　教科書史』第二巻（東京法令出版、一九八一年）によれば、一九二七年（昭和二）から岩波書店が『国語』を刊行する一九三四年（昭和九）までのあいだに、国語の教科書を出版していた会社は、以下のとおりである。六盟館・開成館・文学社・右文書院・育英書院・三省堂・立川書店・明治書院・光風館・目黒書店・至文堂・冨山房・六星館・金港堂・帝国書院・宝文館・星野書店・早稲田大学出版部・中文館である。数ある出版社の中で、新規参入の岩波書店が第二位を占めたのである。

なお、『国語』刊行から約一年後の一九三六年（昭和十一）一月には、岩波書店編輯部編『国語　学習指導の研究　巻一』を皮切りに、「教授用参考書」全十巻も出版されている。岩波書店はこの教師用の指導書を『国語』刊行後まもなく編集し、教科書を採択した学校の教師に贈呈した。その内容の善し悪しが、教科書の採択に影響を及ぼすことになるのだが、岩波書店刊の『国語』は、この指導書の存在もあって、順調に売り上げを伸ばしていったのである（「コラム8」参照）。

普及版『芥川龍之介全集』とその「内容見本」

『国語』の刊行開始と同じ一九三四年（昭和九）、この教科書にも作品が収録された芥川龍之介の普及版全集が刊行されている。一九二七年（昭和二）の芥川没後すぐに刊行された全集に続いて、堀辰雄はこの普及版『芥川龍之介全集』全十巻（岩波書店、一九三四～三五年、各巻一円五十銭）の編集にも携わっている。堀は、この二回目の全集についてたびたび言及しており、彼の編纂に関する考えを垣間見ることができる。この全集はどのような状況下で刊行され、堀は芥川全集をどのように編纂しようと考えていたのだろうか。

普及版「内容見本」（一九三四年）では、「今回増訂普及版芥川龍之介全集を刊行致しますに当り、編纂・校正上にも前回の全集により一層の厳密正確を加へたく、今回も再び直接原稿に基いて校合致さうと思ひます」（芥川龍之介全集刊行会）と、編纂方針が記されている。また、芥川の直筆原稿を最も重視する姿勢は、「「芥川龍之介全集」第六巻編纂・校正覚書」（『芥川龍之介全集』第六巻「月報」、一九三五年一月）にも明確に表れている。

このような編纂方針は、全十巻の半数の口絵に、芥川の直筆原稿の写真を採用している点にもうかがえる。たとえば、第二巻では、「奉教人の死」の四十五枚目の草稿の写真が、対照しやすいように、対応する全集の本文のページ数とともに示されている。これにより、直筆原稿からどのように全集の本文がつくられたかがイメージしやすくなる。堀がこだわっていたルビについても、芥川の直筆原稿の一部を示すことで、全集の本文とは異なることを明示することができるだろう。芥川の直筆原稿に基づく編纂を理想とする堀の立場からすれば、口絵写真という限定的な場であっても、直筆原稿の面影を提示することは重要であったに違いない。

ところで、普及版「内容見本」には、この全集が「普及版であつてしかも定本」を目指していることが記されていた。この言葉は、おそらく、普及版全集の特色を端的に言い表している。普及版と銘打っている以上、一九三四年（昭和九）から一九三五年（昭和十）にかけて刊行された普及版の芥川全集は、少なくない読者を想定した企画であった。そして、その一方で、堀と葛巻義敏の立てた編纂方針は、「定本」と銘打たれた前回の全集の理念を継承しつつ、新資料を増補し、「一層の厳密正確」な校訂を行おうとするものであった。「普及版」という制約の中で、師の遺した本文を可能な限り正確に後世に伝えるべく、その起源となるような「定本」全集をつくること。それが、普及版における現実的な編纂方針となっていたのである。

「普及版であってしかも定本」という表現は、必ずしも相容れない二つの概念を結びつけてこの時代の状況を示した点で、「純文学にして通俗小説」という、横光利一が「純粋小説論」(『改造』第十七巻四号、一九三五年四月)でその必要性を説く際に用いた表現と響きあう。また、普及版全集の刊行中には、『文藝春秋』第十三巻一号(一九三五年一月)誌上において「芥川・直木賞宣言」が行われ、新進作家の優れた創作に与えられる芥川龍之介賞が制定されている。芥川を「純文学」作家の象徴にしようとするこの出来事と、堀が理想と考えていた芥川全集の編纂方針は、少なからず呼応するように見えるのである。

普及版の芥川全集の編纂に携わっていた一九三四年(昭和九)、堀は、前年刊行の『ルウベンスの偽画』(江川書房、一九三三年)に続いて、『美しい村』(野田書房、一九三四年)、『物語の女』(山本書店、一九三四年)など限定版の書物を出版している。これらはすべて、紙質・活字・表紙・カバー・奥付などにこだわった瀟洒で贅沢なつくりの、読者を限定した書物であった。文芸ジャーナリズムの商業主義を十分に視野におさめながら、その状況下で、堀は自分の理想とする書物をつくろうとしていたのだが、普及版全集の編纂においても、その理念が表れていた。堀は、文学の読者層が広がり、本が大量生産・大量消費されていく時代の趨勢を意識しながらも、これに迎合することなく、師の文業を後世に正確に伝えうる定本全集を編纂して世に問おうとしていたのである。

芥川全集編纂への堀辰雄のこだわり

普及版『芥川龍之介全集』全十巻の編纂方針の一端は、ともに編纂に携わった葛巻義敏に宛てた、一九三四年（昭和九）八月十八日付の二通の書簡からうかがえる。この二通の書簡で主な話題となっているのは、全集収録本文のルビについてである。一通目の葛巻宛書簡では、「ルビ無し」の本文の全集を刊行することを主張しながらも、追伸では、一九二八年（昭和三）から翌年にかけて、岩波書店から刊行された普及版『漱石全集』に準じて、「小説ルビ附、その他ルビ無」という妥協案へと考えが傾いている。同一書簡の中で、堀の考えが揺らいでいることがうかがえる。

ところが、同日の夕方に投函された二通目の葛巻宛書簡では、たとえ読者を限定することになっても、ルビを付けないことが望ましいと、堀は強く主張するようになる。発行部数に具体的に触れつつ、堀は次のように記している。

……いろいろ岩波の方の意向もお訊きして、「ルビ無し」説を貫徹するやう返電して置いた。岩波の読者層、芥川さんの読者層、両者を並せて考へるに、売行がルビの有無によつて、さほど影響するものとは考へられない。ルビがなくとも、五千乃至七、八千位は確実に売れん。（一万、二万と売らうといふのでない以上は。）かへつて最初からルビなしでくつついてくる読者の方が確実ならんかと思ふ。
大体、総ルビ附は、芥川さん自身がつけたものならいざ知らず、多くは後人の附したるもの。甚だ不自然なるが多い。（ことに漢詩、外国語につけたりするのは無理。）そんな間違つたものを、後世に残して置くより、自然の儘に原文を保存しておいた方が数等優ると信ず。

全集の売れ行きおよび読者層に対する配慮を示しつつも、「「ルビ無し」説を貫徹する」ことが望ましいとする意見を、堀が版元の岩波書店に伝えていたことがわかってくる。この書簡の末尾に、「断然ルビ無しの方がよいと考へるに到つた」ともあり、一日のあいだに、堀の考えが明確になっていく様子がうかがえる。また、「ルビ無し」の本文にこだわった理由や、全集本文に対する堀の考え方が表れている。堀が理想としていたのは、芥川の遺した直筆原稿に基づく本文であり、したがって、編集段階でルビの付された総ルビの本文については懐疑的であった。たとえ読者が限定されることになっても、芥川の直筆原稿に基づき、つとめて正確に本文を校訂して後世に残すことを、堀は重視していた。

普及版全集において、ルビが付されていない本文を「ルビ無し」のままとする堀の考えは、結局は採用されなかった。しかし、芥川の直筆原稿にさかのぼり、亡き師の創作を正確に再現するべく全集を編纂しようとする理念は、堀の中で一貫して持続されていたように見える。むしろ、堀のそのような理念は、師の全集を再度編纂する機会を得た普及版においてより強くなっていったのである。

欧米への視察旅行

一九三五年（昭和十）五月から十二月にかけて、岩波茂雄は欧米視察旅行に出発する。七ヶ月の長旅であり、延べ二十ヶ国以上の国々を視察している。帰国後、茂雄の貴重な見聞を伝えるべく、対談と茂雄の話を聞く会が催され、『日本古書通信』誌上において掲載された。まず、茂雄と八木敏夫との対談「新帰朝の岩波茂雄氏に――欧米書店界を聴く」が、第四十七号（一九三六年一月一日）の同誌に掲載された。ここでは、欧米の書店のことに焦点が絞られ、対談が行われている。反響が大きかったことから、一月二十二日に教育会館で茂雄の話を聞く会が持たれ、それが「『欧米遊談』を岩波茂雄氏に聴く」というタイトルで『日本古書通信』第五十号（一九三六年二月十五日）と第五十一号（同年三月一日）の二号にわたって掲載されている。

欧米視察の旅程については、茂雄自身が二月十五日号で詳細に述べている。やや長いが、以下に引用する。

……横浜を四月二十七日出帆の靖國丸に、五月四日に門司から乗船して外遊の途に就きました。それから上海に先づ着きシンガポール、ペナン、コロンボ、印度洋を渡つてアデン、紅海、スエズそれからカイロに行き昔のスインクス、ピラミツトを観てポートサイドに行き地中海を渡り伊太利のナポリに行き更に仏蘭西の港のマルセイユに六月五日上陸して旅行を始めた訳です。

従つて第一に巴里に落着き、田舎を少し歩き白耳義、オランダに行き、又巴里に還つて伊太利、スイスを旅行して再び巴里に還へり、ドーバ海峡を渡つて英吉利の倫敦に行き、英吉利より更にスウエーデン、ノルウエーに行き更にストツクホルムより海に渡つて伯林に行き、伯林で腰を落着けて、さうして近辺のライプチツヒ、ドレスデン辺りを旅行するとか更に進んでポーランドワルノーに行き、それよりロシアのモスコー、レニングラードを経てフインランドのヘルシングフオルスを見物し、バルテツク海を渡つてラトヴイアとか、リスアニア、ケーニヒスベルヒの方を廻つて又伯林に戻つて更にライン旅行をなし、再び伯林に戻り、更にチエツコスロヴアキアのプラーグ、ハンガリのブーダペスト、オーストリヤのウイン独逸のミユンヘンに入り、ニユールンベルグを見物して又伯林に還り、愈々帰途に就くと云ふ訳であります。

僅の時間を利用して巴里からスペインに入りマドリツド、トレドーに行き、又巴里に還り、仏蘭西のシエーブルから英吉利の船に乗つてニユヨークに上陸し、ワシントンに行つてワシントンの墓に詣り、又ニユヨークに還り、更にボストンに行き其処の美術館を観て、ナイヤガラ、シカゴ、グランキヤニオ、ロスアンゼルス、ヨセミユーの国立公園に行き、それより桑港、布哇を通つて帰国したのが十二月十三日であります。恰度七ケ月半で帰つて来た事になります。

仏蘭西からして亜米利加迄入れて二拾ヶ国以上の国々を七ヶ月で廻るのは殆ど駈足で歩いて来たに過ぎないのです。

ここからは、茂雄がいかに多くの地域を訪れているかがわかる。茂雄は特に、スイスの山とフランス、イタリアの美術を愉しんだことを語っている。訪れた各都市についての印象が語られているが、フランスのパリについては、その華やかさを讃える旅行者が多いのに対して、茂雄は街の静かで古びたところに光を当てて評価している。また、ドイツのベルリンについては、アドルフ・ヒトラーのナチスによるユダヤ人の迫害について憂慮を示していた。一方、ソビヱトやアメリカを見聞したことで、茂雄はこの二つの大国が、今後大きく台頭する認識を持った。これに中国を加えた三国が、将来の世界をリードしていくだろう可能性を、茂雄はこの世界旅行を通じて感じたのであった。

この二年後、島崎藤村は、南米旅行から帰った際に、茂雄から送られた手紙に触れながら、「南米その他の旅より帰りて（1）」（『東京朝日新聞』一九三七年五月二日付朝刊）で次のように述べている。

さて、深い溜息の一つもつける日を迎へて見ると、先づ休めと手紙で言つてよこして呉れた神田の岩波茂雄君のやうな人もあつた。それには長い旅の後のことであるから、当分は十分加養して疲れを恢復せよ、自分も帰朝後眞鍋医師の注意により半歳ぐらゐ自適の生活をした、自覚のあるなしに係らず疲れてゐることは争はれないとしてあつた。さすが外国の旅の経験ある人なればこそ斯うした手紙を呉れたのだとうれしく思つた。

この時期は、藤村だけでなく、欧米に外遊に出た文学者が他にもいた。武者小路実篤・正宗白鳥《まさむねはくちょう》・横光利一・林芙美子らが「円本」の印税を資本に、あるいは新聞社の特派員として欧米への旅に出ている。こうした作家たちの場合とは異なり、茂雄の外遊は出版人の視点からのものであり、数も少なく貴重である。

また、多くの作家がヨーロッパだけであったのに対し、茂雄はヨーロッパに加え、アメリカ合衆国へも行っていた。六年後に戦争をすることになるアメリカ合衆国の国力を目の当たりにしており、そのことについても言及していた。先進国の状況を知ったことにより、茂雄は世界の中での日本の位置を現実的に把握することができ、それが戦時下における出版社経営や戦後の再出発に少なからず影響を及ぼすことになったように見える。

3　戦時下の言論統制

内務省の検閲に関する茂雄の見解

一九三一年（昭和六）の満洲事変以降、次第に強くなるメディア規制は、一九三七年（昭和十二）七月七日の北京郊外の盧溝橋事件を直接のきっかけとする日本と中国の全面的な戦争の勃発によって、より一層厳しさを増していった。岩波書店刊行の出版物も、内務省の検閲により、発禁処分や削除処分に見舞われることが少なくなかった。

茂雄は、欧米視察に出発する一九三五年（昭和十）の正月の新聞に、言論統制に関する見解を述べている。『読売新聞』一月五日付朝刊に、彼は「新春偶感」というタイトルの以下の文章を寄稿している。

○出版の社会的真使命に覚醒すること、これは今尚ほ幾度でも繰返して云はねばならぬ。
○当局の検閲指針について、その標準の確立を望む、寛厳いづれなりとも。
○而してこれが理解を著者と出版者とに徹底せしめよ。その標準の不足、若しくはその徹底せざるがために不必要に生ずる精神上、並に物質上の社会的大損失！　これは是非なくさねばならぬ。

茂雄が「新春偶感」として記したこの文章に、「検閲指針」の「標準」が不足していることへの不満が述べられている点が注目される。茂雄の目は、内務省による検閲それ自体よりも、標準の不足や不徹底による精神的・物理的な損失に向けられていることがうかがえるからである。

茂雄がこのように述べる背景には、岩波書店が、創業した時代から検閲によって発禁処分を受けてきた歴史がある。一九二二年（大正十一）四月に中勘助の小説「犬」が風俗壊乱とされ、掲載紙の『思想』四月号が発禁処分となった。また、一九二六年（大正十五）十一月に、倉田百三『赤い霊魂』が岩波書店発行図書として最初の発禁処分となった。岩波書店もまた、多くの出版社がそうであったように、内務省の検閲に悩まされることになる。茂雄は、「回顧三十年」（『茂雄遺文抄』）で、「満州事変を機として日本にも世にいふ言論弾圧時代が来た。この時代には随分不愉快な思ひをした」と回想している。

茂雄が「新春偶感」を寄稿する数年前には、「日本資本主義発達史講座」が発禁や一部削除の処分にあっている。一九三二年（昭和七）十一月には「日本資本主義発達史講座」第四回配本が発禁処分となった。この講座は各論文を分冊にしたものを箱に入れて配本していたが、この第四回に収められた以下の六論文がそれぞれ発禁処分となったのである。

羽仁五郎「幕末に於ける社会経済状態階級関係及び階級闘争」後篇
羽仁五郎「幕末に於ける政治的支配形態」
田中康夫《たなかやすお》「政党及び憲政史」
田中徳治「教化史」
小倉金之助《おぐらきんのすけ》・岡邦雄《おかくにお》「自然科学史」
細川嘉六《ほそかわかろく》「日本社会主義文献解説」

この第四回で「突如発売禁止処分」になった時の不服を、茂雄は「「日本資本主義発達史講座」刊行の次第」（『茂雄遺文抄』）の中で、次のように述べている。

内容については、当方の方針は寸分も従来と異らず編輯し、あくまで誠意を以て合法的ならんと努力し来りしに突如としてかゝる仕打に会つて驚き、私は前の課長との諒解の件もあつたことですから、当時の次官、友人河原田稼吉氏の紹介をもつて図書課長を尋ねました。この時は以前の図書課長ではなかつたと思ひます。私は率直に不服を述べました。取締方針の変更はその時勢によつて生ずるといふことは承知して居るが、か丶る場合には予め出版業者に予告して貰へば御互に手数がなくて、社会上から見て無益な時間と労力をつひやすことなく我々あくまで合法的に出版を企図して居る者には此度当局のとつた処置は甚だ残念である。これに対し課長氏は当方に於て検閲方針は変更せず、君の方の編輯方針が違つたらうと云はれて官憲に抗することは出来ないにしても内心甚だ不平であつたことを記憶します。後に聞くところに依れば、この時最高部に於けるか丶る方面の取締りが天降り的に非常に峻烈に大変更されたとのことでありました。

ここからは、茂雄と内務省とのせめぎ合いの一端がうかがえて興味深い。他にも、翌一九三三年（昭和八）十月には、「日本資本主義発達講座」第五回配本（二月）のうち、服部之総《はっとりしそう》「明治維新の革命及び反革命」が削除処分を受けており、このシリーズが言論統制による発禁や一部削除の処分にあっていたことがわかってくる。

既に述べたように、この年には左翼への弾圧が厳しさを増し、二月には小林多喜二の築地警察署における拷問死、六月には佐野学と鍋山貞親の獄中での転向声明が続き、プロレタリア文学が壊滅的な打撃を受けることになる。そうした社会情勢の中で、岩波書店においても、社会科学系の出版に対する検閲がより強化されていったのだが、戦時下の日本ではメディア規制が緩められることはなかった。

相次ぐ発禁処分

一九三五年（昭和十）以降、岩波書店の刊行物が、どのような発禁・削除処分を受けたか、『岩波書店八十年』からは、その推移の傾向が浮かび上がってくる。

日中戦争がはじまり、内務省の検閲が厳しさを増したことで、岩波書店も規制を受けるケースが多くなっていったことがうかがえる。発禁・削除処分以外にも、自主的な規制によって、出版を控えざるを得ない書物もあった。また、鹿野政直《かのまさなお》は『近代日本思想案内』（岩波書店、一九九九年）の「付編言論法規」の中で、「日本資本主義発達講座」第二部「資本主義発達史」の一章、秋笹正之輔《あきささまさのすけ》『植民地政策史』（一九三三年、一円）、福澤諭吉『文明論之概略』第二刷（岩波文庫、一九三六年、四十銭）など、岩波書店刊の書籍の実例をあげながら、内務省の検閲について周到な解説を行っている。

日中戦争がはじまる一九三七年（昭和十二）からは、以前にも増して検閲が厳しくなっていく。七月には、山田盛太郎『日本資本主義分析』（一九三四年、一円五十銭）は自発的に絶版し、既に述べたように、十月から刊行開始の『二葉亭四迷全集』では、二葉亭訳のアンドレーエフ『血笑記』の収録を見送っている。

一九三八年（昭和十三）二月には、大正・昭和時代にマルクス経済学者として活躍した大内兵衛《おおうちひょうえ》が前年十二月の「人民戦線事件」により起訴されたことで、その著作『財政学大綱』（一九三〇年、一円六十銭）に休版命令が出た。大内は財政学・統計学を専門とし、社会主義の啓蒙と社会保障制度に大きく貢献した。大内は、後に東京帝国大学総長となる、政治学者の南原繁《なんばらしげる》とともに「岩波文化」を代表する人物であった。一九三八年（昭和十三）二月には、前年十二月にファシズム批判をしたことで東京帝国大学教授を追われた、矢内原忠雄《やないはらただお》の『民族と平和』（一九三六年、一円八十銭）が発売禁止となる。社会主義に対する弾圧が厳しさを増していく中で、岩波書店もマルクスやエンゲルスなど、社会科学にかかわる岩波文庫の増刷を、当局からの指示によって見合わせることになったのである。
他にも、著者への干渉によって、絶版とせざるを得なかった書籍もある。軍事教練への言及について憲兵隊から干渉があり、天野貞祐『道理の感覚』（一九三七年、一円七十銭）が著者の申し入れによって絶版となった。天野が茂雄に絶版を申し入れた一九三八年（昭和十三）二月二十八日付の手紙に、その経緯が次のように記されている。

今日京大配属将校より「道理の感覚」における軍事教練に関する点につき話があり（この将校は河村大佐と云ひ立派な人物で私も平生好意をもつてをる人ですのでよく懇談しましたが）、私は自説を譲りませんが、然《しか》し大佐が実際問題として学生が私の著書を熟読する結果軍事教練に支障を来す恐れあり、職務が遂行出来ぬといふのは大佐の立場としては誠に無理ならぬことと考へられ、之《これ》を大学の問題とせず大佐と私と二人の間の話合《はなしあい》とし度《た》いと言ひます故《ゆえ》私は大佐に適当な処置をすると答へました。私はこの点につき考へてみましたが、私は他より強ひられることを欲しませんが　然し大佐が実際問題として困るといふのは尤《もっと》もに思はれますので自発的に止めに致し度く、そのことを貴兄に御願ひいたし度いと思ひます。

天野貞祐

「私は自説を譲りません」としながらも、勤務先の京都帝国大学に配属された将校からの指摘を受け入れ、「適当な処置をすると答へる」までの苦渋と逡巡がうかがえる文面である。この書簡からは、自主規制を甘受するに至るまでの天野の苦悩が、その一部ではあるが、浮かび上がってくる。天野の苦渋の決断を岩波書店は受け入れ、『道理の感覚』はこの年の三月十五日に絶版となった。茂雄は、「回顧三十年」（『茂雄遺文抄』）で、「私は発禁の命令が出るまでは頑張るつもりであつたが、当時博士は京大の学生課長であり、博士の地位に禍が及べば学生のためによくないと思ひ、自発的に絶版にした」と、この時のことについて回想している。

コラム8　教師用指導書の内容

教師用指導書を繙《ひもと》くと、全巻行き届いた内容で、この指導書の存在が『国語』の販売促進に大きく貢献したことが想像される。全十巻中、巻一の巻頭の「諸言」の「二　学習指導研究の組織」には、この指導書の構成が簡潔に示されている。

本書は「国語」の編纂精神を、各巻につき、各課について具体的に闡明し、且編纂者の立場から学習指導の一試案を描いて見ようとしたものであります。

本書は、各教材について、

第一　解題

第二　教材としての研究

第三　備考

の三部から成る組織を有つて居ります。三部のうちでは第二の教材としての研究が主体であることはいふまでもありませんが、教材研究にとつて何よりも肝要なのはその方法的体系であると考へられますので、主として文学研究の方法論に基づいて、

一　読み

二　解釈

三　批評

の三段階を立て、まづ、「読み」を「読み」として完成に導く為に「註解」を施し、その「読み」の完成から「解釈」を発展させ、「解釈」を「解釈」として完結させることから「批評」を発展させるといふ如く、発展的にこれを位置づけさせることを指導方法の大綱といたしました。

ここに示された第一から第三の構成については、それぞれより詳しい説明がなされている。

すなわち、第一の「解題」では「本文」「作者」「叙述」の三つに分けて、各教材の特色が考察「採択の趣旨」が示され、第二の「教材として」されることになる。そして、第三の「備考」での研究」では「註解」「解釈」「批評」の三つのは「指導の問題」「参考資料」が示されている視点から教材研究が行われている。二番目ののである。「解釈」については、さらに「主題」「構想」

コラム9　茂雄の著作権に対する考え方

岩波書店が創業二十年を迎えようとしていた時期に、茂雄は以前にも増して、社会的な発言を行っていた。たとえば、茂雄は、『東京朝日新聞』の「鉄箒」欄に、「一ールの学校」（一九三二年四月三日付朝刊）と「書籍の送料　西邦夫氏に」（一九三一年十二月二十五日付朝刊）を寄稿し、創業二十年の年には、著作権の改正法案を特集する誌面で「出版権の確認」（一九三三年二月十一日付朝刊）を掲載している。この文章には、茂雄の著作権に対する考えが、自社における経験を踏まえて明確に示されていることから、以下に全文を引用することにする。

さきに山本有三氏等の尽力によつて著作物は元著作者の同意を得ずしては教科書にもこれを載録出来ぬといふ様な著作権の改正法案が成立したことを私は出版者の立場からも甚だこれを喜んでゐたが、これと同時に著作が一度公刊したものを更に二重に他の書店から出版しようとする場合にも出版者の同意を要するといふ出版権の法令が今迄確立されてゐなかつたのはほとんど不思議な位である。

往年有島武郎氏の「生れ出づる悩み」が新潮社から二重出版されたときに、元出版者故足助素一氏は法文上訴訟の相手を親友武郎氏の遺児とせねばならなかつたために、その実際の処理者有島生馬氏の行為に痛憤しながらも、敢て忍んで故友の全著作の出版権をことごとく放棄して、その顚末を本紙上に声明した（大正十二年六月廿八日）、世の同情は足助氏に傾き菊池寛氏あ《ママ》も理解る同情の談話を本紙上に載せたが、ただ出版権に関して菊池氏の見解は今考へても遺憾に思はれる節があつた。即ち形式を変へてするなら二重出版は自由であるとして「ある本屋からだした自分の著作の一部を他の本屋からだせないといふ理由は、法理上からも道徳上からも成立しないはずだ、……書店には版権などは絶対にないはずだ」とて夏目先生の「坊ちゃん」の例等を上げられたが、私のいはうとするのはそこである。夏目先生は決して菊池氏と同じ見解からされたのではなく、きちんともとの発行者春陽堂の完全な諒解を得てやつたものである。即ち書店の版権は認めてをられたのである。

私の意見としては出版者が原稿を買ひ取つた場合はもちろん、一定の印税率で出版をした場合にも共通の利害関係を継続する以上、たとひ契約書が全然なかつたとしても、二重出版の如きに対しては元出版者の同意を求めるのは徳義上当然の事であるし、法律の精神も又これでなければならぬと思ふ。

然るに円本が流行して以来ほとんど平気で二重三重の無断出版が行はれるやうにさへなつた。これは恐ろしい出版権の破壊で、これでは出版業者は一日も安心して営業を続けることは出来ぬのである。出版業者も真面目に社会的義務を果すからには公民として法律上の保護を要求する権利を著者と同様にもつべきである。これを単に徳義上の問題とて放置するには今の世相は余りに険悪である。私はせめて無断の二重出版の如きを禁ずるだけの出版権法がこの際確立されるのを要望する。

茂雄は、既に公刊された著作を他社が出版する際に、元の出版者の同意を得る、著作権の改正を全面的に歓迎している。昭和初年代の「円本」ブームにより、同じ著作が複数の出版社から、版元の同意なく出版されていたことが、この法改正の背景にはあった。

第六章　岩波新書の創刊、メディア規制への抵抗と出版活動の休止

1　PR誌『図書』と岩波新書の創刊

PR誌『図書』の創刊

一九三八年（昭和十三）八月には、岩波書店のPR誌『図書』が創刊されている。佐藤卓己が「『図書』のメディア史（一）一九三六年―一九四二年」（『図書』第七百七十二号、二〇一三年六月）の中で述べているように、一九三六年（昭和十一）二月から発行の『岩波書店新刊』、これを改題し、一九三八年（昭和十三）一月から発行の『岩波月報』を継承しての創刊であった。そのため、『図書』の創刊号は一号ではなく、三十一号であった。この号の編集後記にあたる「岩波通信」には、『図書』への改題について、次のように記されている。「岩波月報はこの第三十一号から『図書』と改題した。名は体を表さねばならぬ。これからは一段と内容を充実し、ひろく図書人の手離し難い伴侶に育てあげてゆきたい」。『図書』創刊号の目次は、以下のとおり

である。

安倍能成「紙の節約と広告」
本多《ほんだ》顕彰《けんしょう》「沙翁時代の風俗二」
中谷《なかや》宇吉郎《うきちろう》「ツン湖のほとり」

　書評

佐藤春夫「小宮氏の『夏目漱石』を読む」
日夏《ひなつ》耿之介《こうのすけ》「永井荷風氏著『おもかげ』を読む」
金子《かねこ》武蔵《たけぞう》「高山岩男氏著『哲学的人間学』」
築地宜雄「岡田武松博士著『気候学』の出版につき述懐」

海外文化ニュース
学芸・出版・読書ニュース
岩波通信
八月新刊広告

寄稿と書評に加え、「海外文化ニュース」「学芸・出版・読書ニュース」「岩波通信」と各月の「新刊広告」を掲載する体裁は、前月の『岩波月報』を継承している。
日中戦争のための物資制限が、出版界に暗い影を落としていたことが、「岩波通信」からは鮮明となる。ここには、「今日の出版者にとつて、「思想」の側からの統制は別としても、「物」の側からの制限は極めて痛切である」と記され、次のように、紙の制限が益々厳しくなっていく見通しが語られている。「「物」の統制制限の中で、出版業者の死活に関するものは紙の制限である。紙は現に供給不十分であるが、今後は更にもつと使用制限をしなければならぬさし迫つた事情にあるやうだ」。
このような認識は、巻頭の安倍能成の評論「紙の節約と広告」とも呼応する。安倍のこの文章は、以下の一文からはじまる。

今度の事変による物資の欠乏は紙の統制に及び、過日の岩波君からの手紙によつて、それは我々の書くものにも直接に迫つて来たことを知つた。

「岩波通信」と安倍の文章は、いずれも、出版社にとって生命線ともいうべき紙の統制について言及している。このように、出版社のPR誌『図書』は、紙の統制が厳しさを増していく真っ只中で創刊され、四年後の一九四二年（昭和十七）十二月に第七年八十三号で休刊となった。なお、『図書』は戦後、一九四九年（昭和二十四）十一月に第一号として復刊され、岩波書店の重要な雑誌の一つとし

岩波新書創刊
（1938年11月）

て、今日まで刊行が続いている。

岩波新書創刊の動機

創業二十五周年記念として一九三八年（昭和十三）十一月に創刊された岩波新書は、岩波文庫と好一対の、岩波書店の中核となる企画であった。企画と編集は岩波書店の吉野《よしの》源三郎《げんざぶろう》と小林勇が主に担当し、三木清がこれに加わった。名称は、長田幹雄の提案である。定価は五十銭であった。「古典」の岩波文庫に対して、「現代」の岩波新書には時代に相即した現代的なテーマが想定されていた。岩波新書の創刊には、前年にはじまった日中戦争が密接にかかわっている。この戦争に反対する茂雄は、隣国への理解を深めるため、中国に関連する企画を重視、彼の理解と平和主義が岩波新書の基盤となっていたのである。

岩波新書を刊行するにあたっては、イギリスで普及していたペンギン・ブックスの、とりわけペリカン・ブックスが参考にされた。形式については、判型は縦長のポケットサイズで、その後新書判と呼ばれる形式を採用している。装幀は、雑誌『白樺』の同人で東北帝国大学の美術史の教授であった児島喜久雄が担当し、フランス風のアンカットで別金ラフ紙による瀟洒な仕上がりとなった。児島は当初、赤・青・黄・緑・セピア色の五色を考えていたが、茂雄は新書の印象が散漫にならず、明確になるよう一色にすべきであると主張していた。吉野源三郎は「岩波書店について　赤版時代――編集者の思い出」（『激動の中で――岩波新書の25年』岩波書店、一九六三年）の中で、茂雄が次のように述べたと証言している。

この双書が普及して、電車に乗ると、あの人も赤い本をもっている、この人も赤い本をもっている、と眼につくようにならなければだめなんだ。何か一つもので、どこまでも押してゆくことが肝心なのさ。

この赤色を使用したことから、創刊から一九四六年（昭和二十一）までに刊行された百一点は、「赤版」と称された。戦後になってからは「青版」、続いて「黄版」となり、現在では「新赤版」となっている。

創刊の一九三八年（昭和十三）から一九四六年（昭和二十一）に至る、八年間の発行点数の推移は次のとおりである。

一九三八年	（昭和十三）	23点
一九三九年	（昭和十四）	31点
一九四〇年	（昭和十五）	24点
一九四一年	（昭和十六）	6点
一九四二年	（昭和十七）	11点
一九四三年	（昭和十八）	1点
一九四四年	（昭和十九）	2点
一九四五年	（昭和二十）	なし
一九四六年	（昭和二十一）	3点

ここからは、戦争が激化していくにつれて、発行点数が減少していったことがうかがえる。

岩波新書の赤版百一冊のテーマについては、鹿野政直が『岩波新書の歴史　付・総目録1938～2006』（岩波書店、二〇〇六年）の中でその特色を的確に整理し、「中国理解の深化と普及」と「日本自体についての認識」の掘り下げを中心に構成されていることを指摘している。また、鹿野は、「世界史への関心」については「列強闘争史観の趣き」を帯び、戦争中であるにもかかわらず戦争自体に触れたものは少なく、自然科学分野のものが刊行点数の三分の一を占め、さらには、人生を主題とするテーマも見られると述べている。以上の特色については、後掲の創刊時の二十冊についても当てはまるだろう。

刊行の辞に見る茂雄の葛藤と矛盾

岩波新書刊行に際しては、茂雄の名前で「岩波新書を刊行するに際して」が公表されている。この文章の中には日本の現状と行く末を憂い、日本国民全体に向けて、これを鼓舞するような表現が見られる。言論弾圧が厳しさを増していく状況下であるにもかかわらず、茂雄は政党や官僚のみならず、軍人に対する批判を含む、次のような文章を公にしていたのである。

今や世界混乱、列強競争の中に立つて日本国民は果して此の大任を完うする用意はありや。吾人は社会の実情を審かにせざるも現下政党は健在なりや、官僚は独善の傾きなきか、財界は奉公の精神に欠くるところなきか、また頼みとする武人に高邁なる卓見と一糸乱れざる統制ありや。思想に生きて社会の先覚たるべき学徒が真理を慕ふこと果して鹿の渓水を慕ふが如きものありや。吾人は非常時に於ける挙国一致国民総動員の現状に少なからぬ不安を抱く者である。

（中略）

曩に学術振興のため岩波講座岩波全書を企図したるが、今茲に現代人の現代的教養を目的として岩波新書を刊行せんとする。これ一に御誓文の遺訓を体して、島国的根性より我が同胞を解放し、優秀なる我が民族性にあらゆる発展の機会を与へ、躍進日本の要求する新知識を提供し、岩波文庫の古典的知識と相俟つて大国民としての教養に遺憾なきを期せんとするに外ならない。古今を貫く原理と東西に通ずる道念によつてのみ東洋民族の先駆者としての大使命は果されるであろう。岩波新書を刊行するに際して茲に所懐の一端を述ぶ。

「挙国一致国民総動員」という表現からは、岩波新書創刊の七ヶ月前に制定された法律を踏まえていたことがうかがえる。第一次近衛内閣のもとで一九三八年（昭和十三）四月に制定された国家総動員法である。岩波新書の創刊の辞は、日本国民だけでなく、政党・官僚・財界・軍部、そして学界に具体的に言及しており、批判の矛先が自身に向けられていると受け止める者も少なくなかっただろう。吉野源三郎は前掲「岩波書店について　赤版時代——編集者の思い出」（『激動の中で—岩波新書の25年』）の中で、この文章に対して右翼から批判が寄せられたことを証言している。

岩波新書創刊の前年からはじまった中国との戦争については、茂雄は一貫して反対し、平和主義的立場を堅持していた。茂雄の中国に対する理解と好意は、一九三七年（昭和十二）に、自社の書籍を寄贈する構想などに表れていたが、日中戦争がはじまったことで断念せざるを得なくなった。茂雄の念願は、戦後、彼の没後の一九四七年（昭和二十二）に、中国の五つの大学に新刊書籍を寄贈するかたちで、実を結ぶことになる。

しかし、その一方で、茂雄の創刊の辞には、五箇条の御誓文を信奉し、国家の発展を真剣に願う憂国の士としての一面が表れていた。岩波書店の社長室には、大きな文字で墨書された以下の御誓文が飾られていたのである（図版）。

社長室の「五箇条の御誓文」
（左上の写真はケーベル，左下はロダンの彫刻。1939年12月）

一、広ク議会ヲ興シ万機公論ニ決スヘシ
一、上下心ヲ一ニシテ盛ニ経綸ヲ行フヘシ
一、官武一途庶民ニ至ルマデ各其志ヲ遂ケ人心ヲシテ倦マサラシメンコトヲ要ス
一、旧来ノ陋習ヲ破リ天地ノ公道ニ基クヘシ
一、智識ヲ世界ニ求メ大ニ皇基ヲ振起スヘシ

戦争を忌避しながらも、その一方で国家の窮状を憂い、平和主義者にして憂国の士であること。茂雄自身この時点で意識していたか否かは明らかではないが、その葛藤と矛盾が、「岩波新書を刊行するに際して」には刻み込まれていたのである。

岩波新書創刊時二十冊とその特色

一九三八年（昭和十三）十一月の岩波新書創刊時には、次の二十冊が刊行された。著者・書名の上に示した数字は、新書の通し番号である。ただし、⑩⑬については、後に刊行された。

①クリスティー（矢内原忠雄訳）『奉天三十年　上巻』
②クリスティー（矢内原忠雄訳）『奉天三十年　下巻』
③津田左右吉『支那思想と日本』
④寺田寅彦『天災と国防』
⑤斎藤茂吉『万葉秀歌　上巻』
⑥斎藤茂吉『万葉秀歌　下巻』
⑦小倉金之助『家計の数学』
⑧中谷宇吉郎『雪』
⑨白柳《しらやなぎ》　秀湖《しゅうこ》『世界諸民族経済戦夜話』
⑪武者小路実篤『人生論』
⑫ヴィットコップ編（高橋《たかはし》健二《けんじ》訳）『ドイツ　戦歿学生の手紙』
⑭ジーンズ（鈴木《すずき》敬信《けいしん》訳）『神秘な宇宙』
⑮サートン（森島《もりしま》恒雄《つねお》訳）『科学史と新ヒューマニズム』

⑯長谷川千秋《はせがわせんしゅう》『ベートーヴェン』
⑰小堀杏奴《こぼりあんぬ》編『森鷗外　妻への手紙』
⑱里見弴《さとみとん》『荊棘の冠』
⑲山本有三『瘤』
⑳久保田万太郎『春泥・花冷え』
㉑横光利一『薔薇』
㉒川端康成《かわばたやすなり》『抒情歌』

デュガルド・クリスティーの翻訳が最初に刊行された経緯については、吉野源三郎の前掲「岩波書店について　赤版時代――編集者の思い出」（『激動の中で―岩波新書の25年』）の証言に詳しい。茂雄は奉天の図書館長の衛藤利夫から贈られた、彼の著書『満洲生活三十年――奉天の聖者〝クリスティ〟の思出』（大亜細亜建設社、一九三五年）に感銘を受け、この中で抄訳されているクリスティーの著書を翻訳し、出版しようと考えた。『奉天三十年』は、スコットランド人の伝道医師であるクリスティーが、十九世紀末から二十世紀前期に至る、満洲に滞在していた四十年間のうち、三十年に及ぶ回想に基づいている。その翻訳を茂雄から依頼されたのは、矢内原忠雄であった。矢内原は経済学ならびに植民地政策の研究で高名な学者であり、キリスト教信仰に基づく平和主義を戦時中において提唱していたが、刊行前年の一九三七年（昭和十二）末に反戦思想のために東京帝国大学教授を追われている。

いわゆる「矢内原事件」である。矢内原は戦後復職し、一九五〇年代に東京大学総長をつとめることになる。矢内原は、茂雄がクリスティーの「無私純愛なる奉仕的生涯に感激」し、慫慂《しょうよう》されて翻訳したことを『奉天三十年』の序文で記している。

岩波新書創刊時の二十冊には、日本文学に関するものが多いことに気づく。二十冊のうちの半数近くが日本の文学者であった。その中の五冊が、里見弴・山本有三・久保田万太郎・横光利一・川端康成の小説であり、全体の四分の一を占める。

当時、岩波新書の編集に携わっていた中島義勝《なかじまよしかつ》は、「戦争の中の岩波新書」（『日本出版史料——制度・実態・人』日本エディタースクール出版部、一九九七年）の中で、新書に文学作品を入れる際に、横光利一と川端康成の小説は、是非出版したいと考えていたと証言している点は興味深い。現代的なテーマをとりあげることを目的とする岩波新書が、「現代」を代表する作家として、横光と川端を選んでいるように見えるからである。岩波新書が創刊された時期には、横光と川端はともに、一九二〇年代に新感覚派の作家として注目され、既に文壇の中堅として話題作を次々に発表していた。横光は一九三四年（昭和九）刊行の『紋章』で文芸懇話会賞を受賞し、外遊から帰国後、一九三七年（昭和十二）に『旅愁』の新聞連載を開始し、川端も代表作の『雪国』を、岩波新書創刊の前年の一九三七年（昭和十二）に創元社から刊行していた。里見弴・山本有三・久保田万太郎は既に岩波書店とかかわりのある作家であったが、横光と川端はいずれも、この新書ではじめて岩波書店から著書を出版することになった。横光と川端の小説が岩波新書の列に加わったことで、岩波新書の現代性が印象づけられることになったように見える。

小説ではないが、小堀杏奴の編集による『森鷗外　妻への手紙』、武者小路実篤『人生論』、斎藤茂吉『万葉秀歌』の上下巻も、日本文学に関する書物である。茂吉の『万葉秀歌』は、長期間にわたって売れた企画であり、刊行後すぐに増刷となり、その後も継続して売れ続け、今日に至ることになる。前掲の中島義勝「戦争の中の岩波新書」によれば、一九九七年（平成九）八月の時点で、『万葉秀歌』上下巻の累計発行部数は、百八十七万五千部に及ぶロングセラーとなった。なお、岩波書店は岩波新書創刊の翌年、一九三九年（昭和十四）に、文庫・新書を除く単行本・全書・辞典等について、小売への委託販売から、返品不可とする買切制に切りかえる表明をしている。岩波文庫・岩波新書が買切制となるのは、この二年後の一九四一年（昭和十六）のことである。

岩波新書創刊の一九三八年（昭和十三）は、日本では国家総動員法が四月に制定された年でもあった。一九三九年（昭和十四）九月には第二次世界大戦がはじまり、翌一九四〇年（昭和十五）九月には日独伊三国同盟が調印されることになる。日本では、この年の十月に大政翼賛会が、翌十一月に大日本産業報国会がそれぞれ発足し、総力戦体制が形作られていくことになる。戦争への嫌悪感を表明していた茂雄であったが、有力な出版社の店主であったこともあり、大政翼賛会に全くかかわらないではいられなかった。アメリカとの戦争がはじまる前年、一九四〇年（昭和十五）十二月十二日、上野精養軒で「大政翼賛促進の会」が開催され、茂雄も安倍能成・菊池寛らとともに発起人になっていたことが、『朝日新聞』一九四〇年（昭和十五）十二月十二日付朝刊、十三日付夕刊などで報じられている。この時の大政翼賛会文化部長は岸田國士《きしだくにお》であった。この時期の出版に対する茂雄の考え方は、「今後の出版界」（『文藝春秋』第十八巻十三号、一九四〇年十月）や、「〝大政翼賛運動〟指導者への要望」というアンケートに寄稿した文章（『改造』第二十二巻十九号、一九四〇年十月）などにうかがえる。

2　権力への抵抗と出版活動の休止へ

津田左右吉事件の経緯

メディア規制が厳しさを増していく状況下にあって、一九四〇年（昭和十五）には、早稲田大学教授の津田左右吉の歴史研究が不敬にあたると厳しく指弾されたのを契機に、発行者であった茂雄も出版法違反で起訴された。一九四〇年（昭和十五）一月十三日に起こった、いわゆる「津田事件」である。

前年末から、蓑田胸喜《みのだむねき》が、主宰する雑誌『原理日本』臨時増刊号（一九三九年十二月）に「津田左右吉氏の大逆思想」を発表したことなどに端を発し、翌年の一月から二月にかけて、事件は大きく展開していく。事件の経緯は、以下に述べるとおりである。

一九四〇年（昭和十五）一月十三日、内務省は津田左右吉の著書の印刷、製本の現状報告を岩波書店に命じ、同月二十一日には茂雄は東京地方検事局に召喚され、津田の著作について長時間にわたり尋問を受けた。一月二十四日、警視庁からの命令で津田の著作の在庫数を報告し、三十一日にはそれを検事局にも報告した。

二月三日には、津田の著作について、検事局の命令により始末書を提出している。その一週間後の二月十日には、津田の『古事記及日本書紀の研究』が発禁処分になると同時に押収された。その二日後の十二日に、『神代史の研究』『上代日本の社会及思想』も発禁処分となり、十四日には紙型が押収されることになる。

発禁にされた津田左右吉の著書

三月八日、出版法違反により、著者の津田と、出版者の茂雄が起訴され、翌九日に二人は検事局に出頭し、検事から起訴を言い渡された。起訴理由は、約四ヶ月後に明らかとなるが、以下の出版法第二十六条の「皇室の尊厳冒瀆」であった。

皇室ノ尊厳ヲ冒瀆シ、政体ヲ変壊シ又ハ国憲ヲ紊乱セムトスル文書図書ヲ出版シタルトキハ著作者・発行者・印刷者ヲ二月以上二年以下ノ軽禁錮ニ処シ二十円以上二百円以下ノ罰金ヲ附加ス

その後、一九四〇年（昭和十五）十月に「津田事件」の予審開始となった。この時、審理は分離して行われたが、津田も茂雄も、皇室の尊厳を損なう意図がないことを述べた。公判を控

え、上申書の準備をしていた一九四一年（昭和十六）七月十六日、津田は北軽井沢の別荘から茂雄に手紙を書き送っている。津田は十六日付の書簡の中で、「公判では学問と学問の研究法とを判事にわからせるやうにすることに主力を置きたい」と裁判に向けての抱負を記し、「私の連坐として御迷惑をかけた上に、何もかも御厄介になつてゐて、私としては甚だ心苦しく存じて居ります」と、茂雄に詫びている。一九四一年（昭和十六）十一月に「津田事件」公判は開始され、一九四二年（昭和十七）五月、「津田事件」第一審判決が下され、津田と茂雄はともに執行猶予の有罪となる。判決の主文は、『現代史資料』第四十二巻（みすず書房、一九七六年）に収録された資料によると、以下のとおりである。


被告人津田左右吉ヲ禁錮参月ニ処ス。

被告人岩波茂雄ヲ禁錮弐月ニ処ス。

　被告人両名ニ対シ本裁判確定ノ日ヨリ弐年間右刑ノ執行ヲ猶予ス。

被告人津田左右吉ガ皇室ノ尊厳ヲ冒瀆スル「神代史の研究」、「日本上代史研究」及ビ「上代日本の社会及び思想」ナル文書ヲ各著作シ、被告人岩波茂雄ガ右各文書ヲ発行シタリトノ公訴事実ニ付テハ被告人両名ハ孰レモ無罪。


判決の直後に、原告と被告が控訴した。しかし、その後は控訴審が開かれないまま、一九四四年

（昭和十九）に時効により免訴となった。弁護士で詩人でもある中村稔《なかむらみのる》は「津田事件」の裁判に関連する資料を詳細に読み込み、『私の昭和史』（青土社、二〇〇四年）の中で、実父がこの裁判の判事をつとめたことを明らかにしたうえで、「津田事件」について精確に復元し、公正に批評を加えている。そして、中村は次のような見解を示している。「予審終結決定を読んでも、第一審判決を読んでも、全公判記録をつうじ、冒瀆されたという「皇室の尊厳」なるものに一言の論議も説明もないことに、私はあらためて感銘を覚える。おそらく「皇室の尊厳」は超論理的な原理であった」。この記述は、この裁判のある核心を衝いているように見える。

なお、茂雄は一九四一年（昭和十六）、蓑田胸喜に宛てた書簡（「『原理日本』蓑田胸喜あて」『茂雄遺文抄』）の中で、出版人として次のような立場を表明していた。「小生は一冊の雑誌一冊の図書を出版するにも未だ曾て学術の為め、社会の為めを思はざる事なく「吉田松陰全集」を出す心持ちとマルクスの資本論を出すことゝに於て出版者としての小生の態度に於ては一貫せる操守のもとに出づる事に御座候」。

茂雄は、政治的信条に左右されることなく、歴史的、学術的に優れた書物を世に送り出すのが出版人としてのつとめであることを、『吉田松陰全集』とマルクス『資本論』を例示しながら述べている。茂雄のこの考え方は、学問的な独立を堅持し、物事の真理を追究しようとする津田の在り方ともかかわっているように見える。

『荷風全集』の頓挫――『断腸亭日乗』に見る茂雄

茂雄と文学者との関係は枚挙に暇がないが、その一人に永井荷風がいる。後に一九六三年（昭和三十八）から一九六四年（昭和三十九）にかけて、『荷風全集』が岩波書店から刊行されることになるが、両者のつながりは、『東京朝日新聞』に連載された荷風の『濹東綺譚』（一九三七年、二円）の刊行時に遡る。小林勇は、茂雄と荷風について、『惜櫟荘主人――一つの岩波茂雄伝』で次のように述べている。

永井荷風と岩波書店とは「濹東綺譚」出版以来の関係である。その頃私も何回も訪れ、岩波もたしか二、三回訪ねたであろう。編集部の佐藤佐太郎君が一番多く偏奇館へ出入りしていた。荷風はフランスがドイツに蹂躙されているのを悲しみ、自分は全くの孤独であるから、死後は全財産をフランスのために使いたい意志をもっているといった。四月二十七日に、岩波は私を連れて麻布偏奇館の荷風を訪ねた。荷風は今後自分の全著作を岩波から出して貰いたいといった。全集の出版、選集の出版、今後の単行本の出版等も全部岩波茂雄にまかせる。自分の死後に残った財産は岩波茂雄に依頼するから、フランスへ贈ってくれといった。日記、未発表の原稿等を岩波茂雄に全部預けるという。岩波は感激して引受けた。荷風は鷗外を尊敬しその全集が岩波書店によって初めて完全な形で発行されたのを喜んでいた。岩波書店及び岩波に好意をもった原因はそこにあったのだと考えられる。岩波が訪問してから間もなく荷風から原稿などを預って店の金庫へ収めた。

小林のこの文章からは、岩波書店側から見た荷風のことが明らかとなる。これに加えて、荷風の側からの記録をたどっていくと、合わせ鏡に映し出すように、状況がより詳細に浮かび上がってくる。荷風の日記、『断腸亭日乗』の中には、茂雄をはじめとする岩波書店側が、どのように接してきたかが克明に記されている。茂雄と荷風に注目しながら、全集が頓挫するまでの過程を、『断腸亭日乗』の記述に従いながらたどることにする。

一九三六年（昭和十一）五月に岩波書店の編集者が荷風のもとを訪ね、自社から刊行予定の『鷗外全集』にかかわる原稿依頼をしている。荷風は、『鷗外全集』の「内容見本」（六月）に「鷗外全集をよむ」（同文章は『文学』第四巻六号〈一九三六年六月〉にも掲載）を、『鷗外全集』の附録『鷗外研究』臨時増刊号には「鷗外先生」をそれぞれ寄稿した。また、同年七月四日の日記には「鷗外全集蘭軒伝の広告文を岩波書店に郵送す」と記されている。この「広告文」とは、雑誌『鷗外研究』第二号（一九三六年七月）に掲載された「森先生の伊沢蘭軒を読む」である。

その翌年、一九三七年（昭和十二）八月十一日には、「午後岩波書店主人編輯員佐藤君来訪」とあり、二日後の十三日には茂雄から「温室西瓜及青葡萄」が贈られている。これは、同年刊行の『濹東綺譚』刊行にかかわると思われる。この年の十月三十一日にも、荷風は茂雄が小宮豊隆といるところに遭遇している。一九三九年（昭和十四）から翌一九四〇年（昭和十五）にかけて、以下のように、荷風と茂雄ならびに岩波書店の編集者との間に接点が認められる。括弧内は日記の日付である。

・「午後岩波書店佐藤佐太郎氏来話。」（一九三九年五月二日）
・「岩波書店主人来書。」（一九三九年五月二十七日）
・「午後岩波主人来話。」（一九四〇年四月二十七日）
・「銀座濱作にて岩波主人及同店番頭某氏等と会見し余が全集刊行の事を相談す。（中略）平井と共に浅草に行かむとて松坂屋前を過る時群集中偶然岩波主人の一行に逢ふ。立談して別る。」（一九四〇年四月二十八日）
・「朝岩波店員来話。」（一九四〇年五月一日）
・「午後岩波主人来話。過日中央公論の人来りて、岩波書店にて、最近に出版せらるべき余の全集には収載せられざる小説少からぬ由につき、将来真の著作全集出版の際には是非とも中央公論社を出版元にせられたき趣懇請して止まざる故、余は日記副本尺牘其他の原稿を一まとめとなし岩波氏の手許に其保管を依頼せしなり。」（一九四〇年六月二十四日）
・「岩波編輯局員佐藤佐氏来る。昨日保管方を依頼せし書類を交附す。」（一九四〇年六月二十六日）
・「午後平井来りて、昨日岩波書店を訪ひしに折好く主人も居合せ、時勢ますく〳〵文学に非なるを以てわが全集九月頃より刊行の手筈なりしかど暫く見合せたき趣、余が方へ伝達せられたしとの事なりしと云ふ。」（一九四〇年七月十八日）

『断腸亭日乗』の記述からは、一九三九年（昭和十四）に編集者が荷風のところに赴き、その後、茂雄が手紙を書き、全集編纂が徐々に進んでいっただろうことがうかがえる。『岩波書店八十年』には、一九四〇年（昭和十五）四月三十日に「荷風全集の出版を計画」と記されている。荷風が、浅草の松屋で茂雄に偶然出くわしたと日記に記したのは、四月二十八日の翌々日のことである。小林の回想によれば、一九四〇年（昭和十五）六月二十六日に荷風が自筆の資料を岩波書店に預け、全集刊行の準備が進められようとした。

しかし、同年七月十八日の『断腸亭日乗』には、茂雄から「暫く見合せたき趣」が平井程一《ひらいていいち》を介して伝えられることになる。平井から齎《もたら》されたという、刊行を見合わせたいとする情報は定かではないが、メディア規制が益々厳しくなっていく状況とも少なからずかかわっていただろう。この日記の記述から約一週間前の七月十日に、左翼的出版物に対する弾圧が強化され、著者による絶版あるいは自発的休版処置をとっていた書物に対しても、再度の発禁命令が下っていた。岩波書店についても、警視庁が一ツ橋・今川橋・三崎町の各倉庫の立ち入り検査を行い、原本及び紙型の押収、断裁の措置がとられた。その後、進んでいくかに見えた全集刊行に陰りが見えるようになる。そして、同年九月二十六日（念六）の『断腸亭日乗』に次のように記されることになる。

九月念六。快晴。午後岩波書店主人過日余が保存方を依頼せし書類草稿を箱入になし鍵を添へ、編輯局員佐藤氏と共に持参せらる。平井君手許より交附せし全集原稿も亦一時余が方に返附する事となせり。過日平井君の語るところによれば、余が全集刊行を見合せたき趣は岩波主人の意中より出でたるが如き様子なりしに、今日直接に熟談するに、主人は延期の心なく成るべく早く予約販売の準備をなしたき様子に見えたり。平井君と岩波との談話には大分行ちがひの処あるが如し。それはさて置き余は生前全集のみならず著作を刊行することは此の際断念するに若かずと思へるなり。余は現代の日本人より文学者芸術家など、目せらる、ことを好まず。余は現代の社会より忘却せらる、事を願うて止まざるなり。

日記の記述からは、荷風が、茂雄と平井の話の間にある齟齬を看取していることがわかる。茂雄が全集刊行を速やかに進めたいと考えているのに対し、荷風は断念する方に気持ちが傾いていった。結局、戦前には、岩波書店から全集が刊行されることはなかった。そして、戦後、中央公論社から全集が刊行され、その後、岩波書店は一九六三年（昭和三十八）から『荷風全集』の刊行を開始することになるのである。

3　風樹会と惜櫟荘

風樹会の設立

茂雄は、戦争が長期化する状況下にあって、国が時局への対応に腐心する余り、基礎的な学問が疎かになることを案じていた。そこで、私費を投じて、基礎的な科学研究を振興し、若い研究者の研究と生活を支援するべく、財団を設立することを思い立つ。一九四〇年（昭和十五）十一月、茂雄が百万円を投じて、風樹会が設立された。会の理事長には西田幾多郎、理事には島木《しまき》貞治《さだはる》・岡田武松・田辺元・小泉信三・明石照男《あかしてるお》がそれぞれ就任している。

風樹会のことについては、『東京朝日新聞』一九四〇年（昭和十五）十一月五日付朝刊では、「『風樹の歎き』に捧ぐ――岩波氏・科学に百万円」というタイトルで報じられ、茂雄は会の設立の動機を、記事の中で次のように語っていた。

私は十六歳のとき父を失ひ、本当ならば郷里（長野県諏訪郡中洲村）で百姓をすべき所だつたが母に無理に頼んで上京させて貰ひ明治四十一年に大学を出た（東大文科大学哲学科選科）。ところがその年母は死んだ、以来私の母を憶ふ念はどうすることも出来ず、孝行の出来ない代りに何か国家社会のために尽したいと考へてゐたのです、樹静かならんとすれど風止まず、孝行はしたいが親既に亡し――、全く以て長い間の風樹の歎でした、微力ながらこの気持をもつて学者の養成に努めます

この会は、岩波茂雄の座右の銘としていた「風樹の歎」に拠り命名されたが、その典拠となるのは、『韓詩外伝』巻九の次の一節である。

樹欲静而風不止　（樹静かならんと欲すれども風止まず）
子欲養而親不待也　（子養わんと欲すれども親待たざるなり）

往而不可得見者親也（往きて見るを得べからざるは親なり）

（韓詩外伝、巻九）

還暦を迎えようとする茂雄は、亡くなった郷里の両親のことを思いながら、その悲しみを少しでも解消するべく、学者の養成のために私財を活用しようと考えた。そのことが、会の命名の謂れからもうかがえる。会の目的について、茂雄は「設立の趣旨」に次のような理想を掲げていた。

思ふに単なる応用的研究のみを以てしてはその効果も覚束なく根幹的学理を俟つてこそ初めて実用的目的の達成を期し得るのである。私が微力を顧みず財団を設け、哲学・数学・物理学の如き学術の基礎的研究に力を致さんとするのも此の欠陥を補ふに資する為である。

このような茂雄の思いに強く共鳴し、会への協力を惜しまなかった人物がいる。この時、慶應義塾大学の塾長をつとめていた小泉信三である。一九四〇年（昭和十五）十一月七日、理事就任を要請する手紙への返信と思われる書簡を、小泉は茂雄に送っている。その文面は次のとおりである。

拝啓

風樹会愈々創立、慶賀之に過ぐるもの無之、小生の如き理事として此美挙に名を連ぬるは面目の

惜櫟荘

至りに存申候。風樹の称も亦人の心を撲つものと存候。風樹の嘆は人みな之あり。而かも能く此の嘆きを移し、人を援けて其志を遂げしむるもの幾人ぞ。亡父母を思ふ人の子の為すところはげに斯くこそありたれと欣羨の至りの奉存候。（以下略）

敬具

小泉が、茂雄の「風樹の歎」に心を打たれ、これに共感している様子がうかがえる。茂雄の父母への思いから生まれた風樹会は、財団法人として、七十年を経た現在でも継承されている。

惜櫟荘の建設

一九四一年（昭和十六）九月、茂雄は熱海に別荘を建てた。前年の一九四〇年（昭和十五）十月に上棟し、約一年後に完成した惜櫟荘《せきれきそう》である。戦時中で物資調達が困難な中、全国から資材を集め、吉田五十八の設計と、彼が京都から呼び寄せた職人たちによって普請された。

「津田事件」での有罪を覚悟した岩波が、静養のために建てたこの別荘は、その後、文化人たちとの交流の場となる。この惜櫟荘の建設の理由と命名の謂れについて、小林勇は『蝸牛庵訪問記』（岩波書店、一九五六年）の中で次のように述べている。

岩波茂雄が津田博士と共に起訴されたときに、岩波はきっと何年かを獄舎で暮さなければならないとひそかに覚悟をしたのであった。そのときに岩波は、下獄するとすれば、最早老齢になっているから、相当こたえる、入獄の前に身体を作っておかなければならないと考え、且つ人にもそのことをいった。

そのために作ったのが、熱海の惜櫟荘である。これは僅か三十坪の平家建であるが、なかなかよい建築であった。岩波は日頃質素な人であったが、この建築にばかりは、費用を惜しまず、自分の過去の経験や憧れをすべて投げこんだようである。それが十六年の秋に完成した。

（中略）

それからこの家が惜櫟荘というのは、庭に古い櫟の木があって、それを大工が邪魔だから切ろうといったときに岩波が切ることを承知せず、もしもその櫟を切るのなら、おれの腕を切ってからにしろといったというが、その櫟を惜しんだというところから名付けられたのであった。

狭い庭を占める櫟《くぬぎ》を大切にしたいという思いから、これを惜しむ意味を込めて、茂雄は「惜櫟荘」

と命名した。茂雄はこの名称と建物に、強い愛着を持っていた。そのエピソードは、小林勇『惜櫟荘主人――一つの岩波茂雄伝』の中で紹介されている。幸田露伴は、「櫟」という文字に慈しむ思いが含意されているので、「惜」を使わず、「櫟蘆」を勧めるべく額に書いて与えた。しかし、茂雄は「惜櫟荘」に拘泥し、改めなかった。また、茂雄は建築家の吉田に惚れ込み、当初工事の契約をしていた建築会社を断ってまで依頼した。建設中も現場に足繁く通い、海を見ながら太陽の位置を確認し、樹木と家との関係を考え、風呂の位置を研究するなど、「惜櫟荘」となるこの建物にたいへんなこだわりを見せたという。

惜櫟荘は、岩波書店ゆかりの多くの人々が活用していたが、近年、作家の佐伯泰英《さえきやすひで》が購入し、この文化的建築とその環境を後世に伝えるべく、大々的に修復した。その経緯については、佐伯のエッセイ集『惜櫟荘だより』（岩波書店、二〇一二年）に詳しい。佐伯の志により、貴重な文化遺産が命脈を保つことができたのである。

惜櫟荘の完成から三ヶ月後の一九四一年（昭和十六）十二月、日本時間の八日（ハワイ現地時間では七日）、日本軍がハワイ真珠湾を奇襲したことに端を発し、アメリカとの戦争がはじまった。アジア・太平洋戦争の戦況が次第に悪化していくにともない、岩波書店も厳しい経営を迫られていくことになる。

4　戦時下で創業三十年を迎えて

物資の不足と言論統制のもとで、厳しい出版活動を展開せざるを得なかった。しかし、そうした状況下にあって、一九四一年（昭和十六）から翌一九四二年（昭和十七）にかけての岩波書店は、創業以来空前の「好景気」にあったことを、飯田泰三は「解説　岩波茂雄と「岩波文化」の時代」（『岩波茂雄への手紙』）の中で指摘している。また、岩波書店の出版事業に対する信頼と評価も、この時期には揺るぎないものになっていたように見える。文芸評論家の河上徹太郎は「文藝時評」（『日本評論』第十六巻三号、一九四一年三月）の中で、茂雄と岩波書店について次のように評していた。「岩波書店が文化的良心出版の一成功者であることは定評だが、岩波が行つたことは現在では各文化的出版社の常識となつてゐる所を先鞭をつけて押し通したまでである」。

回顧三十年感謝晩餐会

一九四二年（昭和十七）、岩波書店は創業三十年を迎え、この年の十一月三日には、「回顧三十年感謝晩餐会」が大東亜会館（現在の東京会館）で開催された。この日に会を催したのは、当日が明治天皇の誕生日にあたる「天長節」であったからである。

晩餐会は、招待者約五百人の盛大なものであった。まず、茂雄が約四十分にわたって参会者に対する感謝の挨拶をした。その内容は岩波茂雄「回顧三十年感謝晩餐会の挨拶」（『茂雄遺文抄』）に詳しく、この挨拶の中で、茂雄は青年時代から出版事業を興し、還暦を超えた今日までに至る自身の来歴について、以下のように述べている。

回顧三十年感謝晩餐会での挨拶

私の青年時代から苦しんで来た人生問題は、畢竟生死の問題であり、この年になつても、まだ私には、人に語るほどの信念はありません。しかし苟くも生を否定せぬ限り、他人の厄介にならずして一日も暮すことはできませんから、なるべく人の迷惑にならぬやう、身辺の小さな義務だけでも出来るだけ忠実に尽すべきだと思ひ、小売の場合にも、出版の場合にも、私は此の事だけは、忘れぬやうに心掛けて来たに過ぎないのであります。その生活態度が今日の如き結果を来したのであります。何か私の功績らしく見えるものがあるとすれば、それは総て諸先生の研究なり、思想なり、芸術なりの余光でありまして、私自身は、たゞ、之を忠実に世に伝達いたした一配達夫に過ぎないのであります。

茂雄はここで自分自身を、書き手の研究・思想・芸術を忠実に読者に伝える「一配達夫」に過ぎないと規定している。この言葉は、彼自身の出版人としての来歴と今後の決意を表明したものであると同時に、岩波書店の在り方をも示している。自らはメディアであろうとする覚悟を「一配達夫」という言葉で表現する一方で、メッセージの内容を生み出す「諸先生」への敬意が、感謝晩餐会の挨拶の中に示されることになる。そこでは、茂雄が尊敬し親交のある、あるいは岩波書店の発展に貢献した人々への感謝が、個人名をあげながら語られている。

たとえば、「既に故人となられました夏目漱石先生の知遇と、寺田寅彦先生の御懇情とは、この際特に忘れ難いものに存じます」と、漱石と寅彦の「懇情」を特筆すべきものとして述べていた。それは、漱石については岩波書店創業期の『こゝろ』から『漱石全集』の刊行に至る出版物、寅彦については主に昭和時代に入ってからの科学関係の出版物において、それぞれ岩波書店に大いに貢献していたからと見ることができる。山本芳明が「岩波茂雄と夏目漱石」（『漱石研究』第十三号、二〇〇〇年十月）で指摘するように、茂雄は、漱石と寅彦を、それぞれ岩波書店の大正時代と昭和時代の立役者として考えていたように見える。

食前における茂雄の挨拶に対して、三宅雪嶺の祝辞にはじまり、牧野伸顕《まきののぶあき》の乾杯、小泉信三・幸田露伴・明石照男・高村光太郎《たかむらこうたろう》（詩「三十年」の朗読）・天野貞祐・安井てつ・藤原咲平《ふじわらさくへい》・西田幾多郎（代読）と祝辞が続き、最後に、司会者の安倍能成が閉会に際して挨拶したことが『岩波茂雄伝』に記されている。

なお、高村光太郎が挨拶にかえて詩「三十年」を朗読した後に、高村光太郎作詞、信時潔《のぶとききよし》作曲による岩波書店の店歌「われら文化を」が、男女十六人にからなる合唱団によって歌われた。以下が歌詞の全文である。

あめのした　宇《いへ》と為す
かのいにしへの　みことのり
われら文化を　つちかふともがら
はしきやし世に　たけく生きむ

おほきみかど　のりましし
かの五箇条の　ちかひぶみ
われら文化を　つちかふともがら
思ひはるかに　今日もゆかむ

ひんがしに　日はありて
世界のうしほ　いろふかし
われら文化を　つちかふともがら
こゝろさやけく　明日もゆかむ

小林勇『惜櫟荘主人――一つの岩波茂雄伝』には、茂雄が主催した会は「自由主義者最後の晩餐会」であったと記されている。また、この日の同じ時間帯に大東亜会館で、情報局主催の大東亜文学者会議が開催されていたことが回想されている。そして、晩餐会終了後、茂雄は神保町の岩波書店に戻り、店員を労うためにささやかな祝宴を開いたという。

戦況の悪化と相次ぐ休刊

戦況が悪化し、紙の配給がままならず、思想統制も厳しさを増していく中、岩波書店も次第に出版を継続していくことが難しくなっていく。

軍部から印刷用紙の特別配給がされていたため、岩波書店も岩波文庫を納入することになった。一九四〇年（昭和十五）には陸軍へ岩波文庫二十点、五千部を、一九四二年（昭和十七）には岩波文庫十点、一万部を、それぞれ特価で納入することを命じられた。軽量で小型の岩波文庫は慰問袋に納められて戦地に携行され、多くの兵士たちに読まれていたのである。

書店のPR誌『図書』は、「回顧三十年感謝晩餐会」が掲載された、一九四二年（昭和十七）十二月に七年八十三号で休刊となった。『図書』が休刊となった同年十二月の二十四日付『読売新聞』朝刊に、茂雄は「戦争と出版の方向　営利主義の排撃」という文章を寄稿している。

出版業は他の営利事業とその本質に於て全く異なり、社会性公益性が濃厚なるが故に、平時と雖も営利的に出版することは許されない。今や国運を賭して曠古の大戦に臨み、われらの同胞はこれがために英霊となり、又現に戦線に身命をさらしつゝある。われら出版業者はこの事実を意識して必勝を期して国家の要請に協力し、その職域に奉公せねばならぬ。

戦時下における出版社の営利目的を批判するこの文章は、「社会性公共性」を重視し、職務に忠実にあろうとするために、「国家の要請への協力」を主張する、時局に即応する内容になっていることは否めない。中国との戦争に反対をしていた茂雄が、ここで主に想定していたのは、一年前にはじまっていたアメリカとの戦争であったように思われる。

一九四三年（昭和十八）以降は戦況が悪化していく中で、通常の出版を継続していくことは難しくなっていく。思想の統制と物資の制限で、岩波書店も厳しい状況下で出版を続けていた。そうした中、『東京朝日新聞』一九四三年（昭和十八）一月十日付朝刊では「出版界と減紙問題」という特集が組まれている。茂雄はそこに、「伸びる余地がある」と題する文章を寄稿している。以下がその全文である。

私は量の制限を質の飛躍で補つて、日本の出版界はまだ〱伸びてゆく余地があると確信する、今後は決戦化の時局が最も痛切に要求するものだけを厳選して出さねばならぬ。
一例をあげると科学はその基礎と応用とを問はず今日の戦争の基幹だから、こゝに第一の重点をおく、次に、いはゆる日本主義世界観の誰にも解る具体的に表現された理念の書も必要である、それは今日氾濫する抽象的な、掛声的な、やゝもすれば当局の意に迎合するためかと思はれる理念のパンフレットであつてはならない。今までの日本文化を育成してきた民間、学界の全識者を糾合して必然そこに盛り上がる全国民によく解る思想の書でなければならない。

この際当局に一言したいことは、政策は確固たる理念をもつて一貫断行して欲しいといふことで出版業者の生活問題など決して心配してもらひたくない。男一匹いよ〳〵となれば何をしたつて食つてゆける。それだけの覚悟で我々の仲間はみな倒れるまで出版報国に邁進してゆくことを確信するからである。


物資と思想の統制が厳しさを増していく中で、通常の出版を継続することが次第に困難になっていく。茂雄はそうした状況下にあっても、用紙割当の統制が強化されていくにつれて、月刊の雑誌を合併号にするなどの対応策を講じ、出版活動を続けようとした。

そうした戦時下の困難の中にあっても、茂雄は若い人々の育成には尽力していた。その一つが、郷里の信州の若者たちの内地留学の協力である。一九四三年（昭和十八）八月、長野県が選抜した生徒たちに見聞を広めるべく東京に留学させる計画を立てたが、その際に、在京中の相談相手を県知事が指名したのである。信州出身の大学教授を中心に相談相手が選ばれたが、その中に茂雄も加わった。『東京朝日新聞』一九四三年八月二十五日付朝刊の記事には、次のように、茂雄が積極的に協力していたことが報じられている。

新学期の九月からは岩波茂雄氏の好意で神田水道橋の同書店店員寄宿舎の一部をこれら先生たちの合宿所として無償で解放、恵まれた環境のもとに一意思索と体験の一箇年間を伸び伸びと過すことになつてゐる。

若い人々の育成に関心を持ち、故郷への愛着が強い茂雄にとっては、後進の育成に力を尽くす好機となったのである。

しかし、一九四四年（昭和十九）末までに雑誌はすべて休刊となり、翌一九四五年（昭和二十）の中頃には出版活動が休止に追い込まれることになった。同年三月十一日の東京大空襲をはじめ、東京も攻撃にさらされた。一ツ橋と神保町の岩波書店は被害を受けなかったが、小石川の茂雄の自宅は、五月二十五日の空襲で焼失した。また、六月七日には、親交の厚かった西田幾多郎が死去し、東慶寺に葬られた。『読売新聞』一九四五年（昭和二十）六月二十四日付朝刊の「絶版になる〝岩波文庫〟――書店の解散で」という見出しで、「わが国出版界に独自の地位を占め学術文化出版に多大の貢献をしてきた岩波書店が近く出版事業に一応終止符をうつ」と書店解散の誤報があり、後日、それが取り消されるという顛末もあった。

東京が空襲の被害にさらされる状況下で、茂雄は出版社にとって大切な紙型と用紙を守るべく、七月に故郷の信州の中洲村に疎開させることにした。それまでも、出版に不可欠な紙型と紙などを東京市内に疎開させてはいたが、戦況が悪化する中で、故郷に移すことを決断したのであった。紙型と用紙が被害を受けなかったことは、戦後の岩波書店の出版再開に大きく貢献することになる。

戦争を批判し、否定していた茂雄であったが、茂雄の名前で戦時中に発表された文章の中には、時局に特徴的な言説が散見される。既に社会的に大きな影響力を有していた出版社の店主であった茂雄は、戦争へと突き進んでいく時流とは無縁ではいられなかった。茂雄は戦争を抑止できなかったことに責任を感じていたが、それは、出版人としての戦時中の活動と少なからずかかわっていたに違いない。このような思いが、戦後の活動につながっていくのである。

コラム10　円タクに鞄を忘れた茂雄の新聞広告

岩波茂雄は、書店の創業当初から出版社の経営に新聞を活用していた。神田南神保町に古書店を開業して以降、古書売買の小さな広告を継続的に掲載し、さらに、新刊本についても、岩波書店が最初に刊行した蘆野敬三郎『宇宙之進化』（一九一三年）を皮切りに、夏目漱石『こゝろ』（一九一四年）などの書物の広告を新聞に掲載していたのである。

その後、出版社が軌道に乗るにつれて、岩波書店の出版物の広告は一層頻繁に掲載されることになっていくのだが、茂雄の新聞の活用方法はこれにとどまることなく多様である。災害時の掲示板的メディアとして、あるいは出版人の意見を表明する場として、さらには公共性を活用した教科書の宣伝媒体として、茂雄は様々な用途で新聞を活用していた。ここでは、現在はあまり見られなくなった、少し変わった個人的な広告を紹介しておきたい。『東京朝日新聞』一九三九年（昭和十四）十一月二十八日付朝刊に掲載された、茂雄の遺失物の広告である。以下が、その全文である。実際の紙面では、最初の謝礼と遺失物の説明の部分がゴシック体であるうえに、活字のポイントを変えて目立つように印刷されている（図版）。

謝礼五十円　円タク内遺失物　黒皮カバン書類入り（チヤツク式口金抱へカバン）
十一月廿二日夕方四時頃一ツ橋より神保町へ向へる円タクに乗車方向を転ぜしめ、数寄屋橋手前にて下車の際置き忘れたり。黒皮抱へカバン。内容―書き物、手紙（小生宛）等。お届け下されし方に薄謝（現金五十円）呈上致します。

神田区一ツ橋二ノ三　岩波茂雄

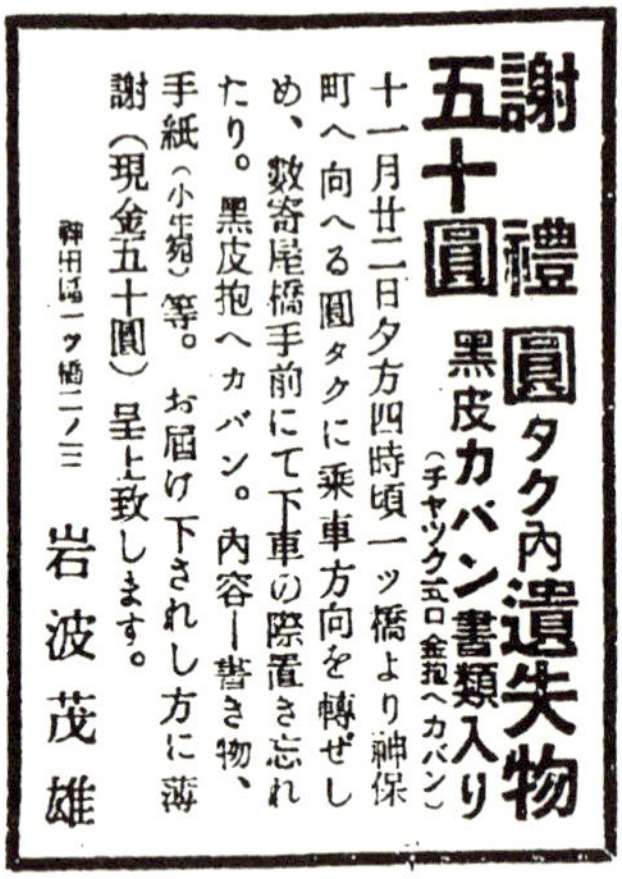
謝禮五十圓
圓タク内遺失物
黒皮カバン書類入り
（チヤツク式口金抱へカバン）
十一月廿二日夕方四時頃一ッ橋より神保町へ向へる圓タクに乗車方向を轉ぜしめ、數寄尾橋手前にて下車の際置き忘れたり。黒皮抱へカバン。内容—書き物、手紙（小生宛）等。お届け下されし方に薄謝（現金五十圓）呈上致します。
神田區一ッ橋二ノ三　岩波茂雄

遺失物の広告

茂雄は二十二日にタクシーの中で鞄をなくし、その六日後の二十八日に広告を掲載している。遺失物を数日捜索し、発見できなかったために、個人の遺失物の広告を新聞に掲載したのだろうか。この鞄が戻ってきたか否かは詳らかではないが、茂雄が公共のメディアたる新聞の影響力と効果に対し信頼を寄せていたことがうかがえる興味深い新聞広告である。

茂雄の新聞への寄稿や広告を調べて気づくことは、『東京朝日新聞』への掲載が多いことである。それは、安倍能成『岩波茂雄伝』の中で、茂雄が『東京朝日新聞』を好んでいたとする回想と符合する。茂雄の『東京朝日新聞』への愛着は、敬愛する夏目漱石が東京帝国大学講師を辞して朝日新聞社に入社し、『こゝろ』をはじめとする代表作を連載した新聞であったことと少なからず関連しているだろう。しかし、本書でもその一部を紹介したように、『読売新聞』をはじめとする他紙への寄稿も少なくなく、彼は特定の新聞だけにかかわっていたわけではなかった。茂雄は過度な、誇張した広告については批判的であったが、公共性があり、情報と意見を交換できる媒体としての新聞全般には信頼を寄せ、創業時から広くこれを活用していたのである。

第七章　占領下における出版活動の再開

1　書店の再出発と総合雑誌『世界』の創刊

岩波書店の敗戦後の復興

一九四五年（昭和二十）は、茂雄にとって多忙で多難な一年となった。敗戦を挟んで、この年に出版された新刊書籍は、八月十五日以前に六冊、以後に八冊の計十四冊であり、極めて少ない。しかし、メディアの統制が厳しさを増し、廃業に追い込まれる出版社もある中、途中、出版活動停止をはさみながらも、茂雄は事業を継続することができたのであった。また、戦後のことになるが、この年の十月、茂雄は日本出版協会（旧日本出版会）の会長に選出されるなど、出版界において中心的な役割を担うことになる。

三崎町倉庫の用紙が焼失し（四月十四日）、小日向水道町の自宅が被災（五月二十五日）するなど、空襲による甚大な被害に遭いながらも、茂雄と家族は八月十五日の終戦を迎えることになった。敗戦直後の茂雄の様子を伝えるものに、『世界』の編集長をつとめた吉野源三郎の回想がある。吉野はその著書『職業としての編集者』（岩波書店、一九八九年）の中で、「玉音放送」を信濃の追分で聞き、すぐに帰京して、東京神田の岩波書店で茂雄と再会した時の記憶を次のように記している。

店員のほとんどいないガランとした建物で、私は岩波茂雄氏に会った。帰京した翌日か翌々日である。岩波さんは、意外なほど意気軒昂で、私をつかまえて、しきりに談じた。明治以来、西欧の文化を熱心に学びとり、東洋の文化をも新しく見直し、謙虚な努力を孜々《しし》としてつづけて来た日本が、その謙虚さを忘れて夜郎自大に陥り、とんでもない暴挙に乗り出したのがこんどの戦争だ、という考えは、もともと岩波さんの戦争中からの持論で、はたの者がハラハラするほどお構いなしに人に語っていたことであった。だからこの敗戦も、岩波さんにいわせれば天譴《てんけん》であって、ここで傲慢を捨てて出直さねばならなくなったのは、むしろ仕合せと考えなければならない。出版もこれでやっと本当の仕事ができるようになった、というわけである。

戦争から解放されて、茂雄と岩波書店はどのような出版活動を展開するのか、茂雄は戦後すぐに亡くなったこともあって、遺された言葉はあまり多くはない。しかし、雑誌に掲載された文章や談話もあることから、それらをたどりながら、亡くなるまでの足跡をたどっていきたい。

総合雑誌『世界』の創刊

他の出版社の場合と同様に、岩波書店も戦時中に大きな打撃を受けていた。しかし、関東大震災の時と同様に、茂雄は謙虚に出直しをはかろうとした。雑誌については、かなり早い段階で復刊することができた。まず、『思想』が一九四五年（昭和二十）八月号、『科学』が同年九月号、『文学』が同年十月号から、それぞれ復刊している。

また、茂雄は、戦争を阻止することのできなかった反省と責任から、多くの市民に世界の動向を伝えるための総合雑誌の創刊を企画し、一九四五年（昭和二十）の年末には、岩波書店でははじめての総合雑誌『世界』（一九四六年一月号）を創刊した。百九十二頁で定価は四円であった。岩波書店では、戦前に、『思想』『科学』『文学』『教育』など、各分野の専門学術雑誌を刊行していたが、総合雑誌は戦後創刊の『世界』がはじめてである。雑誌の監修をつとめる安倍能成をはじめ、志賀直哉・和辻哲郎・田中耕太郎《たなかこうたろう》・谷川徹三《たにかわてつぞう》・山本有三ら「同心会」のメンバーが編集委員として協力した「同心会」は、重光葵《しげみつあおい》の提案により戦後末期に発足した「三年会」を、名称とメンバーを変えて継承した懇談会である。敗戦後の日本において想定される混乱への対応を検討することを目的としていた「三年会」には、武者小路実篤・志賀直哉・安倍能成・山本有三・和辻哲郎ら大正教養主義の文化人たちが参加したが、その後、「同心会」に会の名称を改め、新たなメンバーが加わった。「同心会」の協力のもと、編集長となる吉野源三郎が中野好夫《なかのよしお》・清水幾太郎《しみずいくたろう》・河盛好蔵《かわもりよしぞう》に定期的に相談し、『世界』が創刊される運びとなった。

以下が創刊号の目次である。

発刊の辞

安倍能成「剛毅と真実と知慧とを」

美濃部達吉「民主主義と我が議会制度」

大内兵衛「直面するインフレーション」

和辻哲郎「封建思想と神道の教義」

横田喜三郎「国際民主生活の原理」

東畑精一《とうばたせいいち》「日本の農政の岐路」

桑原武夫《くわばらたけお》「趣味判断（随想）」

中村光夫《なかむらみつお》「時勢について（同）」

湯川秀樹《ゆかわひでき》「自己教育（同）」

無条件降伏と日本の新生

三宅雪嶺「各自能力の世界への放出」

武者小路実篤「敗戦と自分の望む世界」

長與善郎「これこそ天佑」

富塚清《とみづかきよし》「先づ安易な考へを捨てること」

尾崎咢堂《おざきかくどう》「感遇」

時の問題
谷川徹三「当面の一問題」
羽仁説子《はにせつこ》「女性と自由」

世界の潮
「その後のフランス文壇」（P・L・M）
「ソ聯の出版事情と作家」（Y・N）
「Noblesse Oblige」（Y・N）
「六年間の実験」（I・S）

志賀直哉「灰色の月（小説）」
里見弴「短い糸（同）」
ヒュー・バイアス「敵国日本（一）」
岩波茂雄「『世界』の創刊に際して」
吉野源三郎「編輯後記」

各分野の第一線で活躍する書き手が一堂に会した創刊号の目次からは、茂雄と吉野をはじめとする、岩波書店の人々の意気込みが伝わってくる。欧米を中心とする世界の潮流について報じる「世界の潮」の項目は、創刊号からはじまり、その後、長く継続することになる。

『世界』創刊にあたっての茂雄の思い

『世界』の創刊号には、「今や力強い文化国家建設の第一歩が踏み出されねばならぬ」という一文を含む「発刊の辞」だけでなく、巻末に、茂雄の「『世界』の創刊に際して」も掲載されている。茂雄は、見開き二頁のこの文章の中で、以下のように記している。

年来日華親善を志してゐた私は、大義名分なき満洲事変にも支那事変にも、もとより絶対反対であつた。また三国同盟の締結に際しても、太平洋戦争の勃発に際しても、心中憂憤を禁じ得なかつた。その為めに自由主義者と呼ばれ、否戦論者とされ、時には国賊とまで誹謗され、自己の職域をも奪はれんとした。それにも拘らず大勢に抗し得ざりしは、結局私に勇気がなかつたためである。私と同感の士は恐らく全国に何百万か存してゐたに相違ない。若しその中の数十人が敢然蹶起し、恰も若き学徒が特攻隊員となつて敵機敵艦に体当りを敢行した如く、死を決して主戦論者に反抗したならば、或ひは名分なき戦争も未然に喰ひ止め得たかも知れず、たとへそれが不可能であつても、少くとも祖国を茲に到らしめず時局を収拾し得たかとも思はれる。私に義を見て之に赴く気概のなかつたことは、顧みて衷心慚愧に堪へない。

（中略）

私は明治維新の真剣味を追想し、御誓文の精神に生きることが、新日本建設の根本原理であると考へる。御誓文は明治維新の指針たるに止まらず、天地の公道に基づくこの大精神は永久に我が国民の示標たるべき理念であると信ずる。

ここには、反対であった戦争を抑止できなかった深い反省が吐露されている。茂雄はこうした慚愧の念から、「同心会」のメンバーの協力を得ながら、アカデミズムの枠に閉じ籠らない、広く大衆にも働きかけることのできる総合雑誌を発刊するに至ったのである。

吉野源三郎は『世界』創刊号の「編輯後記」の中で、「同心会」のメンバーへの謝辞を次のように記している。

元来かういふ雑誌の創刊は岩波書店主の年来の希望でもあつたのであるが、この多難の時期に着手することには、私たちとして多少の躊躇がないわけではなかつた。そのわれわれを促してこの事業に赴かせたについては、既に新聞にも伝へられたやうに、学界や文壇や美術界など各方面の権威ある有志の方々によつて組織されてゐる同心会の提案が大きな力であつた。同心会は戦時中軍閥の暴力的な文化指導に迎合しなかつたリベラルな思想家や芸術家の集りであつて、その多くは岩波書店とは多年深い関係のある方々である。そこで同心会員で同時に岩波茂雄にとつては数十年来の友人たる安倍能成氏が一任されて編輯の指揮にあたることとなり、こゝに急速にこの雑誌が発刊される運びとなつたのである。同会が自己の事業の一部として御協力下さるのでなかつたら、この創刊号も恐らくこれだけの内容の充実を期することができなかつたと思はれる。編輯に従事してゐる者として私たちはこゝに衷心から同会に感謝を献げる。

『世界』創刊に「同心会」が大きく貢献していたことから、吉野はこのように記したが、その後、このメンバーは「生成会」を結成し、『世界』から離れていくことになる。そして、武者小路実篤を中心として、文芸雑誌『心』が一九四八年（昭和二十三）七月に創刊された。『心』という雑誌名は「同心会」、あるいは、夏目漱石の小説『こゝろ』にちなんで命名されたものとされる。

この新しいタイプの総合雑誌の創刊は、岩波書店の戦後の再出発を象徴する出来事であった。

CIE（民間情報教育局）に注目された『世界』

敗戦後の日本では、『世界』を含め、多数の総合雑誌が創刊、復刊されていた。一九四五年（昭和二十）九月には、早くも『新生』が創刊され、翌一九四六年（昭和二十一）一月には、『改造』『中央公論』が復刊し、『潮流』『展望』が創刊されている。翌二月には『世界評論』『世界文化』『真相』、三月に『朝日評論』『思潮』がそれぞれ創刊され、四月には『日本評論』『婦人公論』が復刊されるなど、その後も陸続と創刊、復刊が相次いだ（『日本評論』は一月に刊行が再開されたが、総合雑誌になったのは四月）。

そうした数ある総合雑誌の中にあって、戦前に創刊され、戦後に復刊された『文藝春秋』『中央公論』『改造』とともに、『世界』は衆目を集めていた。当時の日本の読者だけでなく、アメリカの占領軍もこの雑誌には強い関心を示していたのである。

『世界』は、CIE（Civil Information and Educational Section：民間情報教育局）の行った調査、*Survey of Selected Japanese Newspapers and Magazines*（一九四八年一月）の十二冊にリストアップされ、GHQ／SCAP（General Headquarters/Supreme Commander for the Allied Powers：連合国軍最高司令官総司令部）も注目するこの時期の有力誌の一つであった。この報告には『世界』の発行部数は五万部と記されている。『文藝春秋』『中央公論』『改造』といった他の総合雑誌と同じ発行部数であった。ただし、五万部という数字は、公称と実売との違いがあるためか、編集長の吉野源三郎の回想や、『岩波書店八十年』にある八万部とは異なっている。

CIEの調査では、『世界』に関してどのような報告がなされていたのだろうか。この調査報告書を和訳した山本武利「占領期雑誌研究のための基礎資料」（『占領期文化をひらく――雑誌の諸相』早稲田大学出版部、二〇〇六年）に従いながら、その特色を述べていくことにする。

「歴史と背景」については、「『世界』は古い会社による新しい事業である。日本の敗戦後に創刊された同誌は、雑誌界で早々と主導的な硬派刊行物としての地位をかちえた」と記されている。また、「主要な人物」としては、吉野源三郎の名前があがっている。「吉野はもっとも成功した雑誌の編集人として、日本のリベラリズムの最前線に立つ人物である」と評されている。「財務」に関しては、『世界』は「財務的に利益のあがる企画の一つである」とし、「岩波書店は、一九四六年に日本のすべての出版社のなかで刊行点数が最大であった」とも記されている。この記述が新刊にのみ限定しているか否かは定かではないが、『岩波書店八十年』によれば、一九四六年（昭和二十一）の年間新刊点数は六十九点である。雑誌の「特徴」としては、「編集上での公平性、多様性、高度に統一された水準の書き方で高い評価を得ている」とあり、読者層について「比較的高い教育を受けた階層に読者を開拓している」とある。

このように、CIEに注目されていることもあってか、雑誌『世界』は、アメリカ占領軍による事前検閲において、修正を求められることがあった。『世界』では、文章が掲載される以前にどのような修正がなされたのだろうか。アメリカ占領軍によって行われた検閲について整理をしたうえで、『世界』創刊号に対して行われた検閲を見ていくことにする。

GHQ／SCAPの検閲と雑誌『世界』

戦前・戦中は内務省のメディア規制により、多くの書籍が伏字の使用をせざるを得ず、場合によっては出版停止となったが、敗戦後には、アメリカ軍の占領下で再出発をする。各出版社は、内務省の検閲からは解放されたが、新たな検閲のもとで活動を再開することになるのである。岩波書店も例外ではなかった。

第二次世界大戦後、出版法（一八九三年公布）・新聞紙法（一九〇九年公布）が廃止されるのはいずれも一九四九年（昭和二十四）であるが、一九四五年（昭和二十）九月には事実上失効していた。これに代わって、敗戦後日本の占領下で、一九四五年（昭和二十）から一九四九年（昭和二十四）までアメリカ軍によって行われた、GHQ／SCAPが日本のメディアを規制していた。

当局が出版前に行う事前検閲では、出版物が刊行される前に校正刷を当局に提出し、検閲官がCCD（Civil Censorship Detachment：民間検閲局）の三十一項目に及ぶ検閲指針「掲載禁止・削除理由の類型」（Categories of Suppressions and Deletions）に即してチェックが行われ、掲載不許可（suppress）、一部削除（deleted）、許可（pass）、留保（hold）などの判断が下された。しかし、日本のメディアに対しては民間検閲局の検閲指針は公開されておらず、各メディアは一九四五年（昭和二十）九月十九日付で公にされたプレスコード（Press Code for Japan：日本出版法）を参照しながら対応していたのである。

一九四五年（昭和二十）から一九四九年（昭和二十四）まで実施されたこの検閲は、新聞・雑誌・書物・放送・映画などのマスメディアだけでなく、郵便・電話・電信など個人のメッセージをやりとりするメディアに至るまで規制していた。出版に関しては、雑誌刊行以前に校正刷を当局に提出する事前検閲と、刊行後に雑誌を当局に納本する事後検閲があり、占領開始当初は前者が実施されていたが、事前検閲が日本の各メディアに浸透していった段階で、GHQ／SCAPは事後検閲に切り替えている。そして、一九四七年（昭和二十二）末には、ほとんどの雑誌は事前検閲から事後検閲に移行することになった。書籍よりも刊行点数の多い雑誌の方が、事前検閲に大きな負担がかかるため、事後検閲への移行が速やかであった。

GHQ／SCAPのメディア規制が時間や経済の観点から見て、より効果的に行われるようになったのは、事後検閲になってからである。事後検閲になると、記者や編集者の判断にかかる責任が重くなり、各メディアの対応に差異が表れてくる。従って、検閲を過剰に意識すると、危険を回避し安全策をとる傾向が強くなり、不必要に自己規制する場合も出てくる。一方、事後検閲になったことを利用し、事前検閲では抵触する可能性のある表現を確信犯的に削除しないままにすることもある。自己検閲に明確な基準がないだけに、各メディアにおける判断に開きが出てくることになる。

　占領期に創刊された『世界』は、占領期に

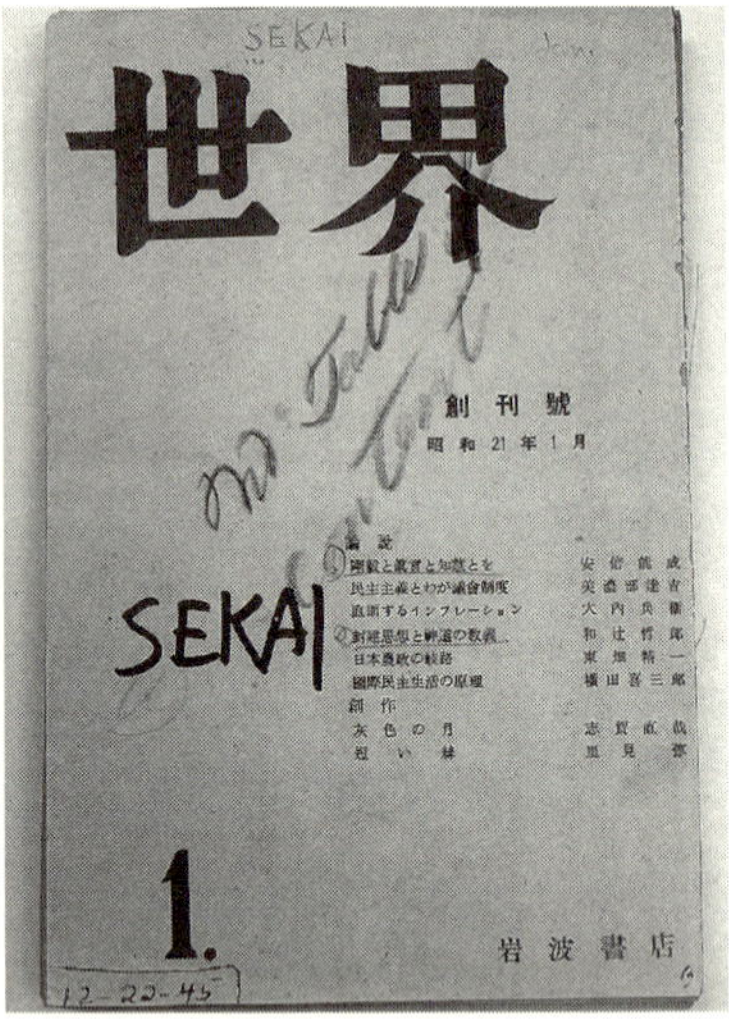

GHQ/SCAP に検閲された『世界』

岩波書店から刊行された定期刊行物の中でも、CIEに注目された総合雑誌だったこともあってか、GHQ／SCAPのメディア規制により、事前検閲の段階で修正を求められることが少なくなかった。『世界』は創刊号から、GHQ／SCAPの検閲によって修正の指示を受けた。創刊号に関する検閲調書からは、少なくとも安倍能成「剛毅と真実と知慧とを」と富塚清「先づ安易な考へを捨てること」に対して、表現の一部削除の命令が出ていたことがわかる。

『世界』を手にした若き日の作家たち――福永武彦・島尾敏雄・山田風太郎の日記から

　雑誌『世界』の反響が大きかったことは、『世界』の編集長をつとめた吉野源三郎が、前掲の『職業としての編集者』の中で回想している。古野は『世界』創刊号の売れ行きについて、以下のように述べている。

創刊号は八万部刷って、たちまちに売り切れた。すべり出しは、まず上々だったが、玄人筋からは金ボタンの秀才のような雑誌だと批評され、左翼からは保守党左派の雑誌だと冷評された。

毀誉褒貶《きよほうへん》は様々であったが、『世界』創刊号は大きな話題を呼び、売れ行きも良く、入手するのが難しい人気のある雑誌であった。それは、文芸評論家の浅見淵《あさみふかし》が雑誌『早稲田文学』第十三巻四号（一九四六年六月）掲載の「文藝時評」で、以下のように書いていることからもうかがえる。

雑誌の入手難があひ変らず酷い。未だに次から次へと創刊される新雑誌とあひ俟つて、新聞の広告欄は賑やかだが、さて手に入れようとすると容易なことではない。そして、定評のある雑誌ほど酷い。まだ旧円時代だつた時、岩波の「世界」創刊号が闇市で百円で出てゐたといふことを、現にそれを実見した人から聞いたが、そんなべら棒な値段を呼ぶところに、その一半の原因があるのであらう。

四円の『世界』創刊号が百円というから、戦後のインフレーションのことを念頭に置いてもかなり高騰していたことがわかる。この逸話を裏づけるように、創刊まもない頃の『世界』への関心が当時の人々の日記に記されている。ここではその一部を紹介しておきたい。

作家の福永武彦《ふくながたけひこ》は、一九四五年（昭和二十）十二月三十日の日記に「伯母さんから三〇〇―借金する。世界四―、改造二・五〇―、文春二冊一・二〇、雄鶏通信・六〇」と、翌三十一日に「展望（三・五〇）売れ残つてゐるのを買ふ。流石に世界と改造とはもうない」とそれぞれ記している（『福永武彦戦後日記』新潮社、二〇一一年）。『世界』が四円であるにもかかわらず、すぐに売り切れたことがわかる。また、作家の島尾敏雄《しまおとしお》も、一九四六年（昭和二十一）一月十四日の日記に「岩波書店発行の『世界』創刊号入手。志賀直哉の小説（灰色の月）など読む。何事か強く問題を読者の心に残す筆法、そのやり方いやだと思ひつゝやはり考へる」（『島尾敏雄日記――『死の棘』までの日々』新潮社、二〇一〇年）と書き記しており、戦後に活躍することになるこの二人の作家が、創刊したばかりの『世界』を入手し、読んでいたことがわかってくる。

もう一人、ある医学生の読後感を紹介したい。その人物とは、東京医学専門学校（現在の東京医科大学）三年生・山田誠也《やまだせいや》、後に作家として活躍する山田風太郎《やまだふうたろう》である。彼の一九四六年（昭和二十一）二月十五日の日記には、次のように、『世界』を読んだ感想が記されている（『戦中派焼け跡日記』小学館、二〇〇二年）。

世界新綜合雑誌〈世界〉に米人記者の「敵国日本」なる文章載る。開戦直後かの地にて刊行され日本国禁の書となりいたるものなり。その日本の国情を摑むことの正鵠《せいこく》なる、大戦の経過を予告せることの適確なる驚くに耐えたるものあり。而《しこう》して、これと野村吉三郎《のむらきちさぶろう》大使の「ハルと松岡」なる回顧談を読むに、この大戦の避くべからざりし理由、今避くるを得たりとの論轟々《ごうごう》として全日本人の心に悔恨の情甚だしきものあれども、実にあの当時の不可避の情勢歴々とわかる。野村大使は実にすぐれた人物なり。

「敵国日本」は、『世界』創刊号とその翌月号に連載されたヒュー・バイアスの文章である。日記の日付及び、引用文の内容から、風太郎の読んだものが一九四六年（昭和二十一）二月号であったと推定される。また、元米国大使の野村吉三郎の文章は、雑誌『改造』第二十七巻二号（一九四六年二月）に掲載された「ハルと松岡――日米交渉顛末記」であり、風太郎も福永と同様に、『世界』に加えて『改造』も読んでいたことがわかってくる。『世界』『改造』に掲載された数ある文章の中で、風太郎が「敵国日本」と「ハルと松岡」に関心を持ったことが興味深い。

2　「文化の配達人」の死

出版人最初の文化勲章受章

茂雄は、一九四六年（昭和二十一）二月十一日に、戦後第一回目の文化勲章を受章する。出版文化の普及に多大な貢献をしたことが受章理由であり、出版人の受章は創設以来はじめてのことであった。

文化勲章は、広田弘毅《ひろたこうき》内閣総理大臣の時に発案され、一九三七年（昭和十二）二月十一日の勅令第九号「文化勲章令」をもって制定された。「文化勲章ハ文化ノ発達ニ関シ勲績卓絶ナル者ニ之ヲ賜フ」という法令に基づき選考が行われ、閣議決定を経て、受章者が決定する。幸田露伴（文学、一九三七年）、川合玉堂《かわいぎょくどう》（日本画、一九四〇年）、徳富蘇峰《とくとみそほう》（評論、一九四三年）らがそれまでに受章していたが、一九三八年（昭和十三）、一九三九年（昭和十四）、一九四一年（昭和十六）、一九四二年（昭和十七）、一九四五年（昭和二十）には受章者はなかった。茂雄と同じ一九四六年（昭和二十一）の受章者は、以下のとおりである

中田《なかだ》　薫《かおる》　法律学
宮部《みやべ》　金吾《きんご》　植物学
俵国《たわらくに》　一《いち》　冶金学
仁科《にしな》　芳雄《よしお》　物理学
梅若万三郎《うめわかまんざぶろう》　能楽
岩波　茂雄　出版

岩波茂雄が出版人として最初に受章したことは、出版事業が「文化」の一つであると、社会的に広く認識させる象徴的な出来事であった。幸田露伴は「岩波氏のこと」（『図書』第七年八十三号、一九四

二年十二月）の中で、出版業について「公益を増進する方に於ては大変に強いもので、私利を得ることから論ずれば寧ろ小さい仕事」と述べ、茂雄のことを「一木強漢」で、「怜悧敏捷の商業人といふよりは、禅宗坊主のやうな風格を持つて居られる人」と評していた。

文化勲章受章者について報じる一九四六年（昭和二十二）二月二十一日付の『朝日新聞』誌上に、「文化の配達人」岩波氏談」という見出しで、岩波茂雄に関する記事と談話が掲載されている。「岩波茂雄氏への文化勲章贈授は異彩といへよう、徒手空拳、大正二年神田で古本屋を始め、殊にかつての「円本」氾濫時代に刊行を始めた「岩波文庫」は、レクラム文庫に範を求めながらレクラムを凌ぐほどの功績をおさめた」という記事に続いて、茂雄のコメントが掲載されている。茂雄は「良書は作家、校訂者、印刷者などの努力によって世に出るもので」あり、「思想家、芸術家達の余光で、私はその時々に応じて忠実に伝達した一配達夫に過ぎません」と述べていた。

一つの書物や雑誌が世に送り出されるまでには、著者だけでなく、出版社に勤務する編集者や校正者、印刷会社の印刷者など、多くの人々の協力が不可欠である。また、出来上がった書物が読者に届くまでにも、出版社の営業から取次、書店に至るまで、多くの人々が介在している。そのようにしてつくられた書物や雑誌を、著者から読者へと伝えていく「一配達夫」としての役割を忠実に果たしてきたに過ぎないと茂雄は述べている。しかし、彼の文化勲章の受賞は、三十余年にわたって、出版文化の向上に努めてきたことへの評価の結果であった。この受賞は茂雄だけでなく、敗戦直後の日本の出版界に光明を齎《もたら》す出来事だったのである。

貴族院議員当選（前列左から４人目が茂雄。1945年４月）

長男と友人の相次ぐ死、そして茂雄の終焉

茂雄は岩波書店の再興を期しながらも、日本の敗戦から亡くなるまで、残された時間は三百日に満たなかった。しかし、その間でも、これまで述べていたように、戦後すぐの出版社の再興、そして『世界』の創刊など新たな歩みを進め、大きな足跡を残した。

また、茂雄は創業まもない頃から、政治に対する関心を持っており、出版以外に政治的な活動も展開していた。終戦真近の一九四五年（昭和二十）二月十一日に、貴族院の多額納税者補欠選挙に立候補し、三月二十七日に当選し、貴族院議員となった。短い期間であったが、政治家としても活動するなど、多忙な一年となった。

その一方で、親族や師友など、大切な人々との別れに直面し、また同時に、自らも病を得て、書店の再出発の時期に困難な現実に向き合うことになった。戦争が終わってから一ヶ月も経たない九月三日に、長男の雄一郎が亡くなっている。雄一郎は東京帝国大学の出身で、東京芝浦電気製作所の技術者であったが、前年から胸を病んでいた。三十歳の若さであった。また、岩波書店に大きく貢献した三木清は戦時中、思想犯として拘留されていたが、九月二十六日に、豊多摩拘置所で病没した。そして、郷里の古くからの友人の藤森省吾《ふじもりしょうご》が、雄一郎死去の翌日（九月四日）に病没している。この日は、茂雄の貴族院初登院の日であった。茂雄は近しい人々の相次ぐ死について、九月十日に執り行われた藤森の葬儀での弔辞の中で、「六月七日西田幾多郎先生を亡ひ、次いで七月二日、兄事する郷党の先輩久保田力蔵氏を亡ひ、又九月三日、長男雄一郎を亡ひ、其の翌日我が畏友君を亡ふ。人生の無常避け難きとはいへ、此の不幸の連続はまことに痛恨に堪へざるものがある」（「弔詞」『茂雄遺文抄』）と、近しい人々の相次ぐ死について述べていた。

茂雄は、戦時中の一九四四年（昭和十九）五月に脳出血の症状が出ており、翌一九四五年（昭和二十）九月に、長野で執り行われた藤森省吾の葬儀中にも再び発作に見舞われていた。しかし、いずれも軽度であったことから、静養しながら、仕事にはかかわっていた。二度目の発作の後は、十月中旬まで長野に滞在し静養につとめ、その後、上京してからも、静養しながら徐々に仕事に復帰していった。

そうした最中、茂雄のインタビューが『アサヒグラフ』第四十五巻三十八号（一九四五年十二月五日号）に掲載された。ここには、二度目の発作後の茂雄の写真が、インタビュー記事とともに掲載されている。この時期の茂雄の動向を伝えるインタビューのタイトルは、「操守一貫の書商　岩波書店主岩波茂雄氏」である。茂雄はここで、敗戦を「新しく生れ変る絶好の機会だと思ふ――明治維新に還

晩年の岩波茂雄

り御誓文に生きよ、これ新生日本の根本原理なり」と捉えている。そして敗戦の理由について、「理想に対する憧憬もなければ真理に対する情熱も欠けてゐた」とし、「物量」に加えて「精神」においても劣っていたことを指摘している。また、「綜合雑誌を出すさうですが…」という記者の質問に対して、「そんなものはやらないよ」と答えている。『世界』の創刊を目前に控えていたためだろうか、韜晦《とうかい》するような受け答えをしているように見える。

一九四六年（昭和二十一）四月二十日、茂雄は熱海に建てた惜櫟荘で脳出血の発作を起こし、二十五日に死去した。六十六年の生涯であった。茂雄の三度目の脳出血の発作から終焉に至るまでは、安倍能成の『岩波茂雄伝』に詳しく記されている。安倍は『世界』第六号（一九四六年六月）に「岩波と私」を寄稿したが、その中で、「兎も角も人道主義は少年時代から死に至るまで一貫した岩波の傾向であつた。それに加へて純真なひたむきなセンティメンタリズムと素樸な根強い本能的な野性とは、彼の一生を通じて変らなかつた」と茂雄の性質について記し、親友の死を悼んだ。

茂雄は四月二十八日に茶毘《だび》に付され、三十日に東京築地の西本願寺にて葬儀が執り行われた。会葬者は約千人を数えた。法名は「文猷院剛堂宗茂居士」、北鎌倉の東慶寺の西田幾多郎の墓地の隣に埋葬され、故郷の長野県諏訪市中洲の小泉寺にも分骨埋葬された。「私もやがては岩波の近くに葬られることになろう」と『岩波茂雄伝』の終わりに記した安倍も、今は茂雄の近くで静かに眠っている。

茂雄が亡くなってから三年後の一九四九年（昭和二十四）四月には、岩波書店は株式会社となった。約四十年にわたって書店を牽引してきた茂雄の個人経営から、会社組織となって新たな出発をすることになったのである。茂雄の「文化の配達人」であろうとする理想と、「低く暮らし、高く想ふ」という理念は、出版事業をめぐる環境が厳しさを増していく環境にある今日にあっても、岩波書店において受け継がれている。

主要参考文献

＊参考文献は、本書で引用、あるいは執筆にあたって参考にした単行本を掲げることを原則とし、雑誌掲載論文については本文で言及した論文に限って掲げた。最初に岩波茂雄・岩波書店関連の文献を、その後、全集・著作集・資料集などの一次文献を、続いて本書の各章の内容にかかわる参考関連文献を、それぞれ刊行年順に配列した。

岩波茂雄・岩波書店関連

『岩波書店出版図書目録』岩波書店、一九二九年。
岩波編輯部編『国語』一九三四年、複製版・一九八八年。
岩波書店編輯部編『国語　学習指導の研究　巻一』岩波書店、一九三六年。
『岩波文庫書目綜覧』岩波書店、一九五〇年。
岩波茂雄『茂雄遺文抄』岩波書店、一九五二年。
安倍能成『岩波茂雄伝』岩波書店、一九五七年・新版二〇一二年。
『創業者を偲びつつ――岩波書店略史』岩波書店、一九五九年。
山崎安雄『岩波茂雄』時事通信社、一九六一年。
山崎安雄『岩波文庫物語――永遠の事業』白凰社、一九六二年。

小林勇『惜櫟荘主人――一つの岩波茂雄伝』岩波書店、一九六三年。

『激動の中で――岩波新書の25年』岩波書店、一九六三年。

『岩波書店五十年』岩波書店、一九六三年。

山崎安雄『岩波文庫をめぐる文豪秘話――漱石・鷗外・茂吉・露伴・寅彦』出版ニュース社、一九六四年。

『出版人の遺文　岩波書店　岩波茂雄』栗田書店、一九六八年。

小林勇『一本の道』岩波書店、一九七五年・新版二〇一二年。

村上一郎『岩波茂雄』砂子屋書房、一九八二年。

宮坂勝彦編『岩波茂雄――ひとと知のコンダクター』銀河書房、一九八六年。

『岩波書店七十年』岩波書店、一九八七年。

岩波文庫編集部編『岩波文庫総目録―1927-1987』岩波書店、一九八七年。

塙作楽『岩波物語――私の戦後史』審美社、一九九〇年。

『岩波茂雄と風樹文庫』岩波書店、一九九三年。

岩波書店編集部編『写真でみる岩波書店80年』岩波書店、一九九三年。

山本夏彦『私の岩波物語』文藝春秋、一九九四年。

毎日新聞社編『岩波書店と文藝春秋――『世界』・『文藝春秋』に見る戦後思潮』毎日新聞社、一九九六年。

『岩波書店八十年』岩波書店、一九九六年。

門谷建蔵『岩波文庫の赤帯を読む』青弓社、一九九七年。

信州風樹文庫50年記念誌編集委員会編『信州風樹文庫50年』諏訪市教育委員会、一九九七年。

門谷建蔵『岩波文庫の黄帯と緑帯を読む』青弓社、一九九八年。

飯田泰三監修・岩波書店編集部編『岩波茂雄への手紙』岩波書店、二〇〇三年。

佐藤義亮・野間清治・岩波茂雄『出版巨人創業物語』書肆心水、二〇〇五年。

大塚信一『理想の出版を求めて――一編集者の回想 1963-2003』トランスビュー、二〇〇六年。

鹿野政直『岩波新書の歴史 付・総目録1938~2006』岩波書店、二〇〇六年。

岩波文庫編集部編『岩波文庫の80年』岩波書店、二〇〇七年。

岩波文庫編集部編『岩波文庫解説総目録 1927~2006年』岩波書店、二〇〇七年。

竹田行之校訂・注解『小泉信三書簡 岩波茂雄・小林勇宛百十四点』慶應義塾福澤研究センター、二〇一〇年。

小林恒也『出版のこころ――布川角左衛門の遺業』展望社、二〇一一年。

『思想』編集部編『『思想』の軌跡――1921-2011』岩波書店、二〇一二年。

全集・著作集・資料集など

『吉田松陰全集』全十巻、岩波書店、一九三四~三六年。

『安倍能成選集』全五巻、小山書店、一九四八~四九年。

『天野貞祐著作集』全五巻、細川書店、一九四九~五〇年。

『露伴全集』全四十一巻・附録・別巻上下、岩波書店、一九四九~八〇年。

『透谷全集』全三巻、岩波書店、一九五〇~五五年。

『阿部次郎全集』全十七巻、角川書店、一九六〇~六六年。

『和辻哲郎全集』全二十七巻・補遺・別巻二、岩波書店、一九六一~九二年。

『現代史資料』全四十五巻・別巻、みすず書房、一九六二~八〇年。

『田辺元全集』全十五巻、筑摩書房、一九六三~六四年。

『津田左右吉全集』全二十八巻・別巻五・補巻二、岩波書店、一九六三~八九年。

『明治文学全集』全九十九巻・別巻、筑摩書房、一九六五～八九年。

『三木清全集』全二十巻、岩波書店、一九六六～八六年。

『ヴァルター・ベンヤミン著作集』全十五巻、晶文社、一九六九～八一年。

『鷗外全集』全三十八巻、岩波書店、一九七一～七五年。

『斎藤茂吉全集』全三十六巻、岩波書店、一九七三～七六年。

『大内兵衛著作集』全十二巻、岩波書店、一九七四～七五年。

『石原謙著作集』全十一巻、岩波書店、一九七八～七九年。

『夏目漱石遺墨集』全六巻・別冊、求龍堂、一九七九～八〇年。

『野上彌生子全集』岩波書店、全二十三巻・別巻三、一九八〇～八二年／第二期・全二十九巻、一九八六～九一年。

『九鬼周造全集』全十一巻・別巻、岩波書店、一九八〇～八二年。

『国語教育史資料』全六巻、東京法令出版、一九八一年。

『小林勇文集』全十一巻、筑摩書房、一九八二～八三年。

『新輯　内田百閒全集』全三十三巻、福武書店、一九八六～八九年。

『荷風全集』全三十巻・別巻、岩波書店、一九九二～二〇一一年。

『岡義武著作集』全八巻、岩波書店、一九九二～九三年。

『漱石全集』全二十八巻、岩波書店、一九九三～九九年。

『新校本　宮澤賢治全集』全十六巻、筑摩書房、一九九五～二〇〇一年。

『色川大吉著作集』全五巻、筑摩書房、一九九五～九六年。

『芥川龍之介全集』全二十四巻、岩波書店、一九九五～九八年。

『寺田寅彦全集』全三十巻、岩波書店、一九九六～九九年。
『柳田國男全集』全三十三巻、筑摩書房、一九九七～二〇一〇年。
『久野収集』全五巻、岩波書店、一九九八年。
『坂口安吾全集』全三十六巻、筑摩書房、一九九九～二〇一二年。
『務台理作著作集』全九巻、こぶし書房、二〇〇〇～〇二年。
『橋川文三著作集』全十巻、筑摩書房、二〇〇〇～〇一年。
『西田幾多郎全集』全二十四巻、岩波書店、二〇〇二～〇九年。
『蓑田胸喜全集』全七巻、柏書房、二〇〇四年。

参考関連文献

森田草平『文章道と漱石先生』春陽堂、一九一九年。
夏目鏡子述、松岡譲筆録『漱石の思ひ出』岩波書店、一九二九年。
図書週報編集部編『明治大正発売禁止書目』古典社、一九三二年。
鈴木俊郎編『内村鑑三先生――追想集』岩波書店、一九三四年。
新潮社出版部編『新潮社四十年』新潮社、一九三六年。
『第一高等学校六十年史』第一高等学校、一九三九年。
唐木順三『現代史への試み』筑摩書房、一九四九年。
松岡譲『漱石の印税帖』朝日新聞社、一九五五年。
岡野他家夫『日本出版文化史』春歩堂、一九五九年。
橋本求『日本出版販売史』講談社、一九六四年。

小田切秀雄・福岡井吉編『昭和書籍雑誌新聞発禁年表』全四冊、明治文献、一九六五～六七年。

安倍能成『我が生ひ立ち』岩波書店、一九六六年。

夏目伸六『父・漱石とその周辺』芳賀書店、一九六七年。

松尾尊兊『民本主義の潮流』文英堂、一九七〇年。

林原耕三『漱石山房の人々』講談社、一九七一年。

松浦総三『増補決定版　占領下の言論弾圧』現代ジャーナリズム出版会、一九七四年。

木佐木勝『木佐木日記　第一～四巻』現代史出版会、一九七五～七六年。

若園清太郎『わが坂口安吾』昭和出版、一九七六年。

関忠果・小林英三郎・松浦総三・大悟法進編『雑誌『改造』の四十年　付・改造目次総覧』光和堂、一九七七年。

魚住影雄『折蘆書簡集』岩波書店、一九七七年。

中山茂『帝国大学の誕生――国際比較の中での東大』中央公論社、一九七八年。

芳賀徹・小木新造編『明治大正図誌』第三巻、筑摩書房、一九七九年。

『日本文芸家協会五十年史』日本文芸家協会、一九七九年。

神田女学園創立90周年記念出版編集委員会編『竹水の流れ――神田女学園の九十年』一九八〇年。

金子務『アインシュタインショックⅠ・Ⅱ』河出書房新社、一九八一年。

三好行雄・平岡敏夫・平川祐弘・江藤淳編『講座　夏目漱石』全五巻、有斐閣、一九八一～八二年。

山本武利『広告の社会史』法政大学出版局、一九八四年。

松浦総三『戦中・占領下のマスコミ』大月書店、一九八四年。

矢口進也『漱石全集物語』青英舎、一九八五年。

反町茂雄『一古書肆の思い出　1　修業時代』平凡社、一九八六年。

山本武利・津金澤聰廣『日本の広告――人・時代・表現』日本経済新聞社、一九八六年。

週刊朝日編『値段史年表――明治・大正・昭和』朝日新聞社、一九八八年。

天野郁夫『近代日本高等教育研究』玉川大学出版部、一九八九年。

吉野源三郎『職業としての編集者』岩波書店、一九八九年。

江藤淳『閉された言語空間――占領軍の検閲と戦後日本』文藝春秋、一九八九年。

藤井淑禎『不如帰の時代――水底の漱石と青年たち』名古屋大学出版会、一九九〇年。

諸井耕二「旧制中学校教科書　岩波編集部編『国語』全十巻をめぐって」『宇部工業高等専門学校研究報告』第三十六号、一九九〇年。

東京堂『東京堂百年の歩み』東京堂、一九九〇年。

竹内洋『立志・苦学・出世――受験生の社会史』講談社、一九九一年。

柄谷行人編『近代日本の批評　明治・大正篇』福武書店、一九九二年。

紀田順一郎『内容見本にみる出版昭和史』本の雑誌社、一九九二年。

紅野謙介『書物の近代――メディアの文学史』筑摩書房、一九九二年。

天野郁夫『学歴の社会史――教育と日本近代』新潮社、一九九二年。

中島国彦『近代文学にみる感受性』筑摩書房、一九九四年。

石原千秋・小森陽一編『漱石研究』第一～十八号、翰林書房、一九九三～二〇〇五年。

平岡敏夫『北村透谷研究』有精堂、一九九五年。

斉藤利彦『競争と管理の学校史――明治後期中学校教育の展開』東京大学出版会、一九九五年。

筒井清忠『日本型「教養」の運命――歴史社会学的考察』岩波書店、一九九五年。

苅部直『光の領国　和辻哲郎』創文社、一九九五年。

鈴木貞美『「生命」で読む日本近代――大正生命主義の誕生と展開』日本放送出版協会、一九九六年。

谷沢永一『書誌学的思考　日本近代文学研叢』和泉書院、一九九六年。

山本武利『占領期メディア分析』法政大学出版局、一九九六年。

栗原敦「岩波茂雄あて賢治書簡・異論」『賢治研究』第七十号、一九九六年。

有山輝雄『占領期メディア史研究――自由と統制・一九四五年』柏書房、一九九六年。

永嶺重敏『雑誌と読者の近代』日本エディタースクール出版部、一九九七年。

中島義勝「戦争の中の岩波新書」『日本出版史料――制度・実態・人』日本エディタースクール出版部、一九九七年。

日本近代文学館編『本の置き場所――作家のエッセイ1』小学館、一九九七年。

木村直恵『〈青年〉の誕生――明治日本における政治的実践の転換』新曜社、一九九八年。

大平千枝子『父　阿部次郎』東北大学出版会、一九九九年。

竹盛天雄『明治文学の脈動――鷗外・漱石を中心に』国書刊行会、一九九九年。

関口安義『芥川龍之介とその時代』筑摩書房、一九九九年。

竹内洋『学歴貴族の栄光と挫折』中央公論新社、一九九九年。

有馬学『「国際化」の中の帝国日本――1905～1924』中央公論新社、一九九九年。

鹿野政直『近代日本思想案内』岩波書店、一九九九年。

江藤淳『漱石とその時代　第五部』新潮社、一九九九年。

北田暁大『広告の誕生――近代メディア文化の歴史社会学』岩波書店、二〇〇〇年。

山本芳明「岩波茂雄と夏目漱石」『漱石研究』第十三号、二〇〇〇年。

山本芳明『文学者はつくられる』ひつじ書房、二〇〇〇年。

永嶺重敏『モダン都市の読書空間』日本エディタースクール出版部、二〇〇一年。

佐藤卓己『『キング』の時代──国民大衆雑誌の公共性』岩波書店、二〇〇二年。

七北数人『評伝　坂口安吾　魂の事件簿』集英社、二〇〇二年。

山田風太郎『戦中派焼け跡日記』小学館、二〇〇二年。

飛鳥井雅道『日本近代精神史の研究』京都大学学術出版会、二〇〇二年。

小熊英二『〈民主〉と〈愛国〉──戦後日本のナショナリズムと公共性』新曜社、二〇〇二年。

紅野謙介『投機としての文学──活字・懸賞・メディア』新曜社、二〇〇三年。

成田龍一『近代都市空間の文化経験』岩波書店、二〇〇三年。

長谷川一『出版と知のメディア論──エディターシップの歴史と再生』みすず書房、二〇〇三年。

竹内洋『教養主義の没落──変わりゆくエリート学生文化』中央公論新社、二〇〇三年。

中村稔『私の昭和史』青土社、二〇〇四年。

佐藤卓己『言論統制──情報官・鈴木庫三と教育の国防国家』中央公論新社、二〇〇四年。

中島岳志『中村屋のボース──インド独立運動と近代日本のアジア主義』白水社、二〇〇五年。

山本武利編『占領期文化をひらく──雑誌の諸相』早稲田大学出版部、二〇〇六年。

小山文雄『漱石先生からの手紙──寅彦・豊隆・三重吉』岩波書店、二〇〇六年。

米谷匡史『アジア／日本』岩波書店、二〇〇六年。

山崎一頴『森鷗外論攷』おうふう、二〇〇六年。

柘尾武『漱石と石鼓文』渡辺出版、二〇〇七年。

加藤陽子『満州事変から日中戦争へ』岩波書店、二〇〇七年。

井上寿一『日中戦争下の日本』講談社、二〇〇七年。

浅岡邦雄『〈著者〉の出版史――権利と報酬をめぐる近代』森話社、二〇〇九年。

松村茂樹『呉昌碩研究』研文出版、二〇〇九年。

改造社関係資料研究会編『光芒の大正　川内まごころ文学館蔵　山本實彦関係書簡集』思文閣出版、二〇〇九年。

天野郁夫『大学の誕生　上・下』中央公論社、二〇〇九年。

西川祐子『日記をつづるということ――国民教育装置とその逸脱』吉川弘文館、二〇〇九年。

柴野京子『書棚と平台――出版流通というメディア』弘文堂、二〇〇九年。

紅野謙介『検閲と文学――1920年代の攻防』河出書房新社、二〇〇九年。

島尾敏雄『島尾敏雄日記――『死の棘』までの日々』新潮社、二〇一〇年。

青木生子・原田夏子・岩淵宏子編『阿部次郎をめぐる手紙』翰林書房、二〇一〇年。

町田祐一『近代日本と「高等遊民」――社会問題化する知識青年層』吉川弘文館、二〇一〇年。

武藤清吾『芥川龍之介編『近代日本文芸読本』と「国語」教科書教養実践の軌跡』渓水社、二〇一一年。

ジェイ・ルービン（今井泰子・大木俊夫・木股知史・河野賢司・鈴木美津子訳）『風俗壊乱――明治国家と文芸の検閲』世織書房、二〇一一年。

古川隆久『昭和天皇――「理性の君主」の孤独』中央公論新社、二〇一一年。

西尾成子『科学ジャーナリズムの先駆者　評伝　石原純』岩波書店、二〇一一年。

福永武彦『福永武彦戦後日記』新潮社、二〇一一年。

新保祐司編『別冊『環』⑱　内村鑑三　1861-1930』藤原書店、二〇一一年。

武石典史『近代東京の私立中学校――上京と立身出世の社会史』ミネルヴァ書房、二〇一二年。

平石典子『煩悶青年と女学生の文学誌――「西洋」を読み替えて』新曜社、二〇一二年。

佐伯泰英『惜櫟荘だより』岩波書店、二〇一二年。

十川信介『中勘助『銀の匙』を読む』岩波書店、二〇一二年。

中山弘明『第一次世界大戦の〈影〉――世界戦争と日本文学』新曜社、二〇一二年。

屈守元『韓詩外伝箋疏』巴蜀書社、二〇一二年。

石原千秋『近代という教養――文学が背負った課題』筑摩書房、二〇一三年。

山本芳明『カネと文学――日本近代文学の経済史』新潮社、二〇一三年。

佐藤卓己「『図書』のメディア史（一）一九三六年―一九四二年」『図書』第七百七十二号、二〇一三年。

石原千秋『『こころ』で読みなおす漱石文学――大人になれなかった先生』朝日新聞出版、二〇一三年。

データベース類

「聞蔵Ⅱビジュアル」（朝日新聞社）
「ヨミダス歴史館」（読売新聞社）
「毎索」（毎日新聞社）
「日経テレコン21」（日本経済新聞社）
「占領期新聞・雑誌データベース」（20世紀メディア研究所）

あとがき

本書執筆にあたって心掛けたことは、創業の一九一三年（大正二）から茂雄の没する一九四六年（昭和二十一）までに刊行された、岩波書店の出版物を実際に手に取ることであった。一つひとつの書物が、茂雄と岩波書店につとめていた人々の、叡智の結晶であると思われたからである。過去に出版された書物の装丁を見て、紙に触れ、頁を繰ることで、岩波書店が創業以来、質素で上質な本づくりをしてきたことが体感された。そうした歴史の息吹を感じながら、百年前に出版を志した人物の軌跡を辿ることを、本書では試みようとしたのである。

その一方で、茂雄の文章と、彼について書かれた資料をできるだけ多く収集することにもつとめた。しかし、資料を集めながら痛感したのは、茂雄の全集・著作集がないために、彼の書き遺した文章をまとめて読むことが容易ではないという点である。『茂雄遺文抄』（岩波書店、一九五二年）に収録された文章以外にも、新聞や雑誌などに発表された茂雄の資料は少なくなく、そうした文献の整備は今後の重要な課題となるだろう。この点については、『茂雄遺文抄』の「序」で、親友の安倍能成が次のように述べている。

岩波の遺文はこの外にもまだ多く、日記、書簡、宣言、広告、談話等の片鱗にも、岩波の生活と性格との躍如たるものが多い。此等を漏れなく網羅して「岩波茂雄全集」を作ったならば、優に膨大な一巻を成し得るであらう。

安倍によって約六十年前に書かれたこの文章は、現在においても、重要な提言たり得ている。茂雄のような稀有な出版人の文集は、大正時代から昭和時代前期、そして終戦直後・占領期の出版文化を考えるうえで重要なものとなるに違いない。

本書執筆にあたっては、多くの方々のご協力を得た。石原千秋・大原祐治・栗原敦・篠崎美生子・中島国彦・宗像和重の各氏からは日本近代文学、沖清豪氏からは教育社会学、大日方純夫氏からは日本近現代史、河野貴美子氏からは漢文、小原俊・木南伸生の両氏からは「国語」教科書に関して、それぞれ貴重なご教示を賜った。日本近代史・民衆史を専攻する藤野裕子氏と日本近代文学を専攻する塩野加織氏からは、草稿及び校正の段階で丁寧なコメントを頂戴した。

岩波書店から様々なかたちでご協力をいただけたのは、望外の喜びであった。馬場公彦氏とは茂雄について意見交換をし、資料閲覧に際しては、馬場氏とともに、富田武子氏にたいへんお世話になった。また、倉持豊・松崎一優・吉田裕の各氏からも温かいご支援を賜った。諏訪市中洲の信州風樹文庫の調査に際し、矢崎勝美・岩波弘之の両氏から、茂雄の故郷についてお話をうかがえたのも、有難い機会であった。メリーランド大学ゴードン・W・プランゲ文庫では、エイミー＝ワッサストロム、ジェンキンス加奈の両氏、そして坂口英子氏のご協力により、貴重な資料を閲覧・活用することができた。また、茂雄の資料収集と図版作成にあたっては、大木優子・土田俊和・林直樹の各氏にご助力を仰ぎ、校正者の三野真里氏の丁寧な仕事にはとても助けられた。

執筆時に様々なかたちでご協力くださった多くの方々と、資料閲覧・図版使用にご理解をいただいた各機関に衷心より御礼を申し上げる。

本書をまとめるに際しては、以前に書いた「内容見本のなかの漱石」(『漱石研究』第十八号、二〇〇五年十一月)、「堀辰雄、芥川全集を編纂する」(岩波書店版、第二次『芥川龍之介全集』第九巻『月報九』二〇〇七年九月)、「起源の『文学』」(『文学』第十四巻三号、二〇一三年五月)、「岩波茂雄の新聞活用術」(『図書』第七百七十三号、二〇一三年六月)に基づいた箇所がある。なお、本書は、日本学術振興会科学研究費・基盤研究(C)(課題番号二四五二〇二四一)の支援を受けている。

本書執筆のきっかけは、浅岡邦雄氏のお声掛けにより、土屋礼子編著『近代日本メディア人物誌――創始者・経営者編』(ミネルヴァ書房、二〇〇九年)の企画に参加し、「岩波茂雄」を書いたことである。この文章に目を留め、本書をまとめることを熱心に勧め、編集を担当してくださった、東寿浩氏に厚く御礼を申し上げる。

二〇一三年七月

著者識

岩波茂雄略年譜

＊岩波書店編『岩波書店八十年』（岩波書店、一九九六年）、安倍能成『岩波茂雄伝』（岩波書店、一九五七年）所収「岩波茂雄年譜」をもとに作成した。両者の間にやや齟齬が散見されるが、事実を確認し得たものはそれに基づき、それ以外は『岩波書店八十年』に従った。一般・関連事項については、岩波書店編集部編『近代日本総合年表　第四篇』（岩波書店、二〇〇一年）、加藤友康他編『日本史総合年表』（吉川弘文館、二〇〇一年）を参照し、これを補った。

和暦	西暦	齢	関連事項	一般事項
明治一四	一八八一	1	8・27長野県諏訪郡中洲村中金子で、父・義質、母・うたの長男として出生。	10・12国会開設の詔。
二〇	一八八七	7	4月中洲村下金子の尋常小学校に入学。	
二三	一八九〇	10		10月教育勅語発布。
二四	一八九一	11	4月中洲村神宮寺の高等小学校に入学。	
二六	一八九三	13		4月出版法公布。
二七	一八九四	14		7・25日清戦争（〜一八九五年）。
二八	一八九五	15	4月諏訪実科中学校（現在の諏訪清陵高校）に入学。	

二九	一八九六	16	1・5父・義質死去。1・23戸主となる。	
三〇	一八九七	17	12・30村の伊勢講総代として、伊勢参拝の旅に出る。	3月著作権法公布。
三二	一八九九	19	3月諏訪実科中学を卒業し、上京。4月日本中学校に編入。	
三三	一九〇〇	20	3月日本中学校を卒業。7月第一高等学校を受験するが不合格。	
三四	一九〇一	21	2・3福澤諭吉死去。7月第一高等学校を再度受験し合格。9月入学し、東寮十五番室寮に入寮。秋に漕艇部に入り、ボートに熱中。	
三五	一九〇二	22	9月第一高等学校二年に進級、西寮六番室に入寮。10月トルストイの『我が懺悔』に大いに感動する。	1・30日英同盟成立。
三六	一九〇三	23	5・22藤村操、「巌頭之感」を遺し、日光華厳の滝で投身自殺。7月信州野尻湖の島に一人籠る。9月試験放棄のため落第し、安倍能成と同級となる。この頃から翌年の夏頃まで、ほとんど学校に行かず、試験をたびたび放棄する。	
三七	一九〇四	24	9月第一高等学校を二年続けて落第し、除名となる。	2・8日露戦争（～一九〇五年）。
三八	一九〇五	25	7月神田区北神保町の赤石ヨシ方に下宿。9月東京帝国大学哲学科選科に入学。	9・5日比谷焼打事件。

三九	一九〇六	26	この年の春、赤石ヨシと婚約。	
四〇	一九〇七	27	3月赤石ヨシと結婚。10月本郷弥生町に居住。	
四一	一九〇八	28	4月大久保百人町に転居。6・25母・うた死去。7月東京帝国大学哲学科選科を卒業。8・14長女・百合出生。	
四二	一九〇九	29	3月神田高等女学校の教員に着任。	5・6新聞紙法公布。10・26伊藤博文暗殺。11月野間清治、大日本雄弁会を創立（後の講談社）。
四三	一九一〇	30		8月韓国併合。この年、大逆事件。
四四	一九一一	31	8・11次女・小百合出生。	
大正 二	一九一三	33	7月神田高等女学校を退職。大久保百人町から神田区南神保町に転居。8・5神田区南神保町十六番地で岩波書店を創業。12月蘆野敬三郎『宇宙之進化』刊行。	
三	一九一四	34	1月雑誌『哲学雑誌』の売捌所となる。4・27三女・美登利出生。6月雑誌『アララギ』の売捌所となる。9月夏目漱石『こゝろ』刊行。11月台湾総督府図書館の創立のため、一万円分の書籍の注文を受	6月下中弥三郎、平凡社を設立。7月第一次世界大戦（～一九一八年）。

			け、神保町の古書店街で図書館に配架する価値のある書物のほとんどを買い集める。12月魚住影雄『折蘆遺稿』刊行。	
四	一九一五	35	3月雑誌『アララギ』の発売所となる。6月阿部次郎『第二　三太郎の日記』刊行。10月発行される書籍の奥付に「本店の出版物はすべて定価販売御実行被下度候」と印刷するようになる。「哲学叢書」全十二冊刊行開始。編者は阿部次郎・上野直昭・安倍能成。	
五	一九一六	36	1月「音楽叢書」刊行開始。この年の春から、店舗と住居を分け、家族は麹町区富士見二丁目に転居。9月鳩山秀夫『日本債権法総論』刊行。これは岩波書店刊行の最初の法律関係の書籍。10・4長男・雄一郎出生。12・9夏目漱石死去。	
六	一九一七	37	1月夏目漱石『明暗』刊行。5月雑誌『思潮』創刊。この雑誌は、阿部次郎を主幹とし、同人は石原謙・和辻哲郎・小宮豊隆・安倍能成。6月倉田百三『出家とその弟子』刊行。子供達の健康を考え、家族は鎌倉坂之下に転居。10月西田幾多郎『自覚に於ける直観と反省』刊行。11月桑木厳翼『カントと現代の	3月ロシア革命（二月革命）。10月ロシア革命（十月革命）。

			哲学』刊行。12月『漱石全集』（全十二巻）刊行開始。この全集の編集顧問に狩野亨吉・大塚保治・中村是公、編者に寺田寅彦・松根東洋城・森田草平・鈴木三重吉・小宮豊隆・野上豊一郎・阿部次郎・安倍能成。	
七	一九一八	38	6月阿部次郎『合本 三太郎の日記』刊行。カント（波多野精一・宮本和吉訳）『実践理性批判』刊行。9月田辺元『科学概論』刊行。	8月シベリア出兵（〜一九二二年）。
八	一九一九	39	5月西田幾多郎『思索と体験』刊行。和辻哲郎『古寺巡礼』刊行。6・15次男・雄二郎出生。12月新本の定価販売が書籍商組合の規定となり、実施されるようになる。岩波書店はこの頃から古本の仕入れを中止、新刊専門の書店となる。第二次『漱石全集』（全十三巻）刊行開始。	4月改造社、『改造』を創刊。
九	一九二〇	40	2月神田今川小路に建物を購入、卸部を移す。4月佐々木惣一『普通選挙』刊行。小林勇が入店。11月小石川小日向水道町の中勘助の住宅を購入し、転居。	
一〇	一九二一	41	2月カント（天野貞祐訳）『純粋理性批判 上巻』刊行。3月西田幾多郎『善の研究』、倉田百三『愛と認識との出発』刊行。10月雑誌『思想』創刊。12	11・4原敬暗殺。

			月「科学叢書」「通俗科学叢書」刊行開始。12・22四女・末子出生。	
一一	一九二二	42	4月中勘助の小説「犬」が風俗壊乱にあたり、『思想』四月号が発禁処分。7・9森鷗外死去。8月代々木練兵場で落馬し、重傷を負う。10月岩波書店として最初の辞典『岩波哲学辞典』を刊行。	12月ソビエト社会主義共和国連邦成立。
一二	一九二三	43	1月創刊された『日本心理学雑誌』の発行所となる。5月二百字詰百枚綴り二十五銭で原稿用紙を発売。6・14ラファエル・フォン・ケーベル死去。9・1関東大震災により、南神保町の店舗・事務所、今川小路の営業部・倉庫、有楽町の印刷所などが焼失。10月『思想』11月号「震災特集」を刊行。12月「復興叢書」刊行開始。	1月文藝春秋社、『文藝春秋』を創刊。
一三	一九二四	44	2月津田左右吉『神代史の研究』刊行。「科学普及叢書」刊行開始。3月『ストリントベルク全集』(全十巻)刊行開始。6月第三次『漱石全集』(全十四巻)刊行開始。「美術叢書」刊行開始。9月幸田露伴『芭蕉七部評釈冬の日抄』、津田左右吉『古事記及日本書紀の研究』刊行。11月「哲学古典叢書」刊行。	

一四	一九二五	45	3月「震災予防調査会報告」刊行開始。9月新村出『南蛮広記』刊行。12月『佐藤信淵家学全集』（全三巻）刊行開始。	4月治安維持法公布。5月普通選挙法公布。
一五	一九二六	46	1月太田為三郎編『日本随筆索引』刊行。「独逸文学叢書」刊行開始。2月内務省社会局編纂『大正震災志』全四冊の発売所となる。3・27島木赤彦死去。4月創刊された『心理学研究』の発行所となる。6月三木清『パスカルに於ける人間の研究』刊行。10月カント生誕二百年記念事業『カント著作集』（全十八巻）刊行開始。11月倉田百三『赤い霊魂』が、岩波書店発行図書として最初の発禁処分となる。	12月改造社、『現代日本文学全集』の刊行開始。
昭和二	一九二七	47	1月最初の教科書、亀井高孝『中等西洋史』刊行。4月三木清が京都第三高等学校を辞し、上京して法政大学教授に着任。岩波書店の編集の協力を定期的に行う。7月「岩波文庫」創刊。7・24芥川龍之介死去。8・10左右田喜一郎死去。11月『芥川龍之介全集』（全八巻）刊行開始。12月茂雄と三木清、「朝鮮」「満洲」「北支」を巡る（翌年一月中旬まで）。	1月新潮社、『世界文学全集』の企画を発表。3月金融恐慌が始まる。5月、平凡社、『現代大衆文学全集』の刊行開始。
三	一九二八	48	2月岩波講座第一次「世界思潮」刊行開始。3月岩波書店で従業員の労働争議が起こる。3・15普及版	3・15三・一五事件。

			『漱石全集』（全二十巻）刊行開始。7月五社聯盟より脱退。8月小林勇が岩波書店を離れ、鐵塔書院を十月に創業。雑誌『思想』休刊（翌年四月に再刊）。9月大倉書店主の大倉保五郎が夏目純一・岩波茂雄に対し、損害賠償要求の訴訟を提訴。10月五百号となった雑誌『哲学雑誌』の発行所となる。	
四	一九二九	49	1月岩波文庫『グリム童話集』、「学芸叢書」刊行開始。4月前年8月に休刊の雑誌『思想』が復刊。6月「続哲学叢書」刊行開始。岩波講座第二次「物理学及び化学」刊行開始。8月7月刊行の岩波文庫、アルツィバーシェフ（中村白葉訳）『サーニン』上巻が風俗壊乱のため発禁処分。10日発売の同書下巻も発禁処分。『トルストイ全集』（全二十二巻）刊行開始。一ツ橋の旧商科大学の建物へ移転。11月『露伴全集』（全十二巻）、『赤彦全集』（全八巻）刊行開始。	10月世界恐慌。
五	一九三〇	50	1月岩波文庫に売り上げカード挿入を開始。2月岩波文庫、ファーブル『昆虫記』刊行開始。『岩波六法全書』創刊。岩波講座第三次「生物学」刊行開始。3・28内村鑑三死去。6月『左右田喜一郎全集』	

			(全五巻)刊行開始。7月「高等数学叢書」刊行開始。11月『経済学辞典』刊行開始。	
六	一九三一	51	1月カント(天野貞祐訳)『純粋理性批判 下巻』刊行。2月岩波講座第四次「地質学及び古生物学、鑛物学及び岩石学、地理学」刊行開始。4月雑誌『科学』創刊。5月岩波文庫、河上肇・宮川実訳『資本論』、河上肇訳『賃労働と資本』『労賃・価格および利潤』を廃刊宣言。6月『校本万葉集』(全十巻)、岩波講座第五次「日本文学」刊行開始。9月ヘーゲル没後百年を記念して『ヘーゲル全集』刊行開始。10月岩波講座第六次「教育科学」刊行開始。岩波文庫に整理番号を記入した分類別の帯を付ける。11月岩波講座第七次「哲学」刊行。	9月満洲事変。
七	一九三二	52	1月創刊された雑誌『法学』『美術研究』の発行所となる。2月岩波文庫教科書版発行(主として国文学関係)。創刊の雑誌『文学研究』の発行所となる。石河幹明『福澤諭吉伝』(全四巻)刊行開始。4月『内村鑑三全集』(全四巻)刊行開始。5月「日本資本主義発達史講座」刊行開始。6月岩波書店図書券発売。一円、二円、三円、五円、十円の5種類で、	3月満洲国建国。5・15五・一五事件。

			一九四一年十二月まで販売。11月「日本資本主義発達史講座」第四回配本が発禁処分。岩波講座第八次「数学」、岩波講座第九次「世界文学」刊行。12月『岩波西洋人名辞典』刊行。	
八	一九三三	53	1月三木清「現代階級闘争の文学」（岩波講座「日本文学」第十九回）削除処分。4月雑誌『文学』『教育』創刊。5月『続福澤全集』（全七巻）刊行開始。6月「日本資本主義発達史講座」第六回配本（六月）のうち、小林良正「明治維新に於ける商工業の諸変革」が発禁処分、稲岡暹「農民の状態及農民運動小史」が削除処分。8月「日本資本主義発達史講座」第七回配本（8月）のうち、坂本三善「最近における政治情勢史」と羽仁五郎「幕末に於ける思想的動向」がそれぞれ削除処分。9月岩波講座第十次「日本歴史」刊行開始。10月「日本資本主義発達史講座」第五回配本（2月）のうち、服部之総「明治維新の革命及び反革命」が削除処分。12月「岩波全書」創刊。	3月日本、国際連盟を脱退。
九	一九三四	54	1月創刊された雑誌『文化』の発行所となる。6月岩波講座第十一次「東洋思潮」刊行開始。10月『吉	

一〇	一九三五	55	田松陰全集』（全十巻）、普及版『芥川龍之介全集』（全十巻）刊行開始。11月岩波書店の所在地が、一ツ橋通十六番地から一ツ橋二丁目三番地に改称される（現在は、一ツ橋二丁目五番五号）。12月『法律学辞典』刊行開始。トルストーイ（原久一郎訳）『一日一善』上巻（一九三四年十一月）削除処分。中学校用国語教科書『国語』刊行。1月『岩波動物学辞典』刊行。2月岩波講座第九次「世界文学」第十一回（一九三三年十一月）、竜口直太郎「ロレンス」削除。岩波文庫、アンリ・フレデリック・アミエル（河野与一訳）『アミエルの日記』刊行開始。3月普及講座「防災科学」刊行開始。ロマン・ロラン（豊島与志雄訳）『ジャン・クリストフ』刊行開始。4月美濃部達吉「現代憲政評論」（一九三〇年二月）改版処分。『理化学辞典』刊行。5月欧米視察旅行に出発（～12・13帰国）。6月「大思想文庫」刊行開始。10月決定版『漱石全集』（全十九巻）刊行開始。八杉貞利編『露和辞典』刊行。12月徳富健次郎『書翰十年』（一九三五年十二月）削除処分。12・31寺田寅彦死去。	1月文藝春秋社、芥川賞・直木賞を創設。2月天皇機関説問題。

一一	一九三六	56	1月『国語　学習指導の研究』刊行。3月『大教育家文庫』、『科学文献抄』刊行開始。『法律学辞典』第3巻、次版改訂処分。5月「政治学叢書」刊行開始。6月『鷗外全集　著作篇』（全二十二巻）刊行開始。6・27鈴木三重吉死去。7月岩波文庫、福澤諭吉『文明論之概略』（一九三六年五月）次版改訂処分。8月『能面』『国宝刀剣図譜』刊行開始。9月『寺田寅彦全集　文学篇』（全十六巻）刊行開始。10月岩波講座第十二次「国語教育」刊行。野上豊一郎・三女美登利とともに朝鮮旅行。10・19魯迅死去。11月大前・熱海・鈴木・園部『陸地測量学』（一九三五年七月）削除処分（五万分の一地図で永良島を軍事上の都合により削る）。	2・26二・二六事件。
一二	一九三七	57	1月岩波文庫、曲亭馬琴『南総里見八犬伝』刊行。2月岩波文庫、ヴィクトル・ユーゴー『レ・ミゼラブル』刊行。4月新刊図書に図書整理カードの挿入を開始。7月山田盛太郎『日本資本主義分析』（一九三四年二月）を自発的に絶版。9月岩波文庫、ジイド『ソヴエト旅行記』（九月）削除処分。10月『二葉亭四迷全集』（全八巻）、『中村憲吉全集』（全	7・7盧溝橋事件、日中戦争（～一九四五）。11月日独伊防共協定。

一三	一九三八	58	四巻）刊行開始。 2月大内兵衛の起訴を理由に、その著作『財政学大綱』（一九三〇年六月）に休版命令。岩波文庫社会科学書目について、当局が増刷・増製本を自発的に中止することを指示。矢内原忠雄『民族と平和』が発禁処分となり、このことで警視庁に呼び出される。3月憲兵隊からの干渉により、天野貞祐『道理の感覚』（一九三七年七月）を著者の申し出により絶版。『鈴木三重吉全集』（全六巻）刊行開始。8月PR誌『図書』創刊。11月岩波文庫、ハンス・クリスチャン・アンデルセン（大畑末吉訳）『アンデルセン童話集』刊行開始。岩波文庫、田山花袋『蒲団・一兵卒』（一九三〇年七月）次版削除処分。「岩波新書」創刊。普及版『吉田松陰全集』刊行開始。12月岩波講座第十三次「物理学」刊行開始。岩波文庫、『アミエルの日記　6』（一九三八年十二月）が次版削除処分。	4月国家総動員法公布。
一四	一九三九	59	1月奥付に落丁乱丁の本の交換をすることを表示。店員のラジオ体操を開始。岩波文庫、芥川龍之介『侏儒の言葉』（一九三二年八月）が次版改訂処分。	9月第二次世界大戦。

一五	一九四〇	60	3月内閣情報部が国民精神総動員の強化について、茂雄の意見を徴す。4月岩波文庫、武者小路実篤『その妹』（一九二八年四月）が削除処分。岩波文庫、徳冨蘆花『自然と人生』が削除処分。岩波文庫の帯紙に「慰問袋に岩波文庫」の標語を印刷。5月岩波文庫、フローベール（伊吹武彦訳）『ボヴァリー夫人』上・下（一九三九年四月）が削除と次版改訂処分。5・7泉鏡花死去。買切り制実施を声明。10月『小泉三申全集』（全六巻）刊行開始（第四巻までを刊行し、中絶）。11月『山本有三全集』（全十巻）刊行開始。ハインリッヒ・モルフ（長田新訳）『ペスタロッチー伝』刊行開始。12月岩波文庫『蕪村俳句集』（一九三九年十月、七刷）が次版改訂処分。津田左右吉『古事記及日本書紀の研究』『神代史の研究』がしばらく発売中止。 2月津田左右吉の『古事記及日本書紀の研究』『神代史の研究』『上代日本の社会及思想』の発禁処分。『藤樹先生全集』（全五巻）刊行開始。『定本万葉集』（全五巻）刊行開始。3月結城哀草果『随筆小風土記』が次版改訂処分。『鏡花全集』（全二十八巻）刊	9月日独伊三国同盟調印。10月大政翼賛会発足。11月大日本産業報国会発足。

行開始。「東亜研究叢書」刊行開始。5月資材不足のため、文庫本のしおりを廃止。岩波講座第十四次「倫理学」刊行開始。6月『山鹿素行全集　思想篇』（全十五巻）刊行開始。用紙不足のため、新刊図書に挿入の整理カード（一九三七年四月以来使用）を中止。7月左翼的な出版物に対する弾圧が強化。10月津田事件の予審開始。11月風樹会設立。

一六　一九四一　61

1月清水伸『帝国憲法制定会議』（一九四〇年）が絶版処分。2月印刷用紙不足のため、使用の統制が強化。3月岩波文庫、ローザ・ルクセンブルグ『資本蓄積再論』（一九三五年）発禁処分。津田事件予審終結。4月「解析数学叢書」刊行開始。7月戦争の進行にともない、用紙が規格判に統一され、岩波文庫の判型がA六判となる。8月岩波文庫・岩波新書の書店買い切り制を小売店に通知し、九月二十日の発売分から実施。岩波講座第十五次「機械工学」刊行開始。9月惜櫟荘の落成。10月国民の視力保護の理由から、情報局から出版文化協会を通じて強制され、岩波文庫の活字を八ポイントから九ポイントに変更。黒板勝美『国史の研究　総説』（一九三一

12・8真珠湾攻撃、太平洋戦争（～一九四五年）。

			年）が次版改訂処分となる。11月津田事件公判開始。12月叢書「少国民のために」創刊。土屋喬雄『日本社会史』（岩波講座「教育科学」第七回）が削除、次版改訂処分。	
一七	一九四二	62	1月神保町小売部、隣家の出火により類焼。大政翼賛会文化部指導下で設立された日本少国民文化協会に加盟。物資不足のため、出版状況は益々悪化。2月翻訳文学の刊行中止を決定。5月津田事件第一審判決で執行猶予有罪。直後に、原告と被告が控訴。6月出版文化協会から、岩波文庫の国文学・現代日本文学のうち出版を中止、自粛する書目のリストの提出を要求される。11月回顧三十年感謝晩餐会（三日、大東亜会館）。「日本武学大系」刊行開始（二冊で中絶）。軍部の注文で再び岩波文庫を納入。『本居宣長全集』（全二十九巻）刊行開始（六冊で中断）。12月PR誌『図書』休刊（一九四九年に復刊）。	12月大日本言論報国会創立（会長：徳富蘇峰）。
一八	一九四三	63	1月「軍事文化叢書」刊行開始。7月日本出版配給株式会社監査役に就任、長野県の教育を援助。9月岩波文庫、『名将言行録』刊行開始。	2月出版事業令公布。11月情報局の命令により、出版界の企業整備統合が始まる。12月学徒出陣。

一九	一九四四	64	3月雑誌『教育』休刊。4月雑誌『歴史学研究』休刊。5月茂雄にはじめて脳出血の症状が出る。7月雑誌『心理学研究』休刊。岩波書店戦時非常処理対策委員会を設置。10月雑誌『思想』休刊。11月津田事件控訴裁判、時効により免訴。雑誌『法学』休刊。12月雑誌『文学』『文化』『科学』休刊。	1月雑誌『改造』『中央公論』などの編集者が検挙される（横浜事件）。7月改造社、中央公論社が解散。
二〇	一九四五	65	3月多額納税者議員補欠選挙に立候補し（二月）、貴族院議員に当選。5月小林勇、治安維持法違反の嫌疑で検挙される。大規模な東京空襲で、小日向水道町の茂雄の自宅が罹災。6・7西田幾多郎死去。9・3長男の雄一郎死去。9・4貴族院に初登院。9・10藤森省吾の葬儀式場（長野市）で脳出血の発作。約一ヶ月、長野市で静養。9・26三木清、豊多摩拘置所で死去。9月〜10月雑誌『思想』『科学』『文学』が復刊。11月岩波書店長野分室を置く。12月総合雑誌『世界』創刊（一九四六年一月号）。	3・10東京大空襲。6月沖縄戦終結。8・6広島に原爆投下。8・9長崎に原爆投下。8・15ポツダム宣言受諾、敗戦。
二一	一九四六	66	2・11文化勲章を授与される。4・20惜櫟荘で脳出血のため倒れる。4・25岩波茂雄死去。4・30築地西本願寺で葬儀。	1月天皇人間宣言。公職追放令。雑誌『中央公論』『改造』復刊。11・3日本国憲法公布。

人名索引

さ　行

た　行

や　行

ら　行

わ　行

事項索引

さ 行

た 行

な 行

は 行

《著者紹介》

十重田裕一（とえだ・ひろかず）

1964年　東京都生まれ。

1993年　早稲田大学大学院文学研究科博士課程修了。

大妻女子大学専任講師，早稲田大学助教授を経て，

現　在　早稲田大学文学学術院教授。

主　著　『「名作」はつくられる――川端康成とその作品』NHK 出版，2009年。

『横断する映画と文学』森話社，2011年（編著）。

『コレクションモダン都市文化19　映画館』ゆまに書房，2006年（編著）。

『検閲・メディア・文学――江戸から戦後まで』新曜社，2012年（共編著）。

『日本語　文章・文体・表現事典』朝倉書店，2011年（共編著）。

『占領期雑誌資料大系　文学編』全5巻，岩波書店，2009～2010年（共編著），など。

ミネルヴァ日本評伝選

岩《いわ》波《なみ》茂《しげ》雄《お》

――低く暮らし，高く想ふ――

2013年9月10日　初版第1刷発行　〈検印省略〉

定価はカバーに
表示しています

著　者　十重田　裕　一

発行者　杉　田　啓　三

印刷者　江　戸　宏　介

発行所　株式会社　ミネルヴァ書房

607-8494 京都市山科区日ノ岡堤谷町1

電話代表（075）581-5191

振替口座 01020-0-8076

共同印刷工業・新生製本

ISBN978-4-623-06735-0

Printed in Japan

刊行のことば

歴史を動かすものは人間であり、興趣に富んだ人間の動きを通じて、世の移り変わりを考えるのは、歴史に接する醍醐味である。

しかし過去の歴史学を顧みるとき、人間不在という批判さえ見られたように、歴史における人間のすがたが、必ずしも十分に描かれてきたとはいえない。二十一世紀を迎えた今、歴史の中の人物像を蘇生させようとの要請はいよいよ強く、またそのための条件もしだいに熟してきている。

この「ミネルヴァ日本評伝選」は、正確な史実に基づいて書かれるのはいうまでもないが、単に経歴の羅列にとどまらず、歴史を動かしてきたすぐれた個性をいきいきとよみがえらせたいと考える。そのためには、対象とした人物とじっくりと対話し、ときにはきびしく対決していくことも必要になるだろう。

今日の歴史学が直面している困難の一つに、研究の過度の細分化、瑣末化が挙げられる。それは緻密さを求めるが故に陥った弊害といえるが、その結果として、歴史の大きな見通しが失われ、歴史学を通しての社会への働きかけの途が閉ざされ、人々の歴史への関心を弱める危険性がある。今こそ歴史が何のためにあるのかという、基本的な課題に応える必要があろう。評伝という興味ある方法を通じて、解決の手がかりを見出せないだろうかというのも、この企画の一つのねらいである。

狭義の歴史学の研究者だけでなく、多くの分野ですぐれた業績をあげている著者たちを迎えて、従来見られなかった規模の大きな人物史の叢書として、「ミネルヴァ日本評伝選」の刊行を開始したい。

平成十五年（二〇〇三）九月

ミネルヴァ書房

ミネルヴァ日本評伝選

企画推薦
梅原猛
ドナルド・キーン
佐伯彰一
角田文衛

監修委員
上横手雅敬
芳賀徹

編集委員
石川九楊　伊藤之雄　猪木武徳　今谷明
今橋映子　熊倉功夫　佐伯順子　坂本多加雄　武田佐知子
竹西寛子　西口順子　兵藤裕己　御厨貴

上代

*俾弥呼　古田武彦
日本武尊　西宮秀紀
仁徳天皇　若井敏明
雄略天皇　吉村武彦
*蘇我氏四代　遠山美都男
推古天皇　義江明子
聖徳太子　仁藤敦史
斉明天皇　武田佐知子
小野妹子・毛人　大橋信弥
*額田王　梶川信行
弘文天皇　遠山美都男
天武天皇　新川登亀男
持統天皇　丸山裕美子
阿倍比羅夫　熊田亮介
*藤原四子　木本好信
柿本人麻呂　古橋信孝
*元明天皇・元正天皇　渡部育子
聖武天皇　本郷真紹
光明皇后　寺崎保広
孝謙天皇　勝浦令子
藤原不比等　荒木敏夫
吉備真備　今津勝紀
*藤原仲麻呂　木本好信
道鏡　吉川真司
大伴家持　和田萃
*行基　吉田靖雄

平安

*桓武天皇　井上満郎
嵯峨天皇　西別府元日
宇多天皇　古藤真平
醍醐天皇　石上英一
村上天皇　京樂真帆子
花山天皇　上島享
*三条天皇　倉本一宏
藤原薬子　中野渡俊治
小野小町　錦仁
藤原良房・基経　瀧浪貞子
菅原道真　竹居明男
*紀貫之　神田龍身
源高明　所功
*安倍晴明　斎藤英喜
藤原実資　橋本義則
*藤原道長　朧谷寿
藤原伊周・隆家　倉本一宏
藤原定子　山本淳子
清少納言　後藤祥子
紫式部　竹西寛子
和泉式部　ツベタナ・クリステワ
大江匡房　小峯和明
阿弖流為　樋口知志
坂上田村麻呂　熊谷公男
*源満仲・頼光　元木泰雄
平将門　西山良平
藤原純友　寺内浩
空海　頼富本宏
最澄　吉田一彦
*空也　石井義長
奝然　上川通夫
*源信　小原仁
後白河天皇　美川圭
式子内親王　奥野陽子
建礼門院　生形貴重
藤原秀衡　入間田宣夫
平時子・時忠　元木泰雄
平維盛　根井浄
守覚法親王　阿部泰郎
藤原隆信・信実　山本陽子

鎌倉

源頼朝　川合康
*源義経　近藤好和
源実朝　神田龍身
後鳥羽天皇　五味文彦
九条兼実　村井康彦
九条道家　上横手雅敬
北条時政　野口実
熊谷直実　佐伯真一
*北条政子　関幸彦
北条義時　岡田清一
曾我十郎・五郎　杉橋隆夫
北条時宗　近藤成一
安達泰盛　山陰加春夫
平頼綱　細川重男
竹崎季長　堀本一繁
西行　光田和伸
藤原定家　赤瀬信吾
*京極為兼　今谷明

*兼好　島内裕子
重源　横内裕人
*運慶　根立研介
快慶　井上一稔
法然　今堀太逸
慈円　大隅和雄
明恵　西山　厚
親鸞　末木文美士
恵信尼・覚信尼　西口順子
覚如　今井雅晴
道元　船岡　誠
叡尊　細川涼一
*忍性　松尾剛次
*日蓮　佐藤弘夫
一遍　蒲池勢至
*宗峰妙超　竹貫元勝

南北朝・室町

後醍醐天皇　上横手雅敬
護良親王　新井孝重
*赤松氏五代　渡邊大門
*北畠親房　岡野友彦
楠正成　兵藤裕己
*新田義貞　山本隆志
光厳天皇　深津睦夫
足利尊氏　市沢　哲
佐々木道誉　下坂　守
円観・文観　田中貴子
足利義詮　早島大祐
足利義満　川嶋將生
足利義持　吉田賢司
足利義教　横井　清
大内義弘　平瀬直樹
伏見宮貞成親王　松薗　斉
山名宗全　山本隆志
日野富子　脇田晴子
世阿弥　西野春雄
雪舟等楊　河合正朝
宗祇　鶴崎裕雄
*満済　森　茂暁
一休宗純　原田正俊
蓮如　岡村喜史

戦国・織豊

北条早雲　家永遵嗣
毛利元就　岸田裕之
毛利輝元　光成準治
*今川義元　小和田哲男
*武田信玄　笹本正治
*武田勝頼　笹本正治
*真田氏三代　笹本正治
三好長慶　天野忠幸
*宇喜多直家・秀家　渡邊大門
*上杉謙信　矢田俊文
島津義久・義弘　福島金治
長宗我部元親・盛親　平井上総
吉田兼倶　西山　克
山科言継　松薗　斉
*雪村周継　赤澤英二
織田信長　三鬼清一郎
豊臣秀吉　藤井讓治
*北政所おね　田端泰子
*淀殿　福田千鶴
前田利家　東四柳史明
*黒田如水　小和田哲男
*蒲生氏郷　藤田達生
*細川ガラシャ　田端泰子
伊達政宗　伊藤喜良
*支倉常長　田中英道
ルイス・フロイス　エンゲルベルト・ヨリッセン
*長谷川等伯　宮島新一
顕如　神田千里

江戸

徳川家康　笠谷和比古
*徳川家光　野村　玄
徳川吉宗　横田冬彦
*後水尾天皇　久保貴子
光格天皇　藤田　覚
崇伝　杣田善雄
春日局　福田千鶴
*池田光政　倉地克直
シャクシャイン　岩崎奈緒子
*田沼意次　藤田　覚
*二宮尊徳　小林惟司
末次平蔵　岡美穂子
*高田屋嘉兵衛　生田美智子
*林羅山　鈴木健一
吉野太夫　渡辺憲司
中江藤樹　辻本雅史
山崎闇斎　澤井啓一
山鹿素行　前田　勉
*北村季吟　島内景二
貝原益軒　辻本雅史
松尾芭蕉　楠元六男
*ケンペル　B・M・ボダルト＝ベイリー
荻生徂徠　柴田　純
*雨森芳洲　上田正昭
石田梅岩　高野秀晴
前野良沢　松田　清
平賀源内　石上　敏
本居宣長　田尻祐一郎
杉田玄白　吉田　忠
上田秋成　佐藤深雪
木村蒹葭堂　有坂道子
*大田南畝　沓掛良彦
菅江真澄　赤坂憲雄
*鶴屋南北　諏訪春雄
良寛　阿部龍一
*山東京伝　佐藤至子
*滝沢馬琴　高田　衛
平田篤胤　山下久夫
シーボルト　宮坂正英
本阿弥光悦　岡　佳子
小堀遠州　中村利則
狩野探幽・山雪　山下善也
尾形光琳・乾山　河野元昭
*二代目市川團十郎　田口章子
与謝蕪村　佐々木丞平
伊藤若冲　狩野博幸
鈴木春信　小林　忠
円山応挙　佐々木正子
*佐竹曙山　成瀬不二雄
葛飾北斎　岸　文和
酒井抱一　玉蟲敏子

孝明天皇　青山忠正
*和宮　辻ミチ子
徳川慶喜　大庭邦彦
島津斉彬　原口泉
*古賀謹一郎　小野寺龍太
*栗本鋤雲　小野寺龍太
西郷隆盛　家近良樹
*塚本明毅　塚本学
*月性　海原徹
*吉田松陰　海原徹
*高杉晋作　海原徹
ペリー　遠藤泰生
オールコック　佐野真由子
アーネスト・サトウ　奈良岡聰智
緒方洪庵　米田該典
冷泉為恭　中部義隆

近代

*明治天皇　伊藤之雄
*大正天皇　F・R・ディキンソン
*昭憲皇太后・貞明皇后　小田部雄次
大久保利通　三谷太一郎
山県有朋　鳥海靖
木戸孝允　落合弘樹
井上馨　伊藤之雄
*松方正義　室山義正
北垣国道　小林丈広
板垣退助　小川原正道
長与専斎　笠原英彦
大隈重信　五百旗頭薫
伊藤博文　坂本一登
井上毅　大石眞
井上勝　老川慶喜
*桂太郎　小林道彦
渡辺洪基　瀧井一博
*乃木希典　佐々木英昭
林董　君塚直隆
*児玉源太郎　小林道彦
*高宗・閔妃　木村幹
山本権兵衛　室山義正
金子堅太郎　松村正義
高橋是清　鈴木俊夫
小村寿太郎　簑原俊洋
*犬養毅　小林惟司
加藤高明　櫻井良樹
加藤友三郎・寛治　麻田貞雄
牧野伸顕　小宮一夫
田中義一　黒沢文貴
内田康哉　高橋勝浩
石井菊次郎　廣部泉
平沼騏一郎　堀田慎一郎
宇垣一成　北岡伸一
*宮崎滔天　榎本泰子
*浜口雄幸　川田稔
幣原喜重郎　西田敏宏
関一　玉井金五
水野広徳　片山慶隆
広田弘毅　井上寿一
安重根　上垣外憲一
*グルー　廣部泉
*永田鉄山　森靖夫
東條英機　牛村圭
今村均　前田雅之
蔣介石　劉岸偉
石原莞爾　山室信一
木戸幸一　波多野澄雄
*岩崎弥太郎　武田晴人
伊藤忠兵衛　末永國紀
五代友厚　田付茉莉子
大倉喜八郎　村上勝彦
*安田善次郎　由井常彦
渋沢栄一　武田晴人
益田孝　鈴木邦夫
山辺丈夫　宮本又郎
武藤山治　阿部武司・桑原哲也
西原亀三　森川正則
小林一三　橋爪紳也
大倉恒吉　石川健次郎
大原孫三郎　猪木武徳
*河竹黙阿弥　今尾哲也
イザベラ・バード　加納孝代
*林忠正　木々康子
*森鷗外　小堀桂一郎
二葉亭四迷　ヨコタ村上孝之
夏目漱石　佐々木英昭
巌谷小波　千葉信胤
樋口一葉　佐伯順子
*島崎藤村　十川信介
泉鏡花　東郷克美
有島武郎　亀井俊介
永井荷風　川本三郎
北原白秋　平石典子
菊池寛　山本芳明
宮澤賢治　千葉一幹
正岡子規　夏石番矢
高浜虚子　坪内稔典
与謝野晶子　佐伯順子
*種田山頭火　村上護
*斎藤茂吉　品田悦一
*高村光太郎　湯原かの子
萩原朔太郎　エリス俊子
*原阿佐緒　秋山佐和子
*狩野芳崖・高橋由一　古田亮
小堀鞆音　小堀桂一郎
竹内栖鳳　北澤憲昭
黒田清輝　高階秀爾
中村不折　石川九楊
横山大観　高階秀爾
*橋本関雪　西原大輔
小出楢重　芳賀徹
土田麦僊　天野一夫
岸田劉生　北澤憲昭
松旭斎天勝　川添裕
中山みき　鎌田東二
佐田介石　谷川穣
*ニコライ　中村健之介
出口なお・王仁三郎　川村邦光
島地黙雷　阪本是丸
*新島襄　太田雄三
木下広次　冨岡勝
嘉納治五郎　クリストファー・スピルマン
柏木義円　片野真佐子
津田梅子　田中智子
*澤柳政太郎　新田義之

河口慧海　高山龍三
山室軍平　室田保夫
大谷光瑞　白須淨眞
＊久米邦武　高田誠二
フェノロサ　伊藤　豊
三宅雪嶺　長妻三佐雄
＊岡倉天心　木下長宏
志賀重昂　中野目徹
徳富蘇峰　杉原志啓
竹越與三郎　西田　毅
内藤湖南・桑原隲蔵　礪波　護
岩村　透　今橋映子
＊西田幾多郎　大橋良介
金沢庄三郎　石川遼子
上田　敏　及川　茂
柳田国男　鶴見太郎
厨川白村　張　競
天野貞祐　貝塚茂樹
大川周明　山内昌之
西田直二郎　林　淳
折口信夫　斎藤英喜
九鬼周造　粕谷一希
辰野　隆　金沢公子
シュタイン　瀧井一博
＊西　周　清水多吉
＊福澤諭吉　平山　洋
福地桜痴　山田俊治

田口卯吉　鈴木栄樹
＊陸　羯南　松田宏一郎
黒岩涙香　奥　武則
＊吉野作造　田澤晴子
野間清治　佐藤卓己
山川　均　米原　謙
＊岩波茂雄　十重田裕一
＊北　一輝　岡本幸治
＊穂積重遠　大村敦志
中野正剛　吉田則昭
満川亀太郎　福家崇洋
＊北里柴三郎　福田眞人
高峰譲吉　木村昌人
田辺朔郎　秋元せき
＊南方熊楠　飯倉照平
寺田寅彦　金森　修
石原　純　金子　務
J・コンドル　鈴木博之
辰野金吾　河上眞理・清水重敦
＊七代目小川治兵衛　尼崎博正
ブルーノ・タウト　北村昌史

現代

昭和天皇　御厨　貴

高松宮宣仁親王　後藤致人
＊李方子　小田部雄次
吉田　茂　中西　寛
マッカーサー　柴山　太
石橋湛山　増田　弘
重光　葵　武田知己
市川房枝　村井良太
＊池田勇人　藤井信幸
高野　実　篠田　徹
和田博雄　庄司俊作
朴正熙　木村　幹
竹下　登　真渕　勝
＊松永安左エ門　橘川武郎
鮎川義介　井口治夫
＊出光佐三　橘川武郎
松下幸之助　米倉誠一郎
渋沢敬三　井上　潤
＊本田宗一郎　伊丹敬之
井深　大　武田　徹
＊佐治敬三　小玉　武
幸田家の人々　金井景子
＊正宗白鳥　大嶋　仁
大佛次郎　福島行一

＊川端康成　大久保喬樹
＊薩摩治郎八　小林　茂
松本清張　杉原志啓
安部公房　鳥羽耕史
＊三島由紀夫　島内景二
井上ひさし　成田龍一
R・H・ブライス　菅原克也
金素雲　林　容澤
柳　宗悦　熊倉功夫
バーナード・リーチ　鈴木禎宏
イサム・ノグチ　酒井忠康
川端龍子　岡部昌幸
藤田嗣治　林　洋子
＊井上有一　海上雅臣
＊手塚治虫　竹内オサム
山田耕筰　後藤暢子
古賀政男　藍川由美
＊吉田　正　金子　勇
武満　徹　船山　隆
＊八代目坂東三津五郎　田口章子
＊力道山　岡村正史
＊西田天香　宮田昌明
安倍能成　中根隆行

サンソム夫妻　平川祐弘・牧野陽子
和辻哲郎　小坂国継
矢代幸雄　稲賀繁美
石田幹之助　岡本さえ
＊平泉　澄　若井敏明
安岡正篤　片山杜秀
島田謹二　小林信行
前嶋信次　杉田英明
保田與重郎　谷崎昭男
＊福田恆存　川久保剛
井筒俊彦　安藤礼二
佐々木惣一　松尾尊兊
＊瀧川幸辰　伊藤孝夫
矢内原忠雄　等松春夫
福本和夫　伊藤　晃
＊フランク・ロイド・ライト　大久保美春
大宅壮一　有馬　学
今西錦司　山極寿一

＊は既刊
二〇一三年九月現在